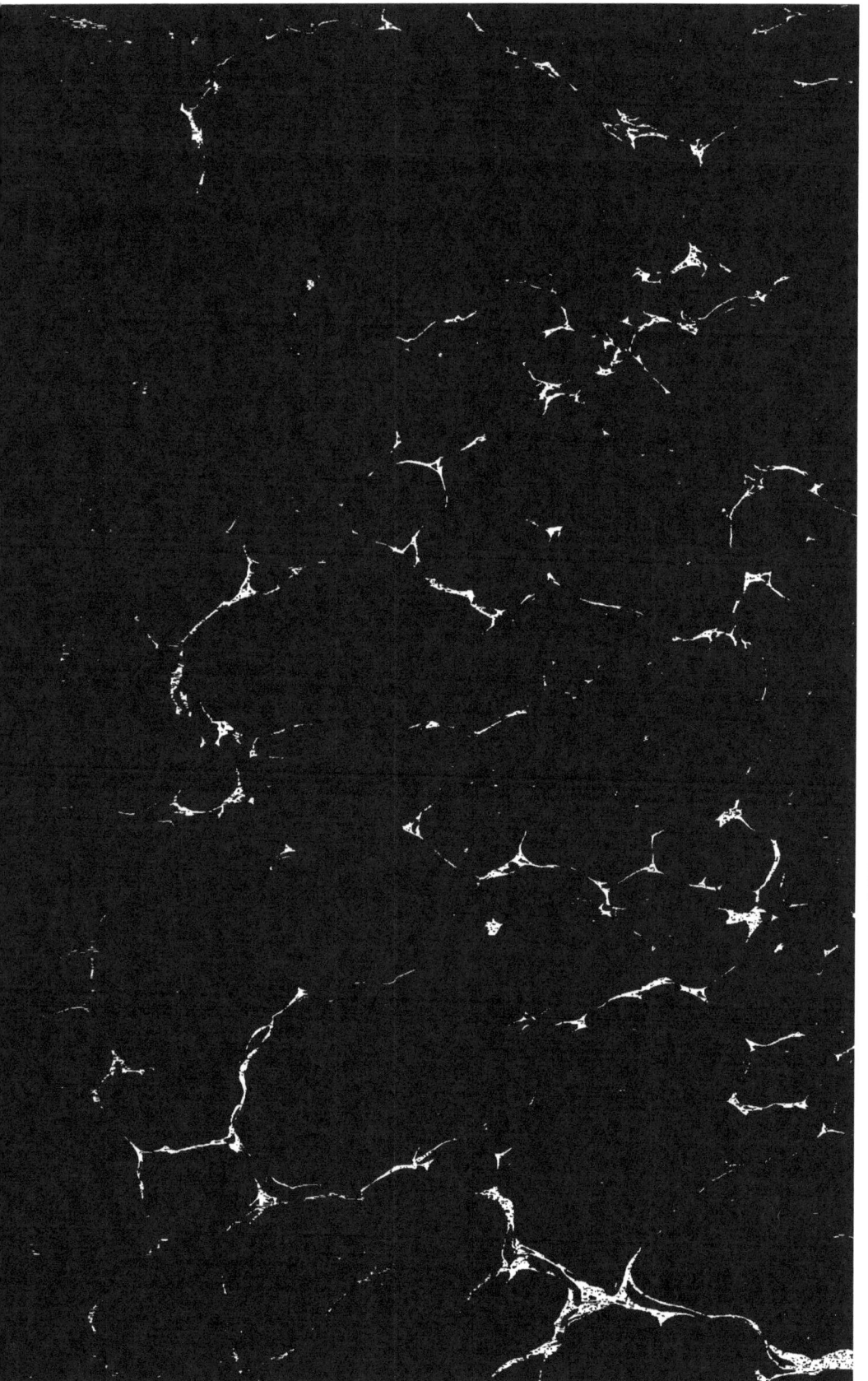

BIBLIOTHÈQUE
HISTORIQUE
ILLUSTRÉE

L'ANCIENNE FRANCE

SCULPTEURS
ET
ARCHITECTES

LIBRAIRIE

SCULPTEURS

ET

ARCHITECTES.

TYPOGRAPHIE FIRMIN-DIDOT. — MESNIL (EURE).

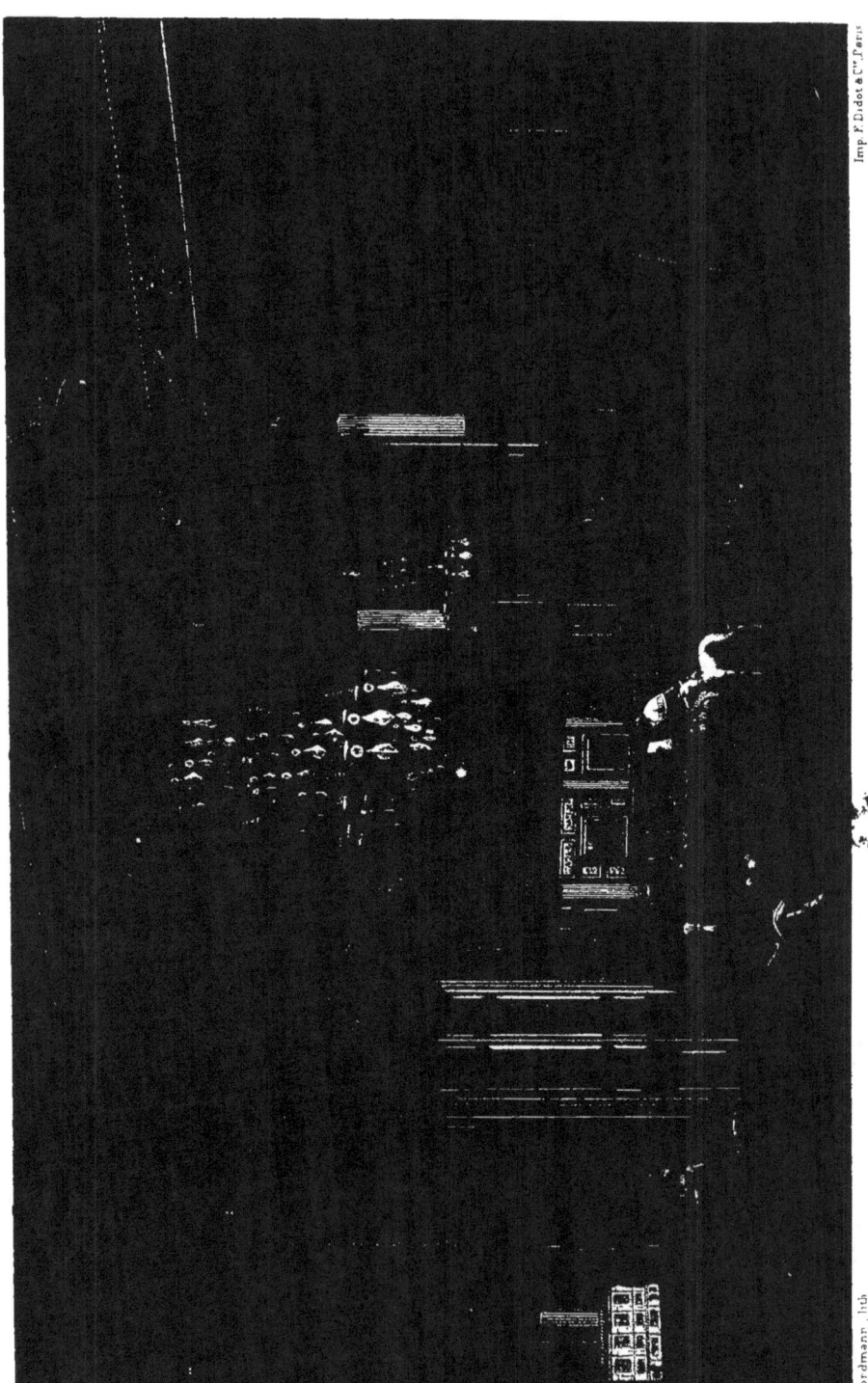

L'ANCIENNE FRANCE

SCULPTEURS

ET

ARCHITECTES

L'ANCIENNE FRANCE.

SCULPTEURS

ET

ARCHITECTES

L'ACADÉMIE D'ARCHITECTURE

OUVRAGE ILLUSTRÉ DE 198 GRAVURES

ET D'UNE CHROMOLITHOGRAPHIE.

PARIS,

LIBRAIRIE DE FIRMIN-DIDOT ET CIE,

IMPRIMEURS DE L'INSTITUT, RUE JACOB, 56.

1888.

SCULPTEURS
ET
ARCHITECTES.

L'ARCHITECTURE.

I.

LES GAULOIS ET L'ÉPOQUE GALLO-ROMAINE.

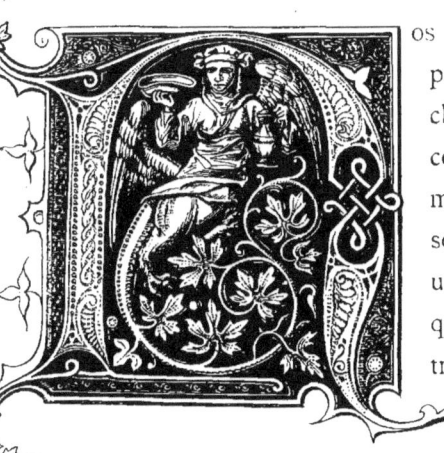

Nos aïeux les Gaulois n'avaient point, à proprement parler, d'architecture; ce qui nous reste en ce genre se réduit à quelques monuments informes, destinés, selon toutes probabilités, à des usages religieux, mais dans lesquels on ne reconnaît aucune trace d'art.

Les monuments celtiques ou druidiques, qui ont reçu de nos jours le nom de *mégalithiques*, sont des constructions en pierres, généralement brutes, élevées d'après certaines règles sur le sol de la Gaule, du pays de Galles, de l'Écosse, de l'Irlande, le long des côtes de la Méditerranée, partout enfin où les Celtes ont fait des établissements. On rencontre des monuments analogues chez d'anciens peuples barbares, mais c'est une autre tradition qui a présidé à leur édification, et la forme d'ailleurs en est différente.

Quand les pierres sont debout et isolées, d'un seul morceau,

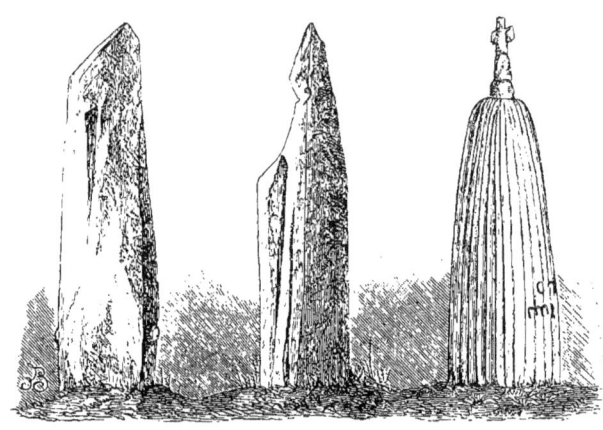

Fig. 1 à 3 — Menhirs de Plouharnel, de Trébeurden et de Saint-Tremeur (Côtes-du-Nord).

ce qui est le plus grand nombre des cas, elles s'appellent en langue celtique *menhirs* ou *peulvans* (pierres longues ou colonnes de pierre), et, suivant les localités où elles se trouvent, elles ont reçu les dénominations de *pierres levées, pierres fiches* ou *fittes, pierres lattes*, etc. La hauteur de ces monolithes varie depuis 2 jusqu'à 10 et 15 mètres; celui de Locmariaker, dans le Morbihan, en avait 20. Comme ils ne portent aucune trace d'inscription ni de sculpture, et que les témoignages historiques sont muets à leur égard, il a été impossible d'en déterminer avec certitude le caractère (fig. 1 et 2). Servaient-ils à indiquer un lieu de sépulture, à perpétuer la mémoire d'un homme ou le culte d'une idole, à marquer, ainsi que les Termes des anciens, les limites d'un territoire? Cette dernière hypothèse paraît jusqu'ici la plus vraisemblable. Dans les premiers temps du christianisme, on essaya de les sanctifier en leur donnant une destination religieuse; de là vinrent les croix et autres symboles dont ils sont quelquefois surmontés (fig. 3). Mais la superstition populaire continua d'y voir l'œuvre des *corrigans* (esprits), des fées ou du diable.

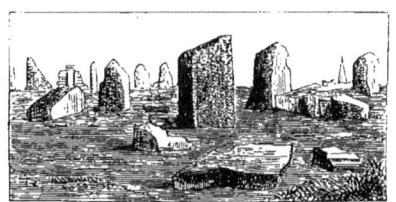

Fig. 4. — Alignements d'Erdeven (Morbihan).

Au lieu de s'élever solitaires, les *menhirs* sont souvent groupés avec des intentions dont le sens nous échappe. Tantôt ils sont disposés en *alignements*, c'est-à-dire de manière à former de longues files en ligne droite, sur 10, 11 et 13 rangs parallèles; tantôt en cercles ou demi-cercles, en ellipses, en carrés longs. Il en est aussi qui se composent de lignes doubles, de cercles concentriques, de *dolmens* et de *menhirs* réunis, ou bien qui sont entourés soit d'un fossé soit d'un rempart de terre, et alors on nomme *cromlechs* ces sortes d'enceintes sacrées.

Parmi les alignements, le plus remarquable est celui de Carnac (Morbihan), près du bord de l'Océan, sur une colline dominant la baie de Quiberon. Ces avenues de pierres levées offrent la même régularité que celles d'Erdeven (fig. 4), dont elles semblent être la continuation; elles sont, comme celles-ci, composées de 11 lignes de *menhirs,* rangés parallèlement et se prolongeant pendant 1,500 mètres de l'est à l'ouest, avec des interruptions partielles. Le nombre de ces pierres, que le géographe breton Ogée estimait être de 4,000 en 1780, s'élève encore à 11 ou 1,200. Il y en a qui ne sont pas plus grosses que des bornes ordinaires, et d'autres, surtout à l'extrémité des rangs, qui atteignent une

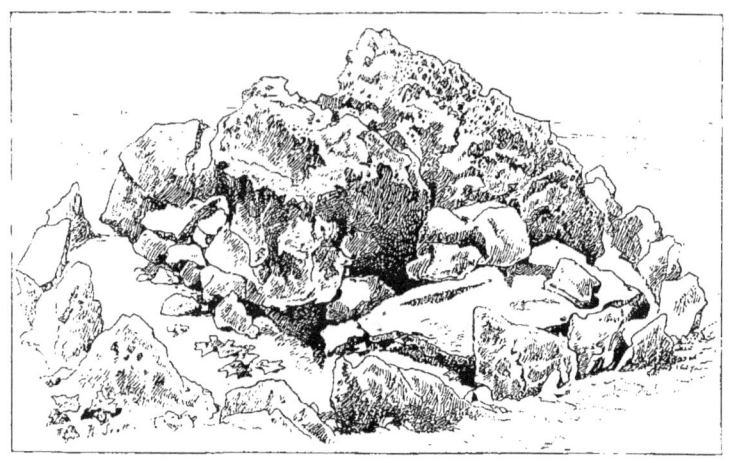

Fig. 5. — Cromlech découvert à la Varenne Saint-Hilaire (1858), près Paris.

hauteur de 6 à 7 mètres et doivent peser au moins 40,000 kilogrammes. On ne peut concevoir de quelles machines on a pu se servir pour mettre debout ces blocs de granit, et, ce qui étonne davantage, c'est que plusieurs sont fichés en terre, comme des cônes renversés, par le bout le plus mince. Ils sont bruts, tels qu'on les a tirés du rocher, et la face plate tournée en dedans.

Les *cromlechs* celtiques, rangées de pierres disposées en rond ou de façon inégale, servaient de clôture à des lieux consacrés par la coutume ou la religion (fig. 5). Ils entouraient, comme on peut le voir en beaucoup d'endroits de la Bretagne, un certain nombre de *dolmens* et de tombelles encore visibles; c'étaient donc des enceintes funéraires (fig. 6). Les savants veulent qu'il y en ait eu de deux sortes : les petites, presque toujours octogones, et les grandes, affectant d'habitude la forme circulaire et qui renferment parfois trois autres cercles concentriques; elles recevaient alors une destination double, temples et cimetières à la fois. On célébrait, dans ces espèces de sanctuaires, les mystères les plus élevés du druidisme, qui reposait sur la croyance en un Dieu unique et en l'immortalité de l'âme. Strabon cite, parmi les principaux tem-

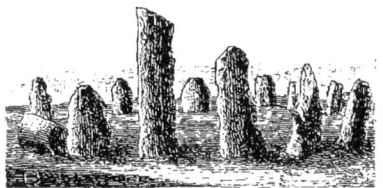

Fig. 6. — Cromlech de Lorette, près le Quillo (Côtes-du-Nord).

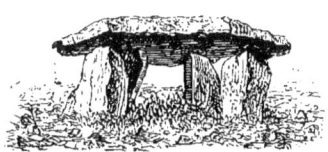

Fig. 7 — Dolmen

ples gaulois, celui de l'île de Sein, à l'embouchure de la Loire, desservi par des prêtresses, et celui de Toulouse, en grande vénération chez les tribus voisines, qui y déposaient, comme en un lieu inviolable, leurs plus précieux objets; ce dernier fut détruit et pillé par le consul romain Servilius Cœpio, en l'an 106 avant notre ère.

Sous la dénomination de *dolmens*, il faut comprendre un grand nombre de monuments que les antiquaires avaient jusqu'ici classés en genres séparés : *tumuli*, *galgals*, *allées couvertes*, *tombelles*, *lichavens*, etc.

Le *dolmen*, ou table-pierre (fig. 7), se compose d'une pierre horizontale, supportée par deux pierres verticales. Telle est la forme régulière; mais il en est dont la table repose par un des côtés sur le sol, ou dont les roches d'appui sont plus ou moins nombreuses, comme à l'Ile-Grande (Côtes-du-Nord) (fig. 8). Un des plus connus est le *dolmen* de Locmariaker, petit port de refuge sur la baie de Quiberon ; il est désigné sous le nom de *table des marchands*. C'est un assemblage de 44 pierres, dont 14 pour chacune des trois parois, une au fond, et une à l'intérieur, et long de 20 mètres. Près de ce dolmen, couvert de caractères et de

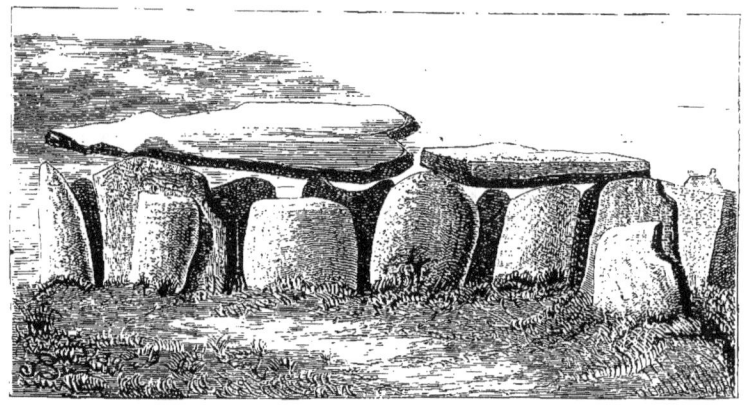

Fig. 8. — Dolmen de l'Ile-Grande (Côtes-du-Nord).

moulures énigmatiques (fig. 9), se dresse un *menhir* (la Pierre de la Fée), qui avait 21 mètres de hauteur avant d'avoir été rompu par la foudre en quatre fragments ; on en estime le poids total à plus de 200,000 kilos. Les témoignages druidiques abondent dans le territoire de cette commune, qui devait être un des grands centres de la religion des Gaulois ; on les y apportait de fort loin, car ils sont d'un granit étranger au pays.

On voit à Donges (Loire-Inférieure) un *dolmen*, également accompagné d'une pierre levée (fig. 10). Celui d'Essé, dans la forêt de Rennes, formé de 42 énormes pierres, a été jugé assez remarquable pour être classé parmi les monuments historiques; il mesure 19 mètres de longueur sur 7 de largeur et se divise en plusieurs compartiments (fig. 11). En général, le *dolmen* était enfoui sous une butte ou *tumulus,* et servait, à proprement parler, de sépulcre. On en a découvert un de ce genre, en 1849, à Plouharnel (Morbihan) : il offrait l'apparence d'un tertre assez bas, dont le sommet laissait voir quelques pierres qui servaient de plafond à

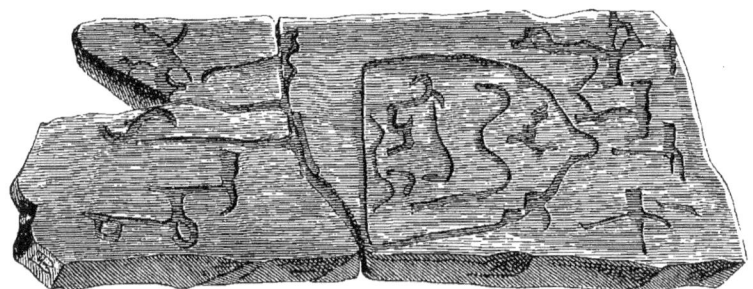

Fig. 9. — Ornementation gravée sur une pierre du dolmen de Manne-er-Hroëk, près de Locmariaker.

l'une des trois grottes; elles contenaient des haches en silex, des colliers d'or, des ossements humains, des cendres et du charbon. La vue du dolmen de Kercado, près de Carnac, contribuera à mieux préciser l'aspect que présentent ces buttes funéraires (fig. 12).

On reporte encore à l'époque druidique l'installation des pierres dites *branlantes* ou *tremblantes*, *qui dansent* ou *qui virent.* Ces monuments consistent en deux énormes quartiers de roche superposés : celui de dessus ne touche à celui de dessous que par une pointe ou une arête, et il est équilibré de manière à pouvoir être mis en branle, soit en oscillant soit en pivotant, sans un grand effort. On rencontre en France d'assez nombreux exemples de ces pierres (fig. 13), et l'on en a conservé une en Angleterre, dans le comté de Sussex, laquelle a été probablement taillée, et d'un poids d'environ 500,000 kilogrammes (fig. 14).

« Ce qui caractérise la Gaule, » fait remarquer Jean Reynaud, « ce n'est pas d'avoir élevé des monuments de pierre brute, mais de n'avoir jamais eu d'autre système d'architecture que celui-là. De ce que ce mode, à la fois si simple et si grandiose, d'écrire des témoignages à la surface de la terre avait pris naissance dès le berceau des nations, il résultait naturellement qu'il avait dû

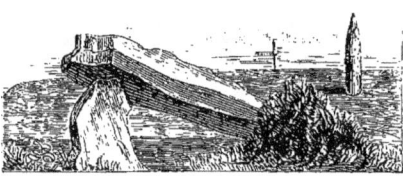

Fig. 10. — Dolmen et menhir de Donges (Loire-Inférieure).

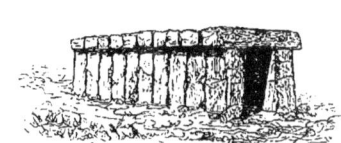

Fig. 11. — Dolmen d'Essé (forêt de Rennes).

se propager de là en tous sens par les émigrations; et ainsi il n'y aurait point à s'étonner qu'il eût été en usage chez les premiers Gaulois comme chez les premiers Israélites... Dans certains cas, les pierres devaient avoir une autre destination que celle de servir à la liturgie; et si nous avions par la voie des druides des monuments écrits, comme nous en avons par celle des Hébreux, nous y trouverions sans aucun doute les éclaircissements nécessaires sur cette diversité. Mais si la Gaule, comme ayant gardé plus longtemps qu'aucune autre nation l'usage de ces constructions primitives, en offre naturellement à nos yeux un plus grand nombre que tout autre territoire, ce n'est pourtant point elle qui peut nous fournir les données les plus propres à les faire connaître; elle nous montre de tous côtés ces pierres vénérables, mais avec un geste silencieux. »

On a aussi rangé parmi les monuments gaulois de vastes enceintes, formées de remparts de terre et de pierres, désignées par les Romains sous le nom d'*oppida*, et dans lesquelles se rassem-

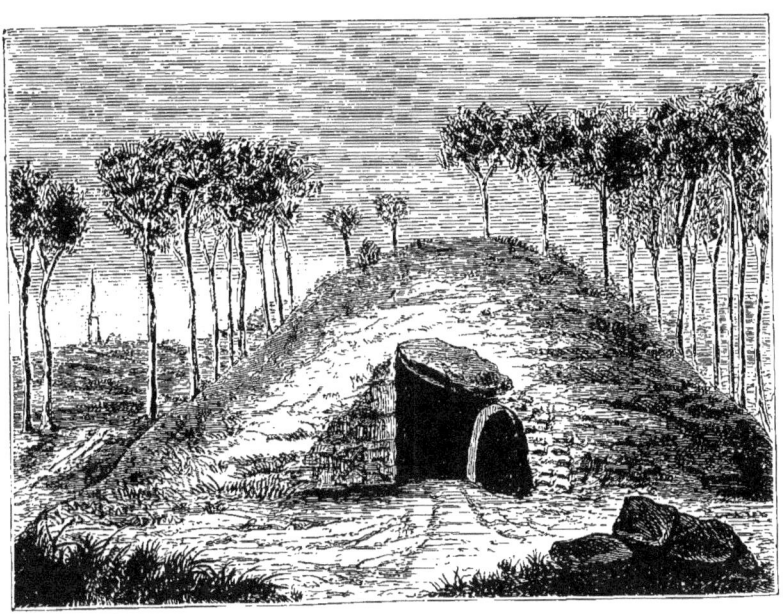

Fig. 12. — Tumulus et dolmen de Kercado (Morbihan).

blaient les tribus à l'approche de l'ennemi, soit pour y chercher un abri, soit pour y prolonger la résistance. Une des enceintes les plus fameuses est celle qu'on voit aux environs de Dieppe, dite la *cité de Limes*. Les *mardelles*, *mardes* ou *marges*, qu'on trouve fréquemment dans le Berry, sont des excavations en forme de cônes renversés, dont les dimensions atteignent en quelques endroits 150 mètres de largeur sur 6 à 8 de profondeur; elles paraissent avoir servi d'habitations.

D'après tout ce qui précède, il est aisé de voir que les Gaulois n'ont eu, avant la domination romaine, qu'un système d'architecture très primitif et qu'ils réservaient la pierre à ce qu'on peut appeler leurs monuments, car ils vivaient dans des maisons de bois ou sous des toits de chaume, suivant leur condition (fig. 15).

Dans le midi de la Gaule, un grand nombre de colonies phéniciennes et ioniennes avaient, en s'y établissant, répandu leur

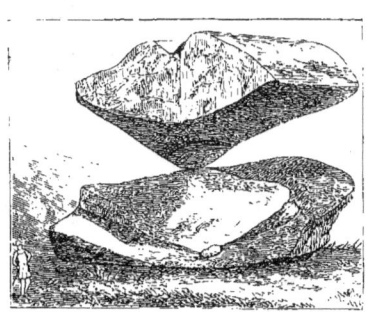

Fig. 13. — Pierre branlante de Perros-Guirech (Côtes-du-Nord).

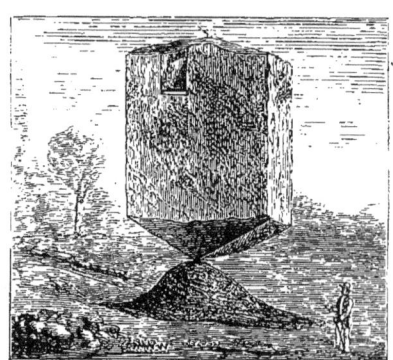

Fig. 14. — Pierre branlante du comté de Sussex.

civilisation et leur architecture. Les monuments druidiques y sont fort rares, et cette rareté doit être attribuée sans doute à l'influence hellénique, qui aura substitué à ces excavations, à ces amas de rochers dont nous avons parlé, un système de constructions plus conforme aux habitudes de la mère patrie. Hâtons-nous d'ajouter qu'il ne subsiste plus aucun édifice de ce genre, à moins qu'on ne prétende donner une origine exclusivement grecque à des autels, des stèles, des colonnes funèbres qui se rencontrent assez souvent dans l'ancienne Province romaine, et notamment aux restes d'un petit temple d'ordre corinthien, situé près de Vernègues (Bouches-du-Rhône).

Quand Rome eut subjugué la Gaule, l'art grec céda peu à peu à l'influence des vainqueurs, et, hormis les pierres indestructibles des Celtes, tout disparut et fut remplacé par des monuments romains. Alors s'ouvrit une troisième et brillante période, durant laquelle notre sol fut couvert d'édifices publics et privés, tels que ponts, aqueducs, thermes, fontaines, palais, temples, arcs de

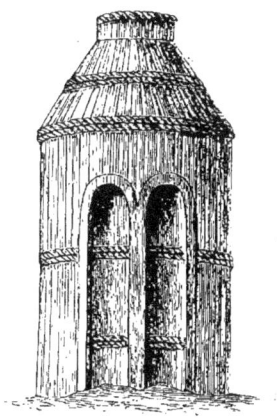

Fig. 15. — Habitation gauloise.

triomphe, théâtres, tombeaux, dont les restes imposants ou gracieux commandent encore aujourd'hui notre admiration. Et de même qu'il sortit des écoles florissantes de Lyon, d'Autun, de Marseille et de Bordeaux une pléiade de poètes et d'orateurs gaulois, il est permis de penser que plus d'un artiste indigène, distingué par son mérite naissant, eut l'honneur de participer à ces travaux d'architecture.

Les ponts et aqueducs, si nécessaires à la facilité des communications et à la bonne distribution des eaux, sont remarquables par la noblesse et le caractère grandiose de leurs proportions. Si la voie romaine traversait une rivière de peu de largeur, on jetait entre les deux rives un pont de pierre, d'une seule arche : témoin celui de Saint-Chamas (fig. 16), sur la Touloubre, et orné à chacune de ses extrémités d'une porte monumentale. Un autre, à Vaison, est plus hardi : l'arche unique mesure 20 mètres d'ouverture. Des ponts d'une plus grande longueur ont moins bien résisté au temps; il en subsiste des vestiges plus ou moins consi-

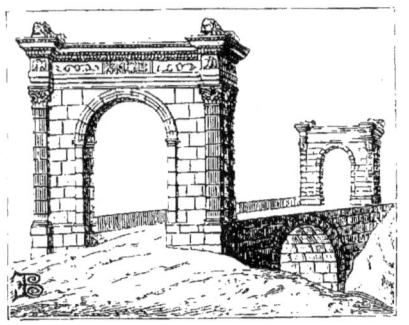

Fig. 16. — Pont romain, à Saint-Chamas.

dérables à Lezines, Périgueux, Arles, Gallargues (deux arches sur cinq), Sommières, etc.; ce dernier, qui reliait Nîmes à Lodève, comptait 17 arches à plein cintre, lesquelles ont servi en partie d'assises au pont nouvellement construit.

A Vienne, à Néris, à Luynes en Touraine, à Jouy près Metz, à Arcueil, à Lyon, ce qui reste des aqueducs donne une haute idée des travaux entrepris, sous la direction des architectes, par les légionnaires de Rome. Arrêtons-nous un instant à celui de Nîmes, dit le *pont du Gard* (fig. 17). Ce monument célèbre se compose de trois rangs d'arcades à plein cintre, élevées les unes sur les autres et jetées avec une hardiesse et une légèreté admirables à des portées énormes; sa longueur est, au niveau du second étage, de 269 mètres, et sa hauteur totale, de 49 environ. On en doit probablement l'idée à Agrippa, gendre de l'empereur Auguste; mais ce fut la puissante colonie de Nîmes qui en acquitta la principale dépense. Il est bâti en quartiers de pierre sans ciment, à

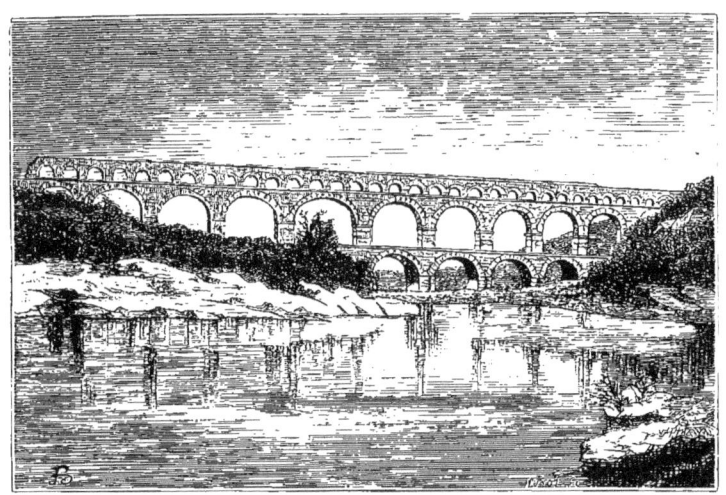

Fig. 17. — Aqueduc romain, dit *pont du Gard*.

l'exception des parois du canal, revêtues en dedans et en dehors de moellons *smillés* (équarris au marteau). L'aqueduc d'Arcueil, dont il ne reste que deux arches, alimentait le palais impérial de Paris et les vastes bains ou *thermes* qui en dépendaient; telle est la solidité de ce dernier édifice que la voûte antique de la piscine encore existante a supporté, durant des siècles, un jardin planté de grands arbres (fig. 18).

On voit également des restes de bains publics à Saintes, à Néris, à Vichy, à Nîmes, à Aix en Provence, à Jurançon, etc.

Un des premiers soins des Romains, après la conquête, avait été de construire des camps et des routes. Bien que les voies romaines soient des travaux remarquables à beaucoup d'égards, on ne peut les considérer comme des monuments d'art, pas plus que les retranchements en terre qui formaient les camps. Il en est autrement des remparts, des tours et des portes qui protégeaient les cités. « En quelques lieux, » disent MM. Bordier et Charton, « comme à Sens et Narbonne, à Nîmes, à Autun, il y a des débris de cette enceinte, dont le circuit était, à Autun, de 5 kilomètres, et à Nîmes, de 6. Dans la dernière de ces villes, la muraille avait une hauteur moyenne de 9^m,50 et une épaisseur de 2 à 3 mètres. Le rempart, bâti en pierres de taille, d'une régularité parfaite et le plus souvent jointes sans ciment, était couronné de parapets à créneaux, et défendu de distance en distance par des tours crénelées, ordinairement rondes et d'une simplicité lourde et sévère. » Quelques-unes des portes principales se composaient d'une ou de plusieurs arcades cintrées, flanquées de grosses tours, comme les portes d'Auguste et de France, à Nîmes (fig. 19), et celle de Langres.

On élevait aussi, en souvenir d'une victoire ou en l'honneur d'un prince, des arcs de triomphe à l'entrée des villes. Ces édifices, inventés par les Romains de l'empire, et dans la décoration desquels ils déployaient toutes les ressources de l'art et du goût, étaient nombreux en Gaule, car il en est resté de fort beaux exemples.

Au premier rang nous citerons l'arc d'Orange (fig. 20), le mieux conservé de tous. Percé de trois arcades, un peu moins haut que large (19 mètres sur 21), il est surmonté d'un fronton et d'une corniche magnifique; quatre colonnes cannelées en décorent l'une et l'autre face, remarquables par l'élégance et la variété de leurs sculptures. Le sentiment populaire attribuait ce monument à

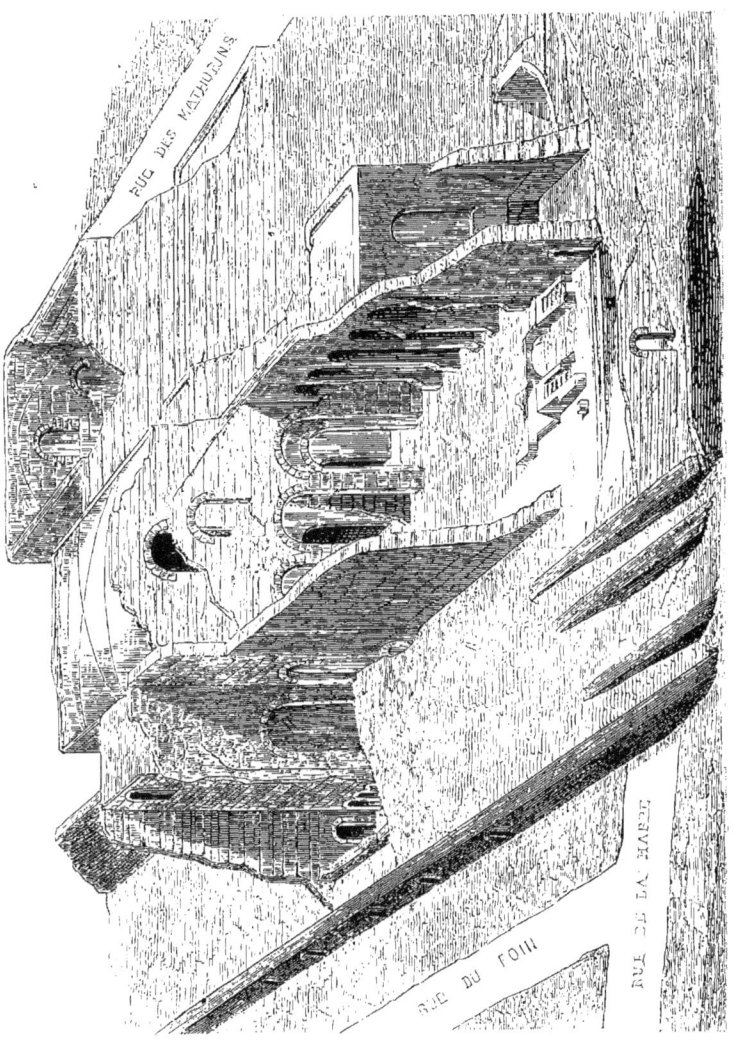

Fig. 18. — Restes des thermes du palais impérial, à Paris.

Marius, qui aurait voulu ainsi perpétuer le souvenir de la défaite des Cimbres; mais il est plus probable qu'il fut construit sous le règne d'Auguste ou de Tibère. Au treizième siècle, Raymond des Baux, prince d'Orange, en fit une forteresse, pratiqua plusieurs

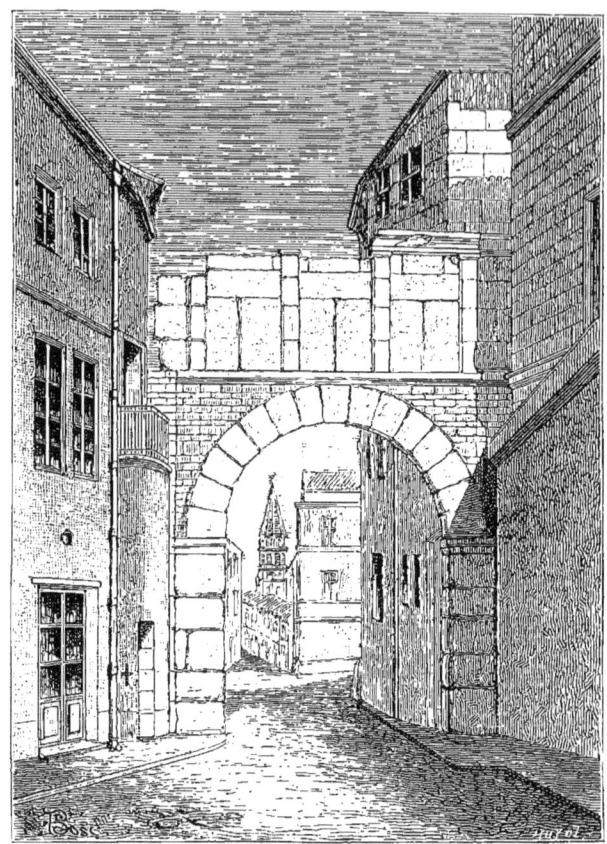

Fig. 19. — Porte de l'enceinte romaine à Nimes, dite *porte de France*.

salles à l'intérieur et transforma le sommet en un donjon. Mentionnons ensuite l'arc de Carpentras, moins grand et moins riche; ceux de Cavaillon, de Saint-Remy, de Reims, de Besançon et de Saintes.

L'ARCHITECTURE.

Le Gaulois n'avait à l'origine ni temples ni idoles; sa religion lui défendait de profaner Dieu par des images fabriquées de main d'homme; il célébrait les cérémonies sacrées dans les forêts et vénérait le chêne, attribut de la puissance créatrice. Dans la suite,

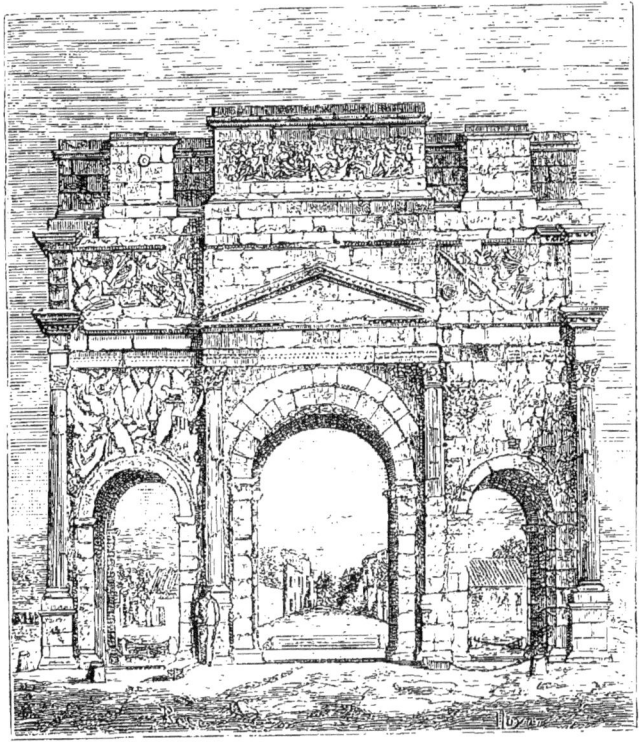

Fig. 20. — Arc de triomphe d'Orange.

les druides avaient permis qu'on rendît hommage à des divinités inférieures, telles que Camul, Belon, Teutatès, plus accessibles en quelque sorte à la foi populaire. Se contentant d'assimiler ces dieux de second ordre aux personnages de leur mythologie, les Romains couvrirent le pays d'autels et de temples, où l'on continua de les adorer sous les noms de Mars, d'Apollon, de Mercure. Rien ne fut négligé pour entourer le culte nouveau de magnificence. A Lyon, au confluent de la Saône et du Rhône, s'éleva un temple dédié à Auguste, et dans lequel figurait la déesse de la Patrie, au milieu de statues représentant soixante cités gauloises; les Arvernes avaient consacré à Mercure un temple, dont Grégoire de Tours a décrit les richesses.

Les seuls monuments du culte gallo-romain qui aient échappé à une destruction complète se trouvent à Nîmes, la ville de France la plus riche en antiquités. Le premier, dit la *Maison carrée*, est le type le plus parfait de l'architecture romaine. Formant un carré long de 25^m,65 sur 12^m,45, entouré de 30 colonnes corinthiennes, il paraît avoir été, dans l'origine, le sanctuaire d'un vaste forum, sur les côtés duquel s'étendait un double portique à colonnades. Ce charmant édifice, que Colbert voulait faire transporter à Versailles pierre par pierre, est devenu aujourd'hui un musée. L'autre, hardi et léger, de forme semblable mais plus petit, était compris dans l'enceinte des thermes; désigné d'abord sous le nom de temple de Diane, il a été reconnu pour être une *nymphée*, c'est-à-dire un lieu d'agréable retraite pour les baigneurs, décoré de peintures et de statues de nymphes (fig. 21 et 23).

Il nous reste à parler des théâtres et amphithéâtres, et là surtout l'architecture romaine atteignit à des proportions grandioses dont les modernes n'ont jamais approché. On représentait dans ceux-là des comédies, des drames et des scènes mimiques; ceux-ci étaient réservés aux courses de chars et de chevaux, aux luttes gymnastiques, aux combats d'hommes ou d'animaux, parfois aux fêtes nautiques. Plus de cinquante localités en France ont conservé jusqu'à nos jours quelques traces des différents monuments consacrés aux jeux publics : Arles, Bavay (Nord), Bourges, Fréjus,

Langres, Limoges en possédaient deux; on en comptait trois à Autun, Lyon, Orange, Périgueux, et jusqu'à quatre à Vienne en Dauphiné.

Un théâtre se divisait en deux parties bien distinctes. La première, tracée sur un plan demi-circulaire, était destinée au public;

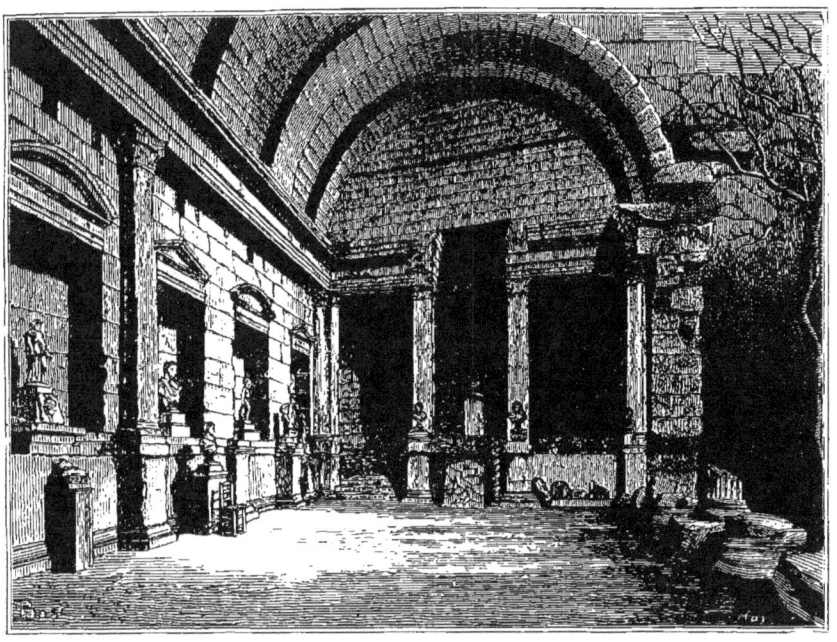

Fig. 21. — Vue intérieure de la Nymphée de Nîmes (état actuel)

l'économie, la facilité d'exécution faisaient établir cette portion de cercle dans le flanc d'une colline, dont la pente favorisait la pose des gradins. La seconde partie, rectangulaire, contenait la façade, l'avant-scène, la scène, les loges des acteurs, etc. C'est ainsi qu'est distribué le théâtre d'Orange; par un hasard singulier, la scène proprement dite, qui a disparu presque partout, s'est ici conservée dans toute sa hauteur. De celui d'Arles, plus vaste du double et plus richement décoré, il reste cinq portiques, deux colonnes et les premiers gradins.

Mais nous devons revenir à Nîmes pour trouver le plus beau modèle d'amphithéâtre qui ait été construit en Gaule (fig. 22). Cet édifice, qui paraît remonter à l'époque des Antonins, forme une ellipse parfaite dont le grand arc mesure 133 mètres; il se compose

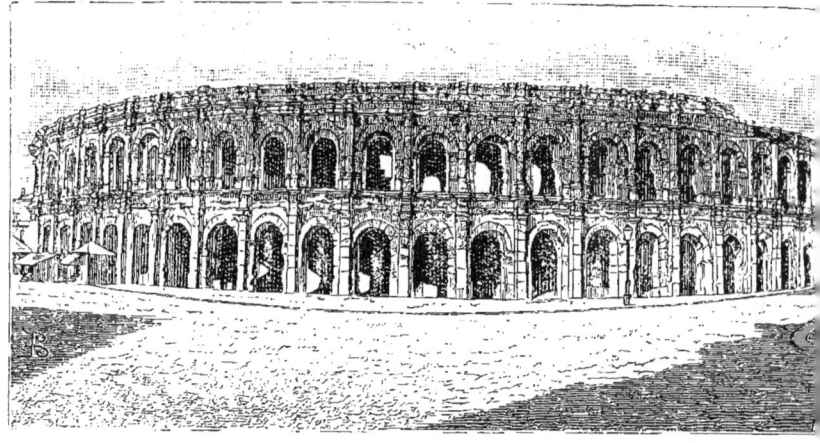

Fig. 22. — Amphithéâtre de Nîmes.

d'un rez-de-chaussée percé de 60 arcades, d'un premier étage et d'un attique; 33 rangs de gradins, à moitié ruinés, pouvaient donner place à 24,000 spectateurs. Les Visigoths, devenus maîtres de la Provence, en firent une forteresse, y ajoutèrent des tours, et l'appelèrent le *château des Arènes,* nom qu'il a conservé. Au moyen âge, il fut occupé par une milice féodale, chargée de le garder pour les comtes de Toulouse; ses membres demeuraient avec leurs familles dans des maisons bâties sur les degrés même de l'amphithéâtre, et lorsqu'en 1809 on entreprit de le restaurer, on fut obligé d'en expulser une population composée d'environ 2,000 individus.

Tel était l'ensemble des monuments splendides dont la Gaule était ornée, à l'imitation de la Grèce et de l'Italie; plus d'un historien se récria d'admiration en présence de tant de richesses, et il fallut la conquête barbare et plusieurs siècles de désastres pour mettre en oubli les traditions antiques.

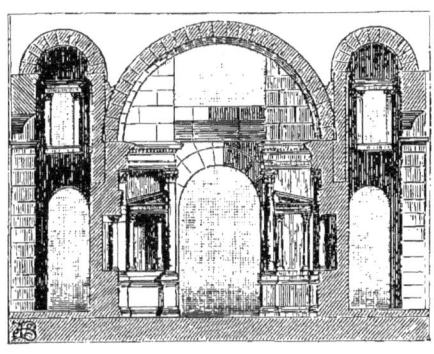

Fig. 23. — Coupe transversale restaurée de la Nymphée de Nîmes

II.

LE MOYEN AGE.

Lorsque le christianisme pénétra dans les Gaules, les premiers disciples de la nouvelle foi furent réduits à se réfugier dans des souterrains pour célébrer en secret les cérémonies de leur culte. Les cryptes ou églises primitives sont, en général, petites, taillées dans le roc, creusées sous terre, sans aucune décoration d'architecture; à peine quelques peintures grossières retraçaient-elles sur la muraille l'image du Christ et quelques faits de l'histoire sacrée. On cite les cryptes de Chartres, de Bourges, de Saint-Denis et de Saintes.

Constantin ayant enfin permis aux chrétiens le libre exercice de leur religion, des temples nouveaux s'élevèrent de toutes parts (fig. 24), et la basilique romaine servit longtemps de modèle.

Il n'en pouvait guère être autrement, surtout après l'irruption des barbares. « Au sixième siècle, » rapporte M. Viollet-Leduc, « il existait encore, au milieu des villes gallo-romaines, un grand nombre d'édifices épargnés par la dévastation et l'incendie; mais les arts n'avaient plus, quand les barbares s'établirent définitivement sur notre sol, un seul représentant; personne ne pouvait dire comment avaient été construits les monuments romains. Tout ce qui tient à la vie journalière avait survécu au désastre; mais l'architecture, qui demande de l'étude, du temps, du calme pour se produire, était nécessairement tombée dans l'oubli. Le peu de fragments d'architecture qui nous restent des sixième et septième siècles ne sont que de pâles reflets de l'art romain, souvent des débris amoncelés tant bien que mal par des ouvriers inhabiles, sachant à peine

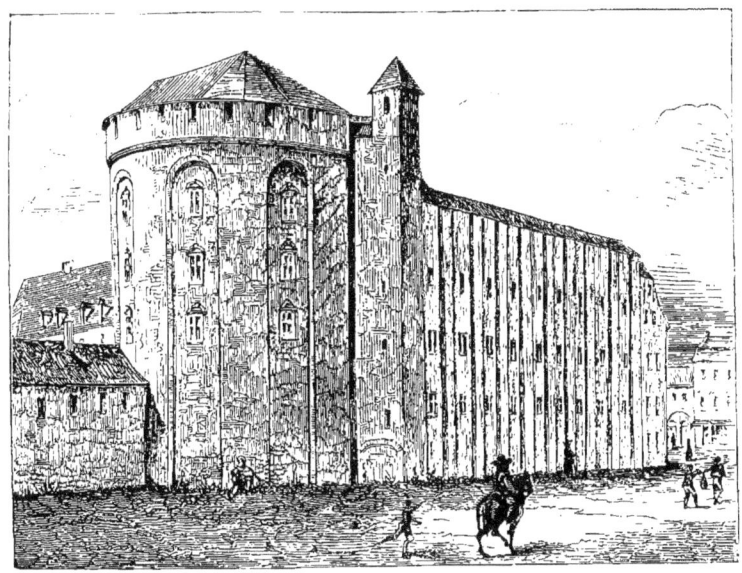

Fig. 24. — Basilique de Constantin, à Trèves, transformée en forteresse au moyen âge.

poser du moellon et de la brique. Aucun caractère particulier ne distingue ces bâtisses informes. En effet, quels éléments d'art les Francs avaient-ils pu jeter parmi la population gallo-romaine? »

Nous voyons alors le clergé s'établir dans les basiliques ou dans les temples restés debout (fig. 25) les rois habiter les thermes ou les palais des Césars. La basilique ancienne (mot qui signifiait *maison royale*) servait à de nombreux usages : les préteurs y rendaient la justice, les avocats y donnaient leurs consultations, et les marchands s'y réunissaient pour traiter de leurs affaires, comme dans une espèce de bourse de commerce. C'était un édifice d'une grande simplicité avec des murs entièrement nus, percés de fenêtres à plein cintre; l'intérieur, divisé en trois parties inégales, par deux rangées de colonnes, se terminait, en face de l'entrée, par un hémicycle.

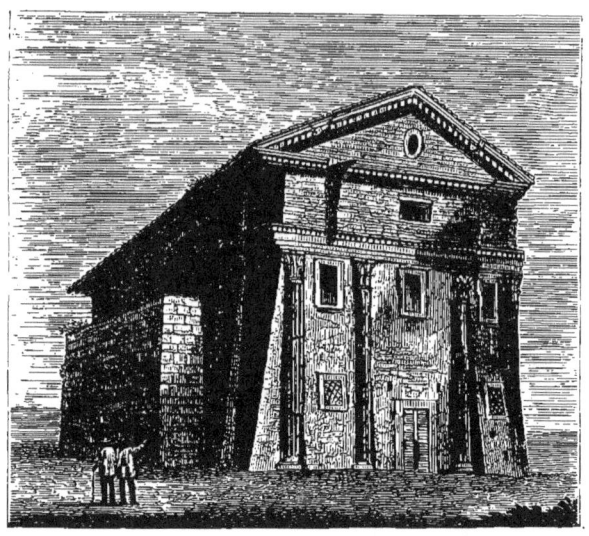

Fig. 25. — Ancien temple romain, aujourd'hui église de Saint-Urbain, à Rome.

Sous la première race, les règles de cette architecture servirent de guide aux évêques et abbés, qui dirigèrent en personne, entre autres saint Martin, saint Germain d'Auxerre, Numatius de Clermont, la construction des premières églises. L'évêque, entouré de son clergé, siégea à la place qu'avait occupée le juge, au fond de l'hémicycle, devenu le chœur, et dans cette partie semi-circulaire et voûtée, nommée *abside*. On agrandit l'hémicycle par l'adjonction de deux nefs transversales, qui prirent le nom de *transsept* ou *croisée*.

Quant au double rang de colonnes, il a donné naissance à la grande nef et aux bas côtés.

La basilique mérovingienne avait d'autres particularités qu'il est nécessaire d'expliquer (fig. 26). La partie principale était le chœur, qui, à l'extrémité de l'abside, contenait des gradins, destinés aux diacres, et au milieu desquels se tenait, sur un siège plus élevé, le principal officiant. En avant était l'autel, qui avait, comme aujourd'hui, la forme d'un tombeau antique, et surmonté du *ciborium*, fronton soutenu par quatre piliers et duquel pendait une colombe creuse, renfermant les hosties consacrées; au-dessous de l'autel, on plaçait la confession ou crypte, souvenir des catacombes. A l'endroit où s'étendait chaque transsept, il y avait deux pupitres (*ambons*), où les diacres lisaient au peuple l'épître et l'évangile.

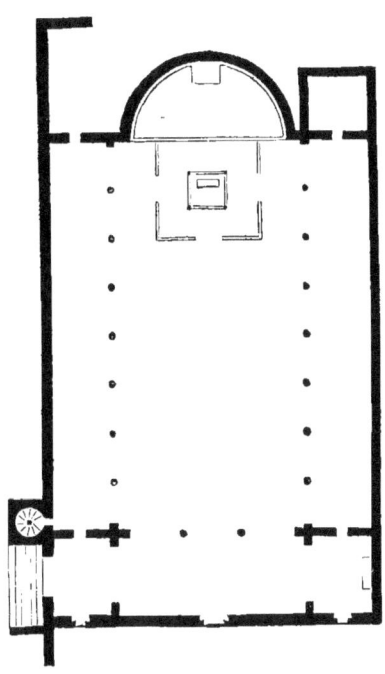

Fig. 26. — Plan de l'église de Saint-Martin, à Tours, style latin du VIe siècle, rebâtie ou restaurée au XIe siècle.

Un immense voile séparait alors le chœur du vaisseau, et on ne le tirait pendant l'office qu'au moment de l'élévation. Les différentes nefs étaient également séparées par des voiles; hommes et femmes y avaient des places marquées et il leur était sévèrement interdit de se confondre.

Aux chrétiens seuls appartenait le droit de pénétrer dans l'intérieur de l'église; les néophytes et les pénitents ne dépassaient point le vestibule (*porche*), placé à l'entrée de la basilique. Le porche, de formes variables, s'est conservé jusqu'au onzième siècle. Percé de trois portes correspondant à celles de l'église, il était précédé d'une grande cour carrée, dite *parvis*; cette enceinte, où l'on rendait quelquefois la justice, était environnée de portiques et contenait, outre des fontaines, le baptistère, petite chapelle ronde ou octogone (fig. 27).

« La basilique chrétienne, » dit M. Vaudoyer dans une savante

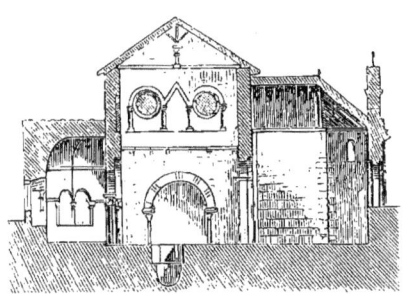

Fig. 27. — Coupe du baptistère de Saint-Jean à Poitiers.

étude sur l'architecture en France, « fut donc bien effectivement une imitation de la basilique païenne; mais il importe de remarquer que, soit par une cause, soit par une autre, les chrétiens dans la construction de leur basilique, substituèrent bientôt à l'architecture grecque des basiliques antiques un système d'arcs reposant directement sur les colonnes isolées, qui leur servaient de point d'appui; combinaison toute nouvelle, dont il n'existait aucun exemple antérieur. Ce mode nouveau de construction, qu'on a généralement attribué à l'inhabileté des constructeurs de cette époque, ou à la nature des matériaux qu'ils avaient à leur disposition, devait cependant devenir le principe fondamental de l'art chrétien,

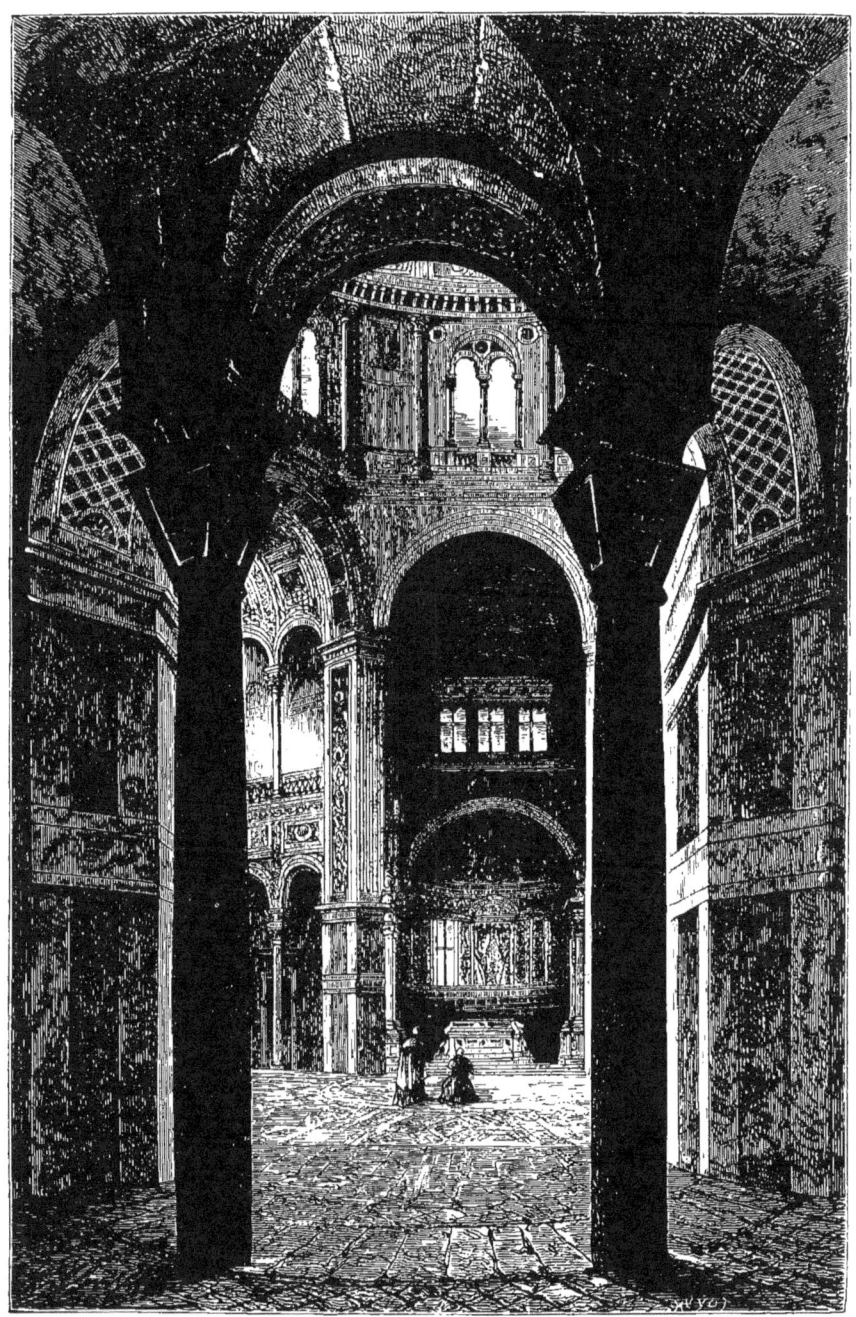

Fig. 28. — Intérieur de l'église de Saint-Vital, à Ravenne, style byzantin. VIᵉ siècle.

principe qui se caractérise par l'*affranchissement de l'arcade* et l'abandon du système de construction rectiligne des Grecs et des Romains.

« En effet, l'arcade, qui était devenue l'élément dominant de l'architecture romaine, était cependant restée assujettie aux proportions des ordres grecs, dont l'entablement lui servait d'accompagnement obligé, et de ce mélange d'éléments si divers était né le style mixte, qui caractérise l'architecture gréco-romaine. Or les chrétiens, en dégageant l'arcade, en abandonnant l'emploi des ordres antiques et en faisant de la colonne le support réel de l'arc, ont posé les bases d'un nouveau style, qui conduisit à l'emploi exclusif des arcs et des voûtes dans les monuments chrétiens. C'est l'église de Sainte-Sophie à Constantinople, bâtie par Justinien, au milieu du sixième siècle, qui nous offre le plus ancien exemple de ce système de construction en arcs et en voûtes, dans une église chrétienne de grandes proportions. »

Transporté sous le ciel d'Orient, le style latin y prit un caractère nouveau, qu'il dut plus spécialement à l'adoption de la coupole, dont il y avait des exemples dans l'architecture romaine, mais seulement à l'état d'accessoire, tandis que dans l'architecture dite byzantine cette forme devint dominante et comme fondamentale; ainsi, tout le temps et toutes les fois que l'influence architecturale de l'Orient se fit sentir dans les pays d'Occident, on vit la coupole introduite dans les édifices. L'église de Saint-Vital de Ravenne nous offre, par son plan et son aspect général, un exemple de cette influence toute byzantine (fig. 28).

Les monuments de l'architecture latine proprement dite sont rares, nous pourrions presque dire qu'ils ont disparu (fig. 29); car si quelques églises de Rome, dont la fondation remonte aux cinquième et sixième siècles, peuvent être regardées comme des spécimens de cette première période de l'art chrétien, c'est par l'ordonnance du plan bien plus que par les détails d'exécution, qui, depuis longtemps, se sont confondus avec l'œuvre des époques postérieures.

En ces temps où le christianisme était assez triomphalement établi pour n'avoir plus ni crainte ni scrupule à utiliser dans la construction de ses temples les débris des temples anciens, il arrivait le plus souvent que l'architecte, se conformant aux exigences nouvelles, cherchait, par un prudent retour vers les traditions du passé, à éviter les choquantes disparates qui eussent enlevé tout leur prix aux matériaux précieux dont il disposait. De là un style encore indécis, de là des créations mixtes, qu'il doit suffire de signaler. Puis, qu'on ne l'oublie pas, à part même le cas où,

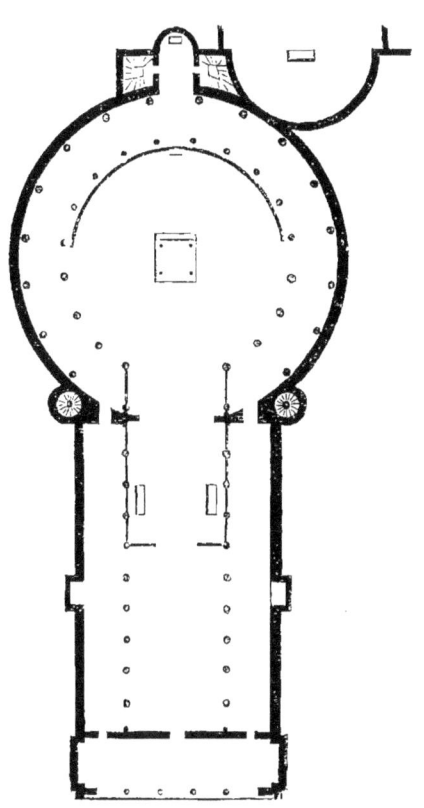

Fig. 29. — Plan de l'église de Sainte-Agnès à Rome, style latin du vi^e siècle, rebâtie au xvie.

comme dans la vieille cité romaine, les basiliques chrétiennes pouvaient s'élever avec les marbres des sanctuaires païens, les monuments de cette même Rome étaient encore les seuls modèles qui s'offrissent ou même qui s'imposassent à l'imitation. Enfin, à cette architecture que la religion chrétienne devait créer en propre il fallait une enfance, un âge de tâtonnements et d'incertitudes; il fallait enfin l'éloignement du passé et le sentiment graduellement éprouvé d'une force individuelle (fig. 30).

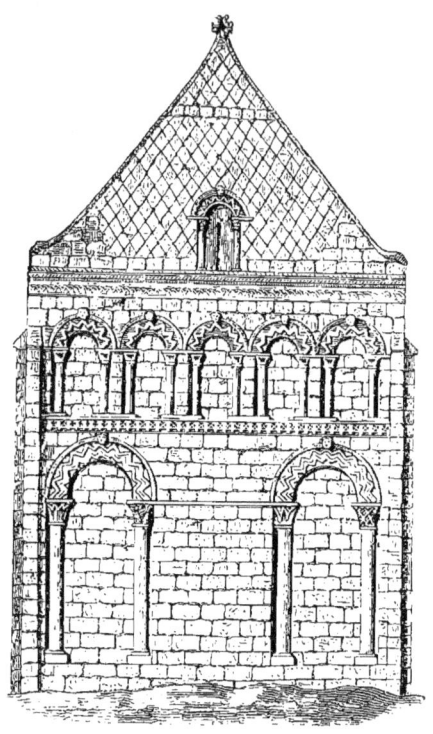

Fig. 30. — Chevet de l'église de Mouen, en Normandie, v^e ou vi^e siècle.

Cette enfance dura environ cinq ou six siècles, car c'est seulement vers l'an 1000 que le nouveau style, que nous voyons d'abord fait de souvenirs et de timides innovations, prend une forme à peu près déterminée. C'est l'époque dite *romane,* laquelle nous a laissé des monuments qui sont « l'expression la plus noble, la plus simple et la plus sévère du temple chrétien ».

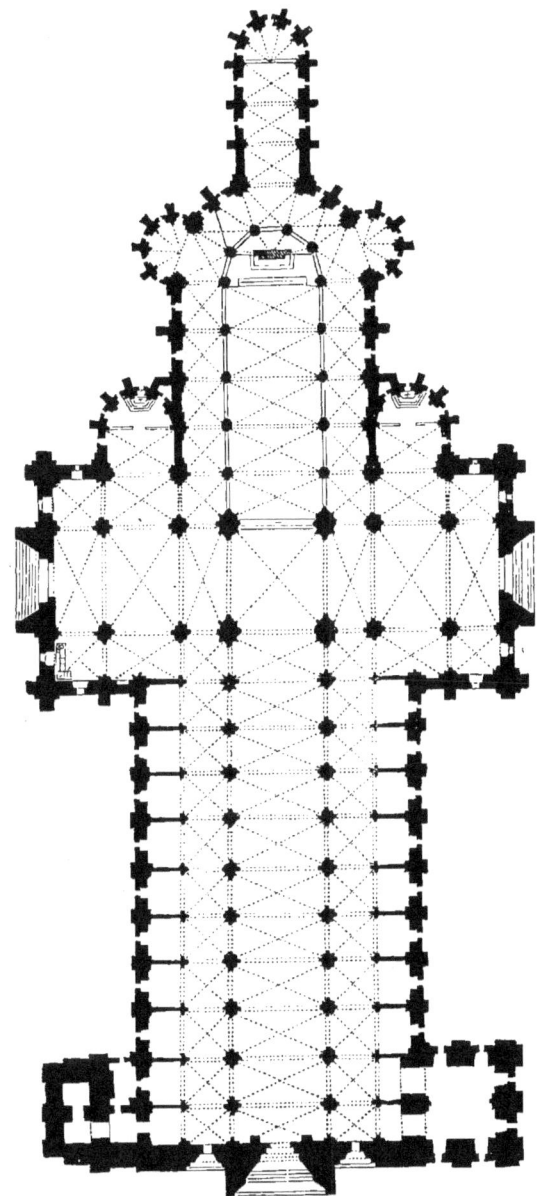

Fig. 31. — Plan de Notre-Dame de Rouen, style ogival. XIIIe siècle.

Tant que dura l'empire carolingien, l'architecture romane, modifiée par les emprunts faits au système byzantin, resta florissante. Cependant, les ravages des Normands, des Sarrasins et des Hongrois, l'idée de la fin du monde que l'on croyait fixée à l'an mille, l'établissement de la féodalité, les guerres civiles, suspendirent presque entièrement l'exercice des arts jusqu'au onzième siècle. Alors seulement l'architecture romane reprit son essor. « A cette époque, » ajoute M. Vaudoyer, « appartiennent la plupart des anciennes églises de France, plus grandes, plus magnifiques que toutes celles des siècles précédents; ce fut aussi alors que se formèrent les premières associations de constructeurs, dont les abbés et les prélats faisaient eux-mêmes partie, et qui étaient essentiellement composées d'hommes liés par un vœu religieux; les arts étaient cultivés dans les couvents, les églises s'élevaient sous la direction des évêques; les moines coopéraient aux travaux de toutes espèces.

« Le plan des églises d'Occident conserva la disposition primitive de la basilique latine, c'est-à-dire la forme allongée et les galeries latérales; les modifications les plus importantes furent le prolongement du chœur et des galeries, ou de la croix, la circulation établie autour de l'abside (fig. 31), et enfin l'adjonction des chapelles qui vinrent se grouper autour du sanctuaire. Dans la construction, les colonnes isolées de la nef sont quelquefois remplacées par des piliers, tous les vides sont cintrés en arcades, et un système général de voûtes est substitué aux plafonds et aux charpentes des anciennes basiliques latines... L'usage des cloches, qui ne fut que passagèrement adopté en Orient, a contribué à donner aux églises d'Occident un caractère, une physionomie qui leur est propre, et qu'elles doivent particulièrement à ces tours élevées devenues la partie essentielle de leur façade. »

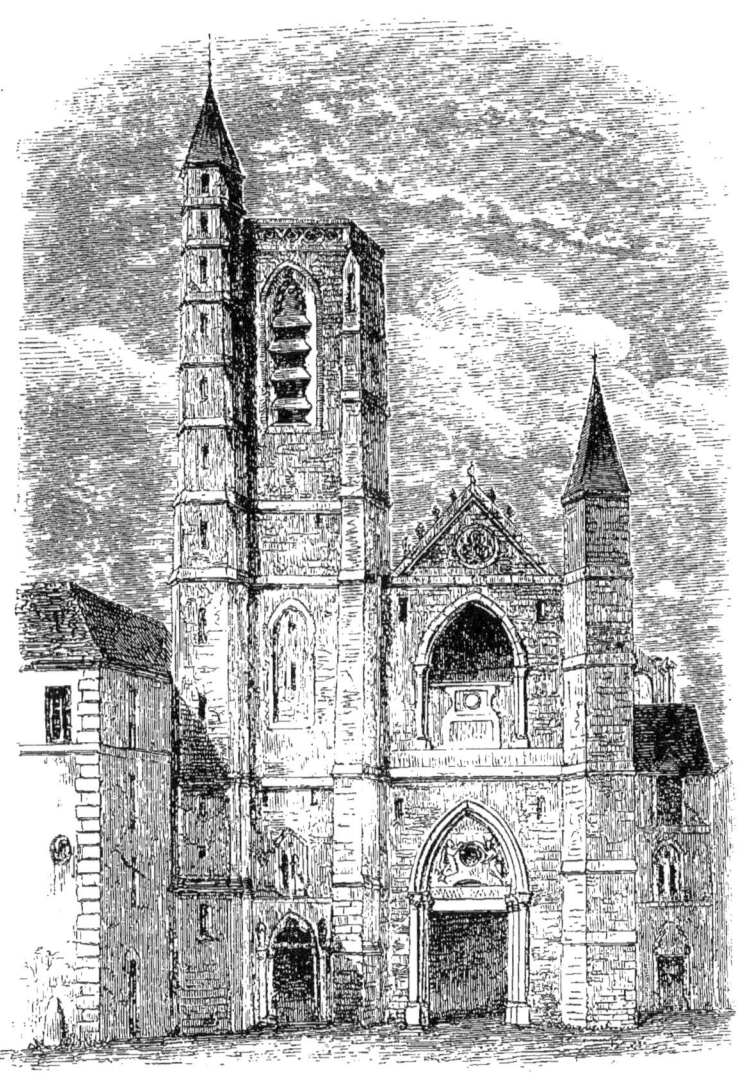

Fig. 32. — Ancienne église de Saint-Paul des Champs, à Paris, fondée au viie siècle par saint Éloi, restaurée et en partie reconstruite au xiiie.

Cette façade elle-même est ordinairement d'une grande simplicité. On pénètre dans l'édifice par une ou trois portes, au-dessus desquelles règne le plus souvent une petite galerie formée de mignonnes colonnes rapprochées, supportant un système d'arcades, et souvent aussi ces arcades sont ornées de statues, comme cela se voit à l'église Notre-Dame de Poitiers, qui (de même que les

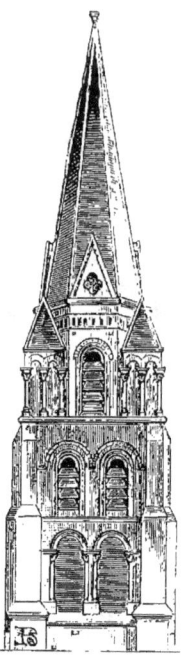 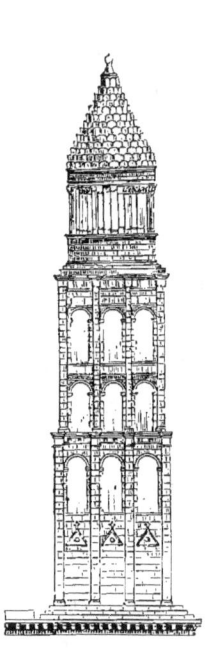

Fig. 33. — Clocher roman de l'église de Saint-Germain, à Auxerre.

Fig. 34. — Clocher roman de l'église de Saint-Front, à Périgueux.

églises de Notre-Dame des Doms, à Avignon ; de Saint-Paul, à Issoire ; de Saint-Sernin, à Toulouse ; de Notre-Dame du Port, à Clermont-Ferrand, etc.) peut passer pour un des plus complets spécimens de l'architecture romane.

Dans les églises de ce style, comme celles de Saint-Front, à Périgueux ; de Notre-Dame, au Puy en Velay ; de Saint-Étienne, à Nevers, on rencontre assez souvent des coupoles, mais il ne faut pas oublier que les architectes byzantins, dont les migrations avaient constamment lieu vers l'Occident à cette époque, ne pouvaient manquer de laisser trace de leur passage, et il faut reconnaître que, surtout dans notre pays, où l'influence orientale ne fut jamais que partielle, l'union des deux principes architectoniques produisit les plus heureux résultats. La cathédrale d'Angoulême,

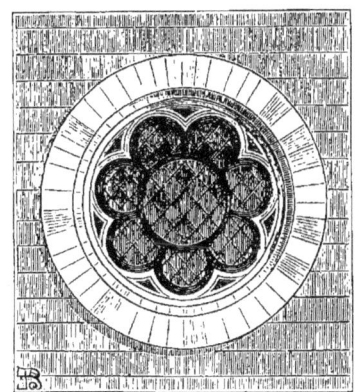

Fig. 35. — Fenêtre en *oculus*, ou œil-de-bœuf.

Saint-Pierre, par exemple, est à bon droit regardée comme un des monuments où le goût oriental s'harmonise le mieux avec le style roman.

Au commencement de cette période, les clochers n'eurent que fort peu d'importance; mais insensiblement on les vit s'élever de plus en plus et atteindre à de grandes hauteurs. Quelques cathédrales des bords du Rhin, et l'église Saint-Étienne, de Caen, témoignent de cette hardiesse. En principe, aussi, le clocher était unique (fig. 32); mais il arriva qu'on en donna plusieurs aux églises construites ou restaurées après l'an 1000 : Saint-Germain des Prés, à Paris, et Saint-Étienne de Nevers, avaient trois clochers, un sur le portail, et un de chaque côté du transsept; certaines églises en eurent quatre et même cinq.

Les clochers romans sont ordinairement des tours carrées, où s'étagent deux ou trois systèmes d'arcades à plein cintre, et qui se terminent par un toit pyramidal, reposant sur une base octogone. L'église de Saint-Germain d'Auxerre montre un des plus remarquables clochers en ce genre (fig. 33), tandis que celui de Saint-

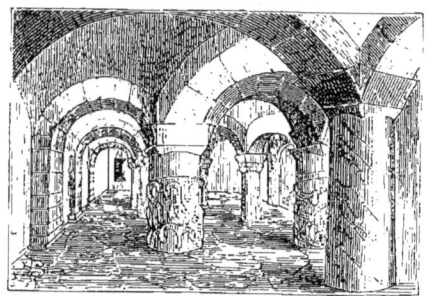

Fig. 36. — Crypte de Lanmeur (Finistère).

Front couronne la tour d'un petit dôme (fig. 34). Viennent ensuite, bien que construits postérieurement à l'édifice principal, ceux de l'Abbaye aux Hommes, de Caen.

La lumière pénétrait dans l'église romane, d'abord par l'*oculus* (fig. 35), vaste ouverture ronde destinée à éclairer la nef et placée en haut de la façade, qui s'élevait ordinairement en pignon au-dessus d'une ou de plusieurs rangées de colonnettes extérieures. Une série de fenêtres latérales ouvrait sur les bas côtés de l'édifice, une autre était percée à niveau des galeries, et une troisième entre les arceaux de la grande nef. A cette époque reculée les fenêtres ne consistaient, pour ainsi dire, qu'en un groupe de petits

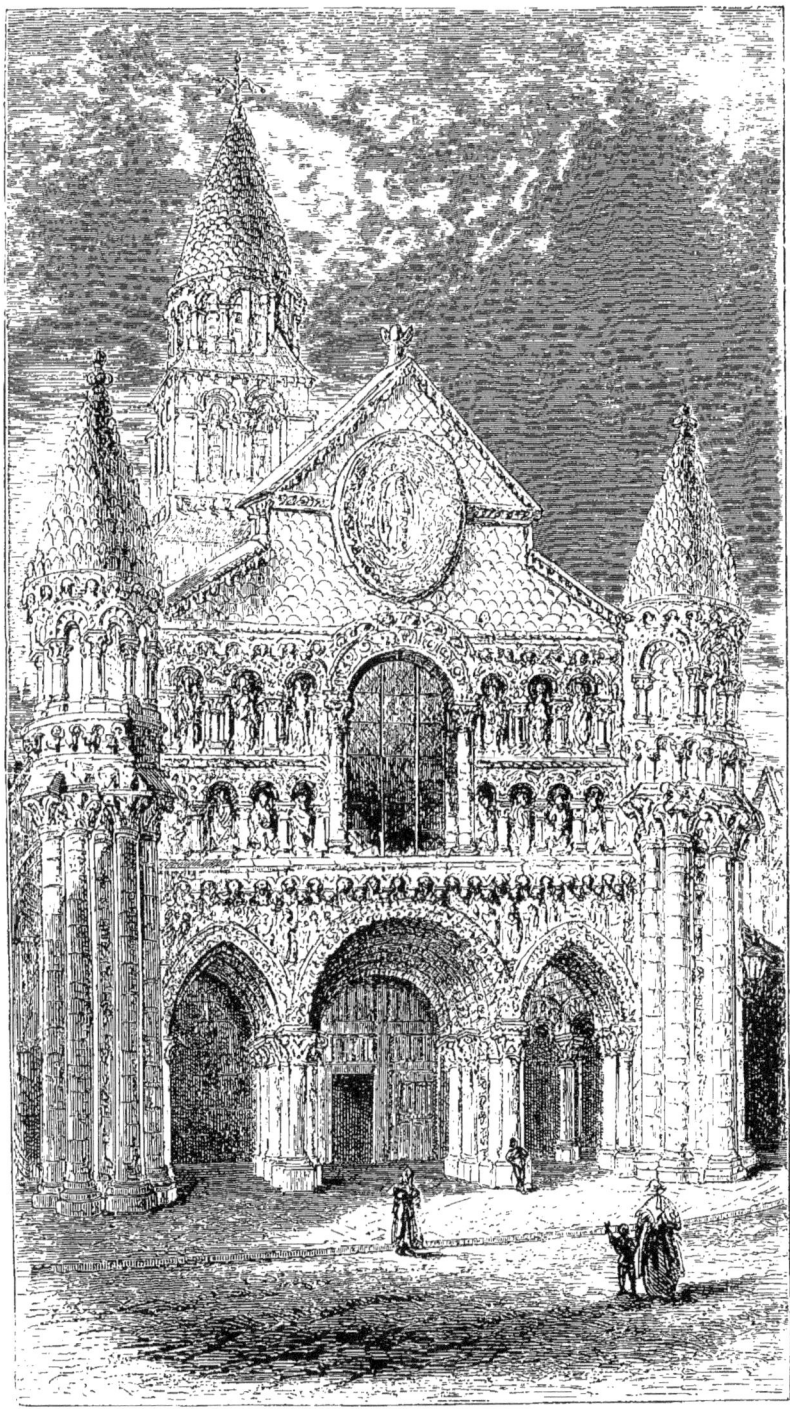

Fig. 37. — Notre-Dame la Grande, cathédrale de Poitiers. XIIe siècle.

jours inscrits dans une baie figurée et dont les ouvertures affectaient la forme de carreaux ou de cercles; des pierres spéculaires servaient de vitres et tamisaient la lumière.

La crypte, sorte de sanctuaire souterrain qui contenait le tombeau du bienheureux ou du martyr sous l'invocation duquel l'édifice était placé, faisait très souvent partie intégrante de l'église romane. L'architecture de la crypte, qui avait pour but idéal de rappeler l'époque où les pratiques du culte s'effectuaient dans les grottes et dans les catacombes, était ordinairement d'une massive et imposante sévérité, bien propre à révéler le sentiment qui dut présider aux premières constructions chrétiennes. La plupart de ces chapelles souterraines sont placées sous le chœur, voûtées et à plusieurs rangs de colonnes; celle de Lanmeur (Finistère) remonte peut-être à l'époque druidique (fig. 36). A Chartres, à Saintes, à Saint-Gilles, on en voit de plus étendues.

Le style roman, c'est-à-dire la primitive idée architecturale chrétienne, affranchi de ses dernières servitudes antiques, semblait avoir entrevu la formule définitive de l'art chrétien. De majestueux monuments attestaient déjà l'austère puissance de ce style, et peut-être eût-il suffi d'une dernière inspiration pour que, la perfection atteinte, les recherches et les tâtonnements des *maîtres d'œuvre* s'arrêtassent d'eux-mêmes. Déjà aussi, indice de maturité, les édifices romans, au lieu de rester dans la simplicité un peu trop nue de la première époque, s'étaient graduellement ornés, jusqu'au point d'arriver un jour à simuler, de la base au faîte, un délicat ouvrage de broderie. C'est à ce style *roman fleuri,* qui en France régna surtout dans les églises construites sous l'influence de Cluny, qu'appartiennent la charmante façade de cette église de Notre-Dame de Poitiers (fig. 37), que nous avons déjà citée comme un type parfait du style roman lui-

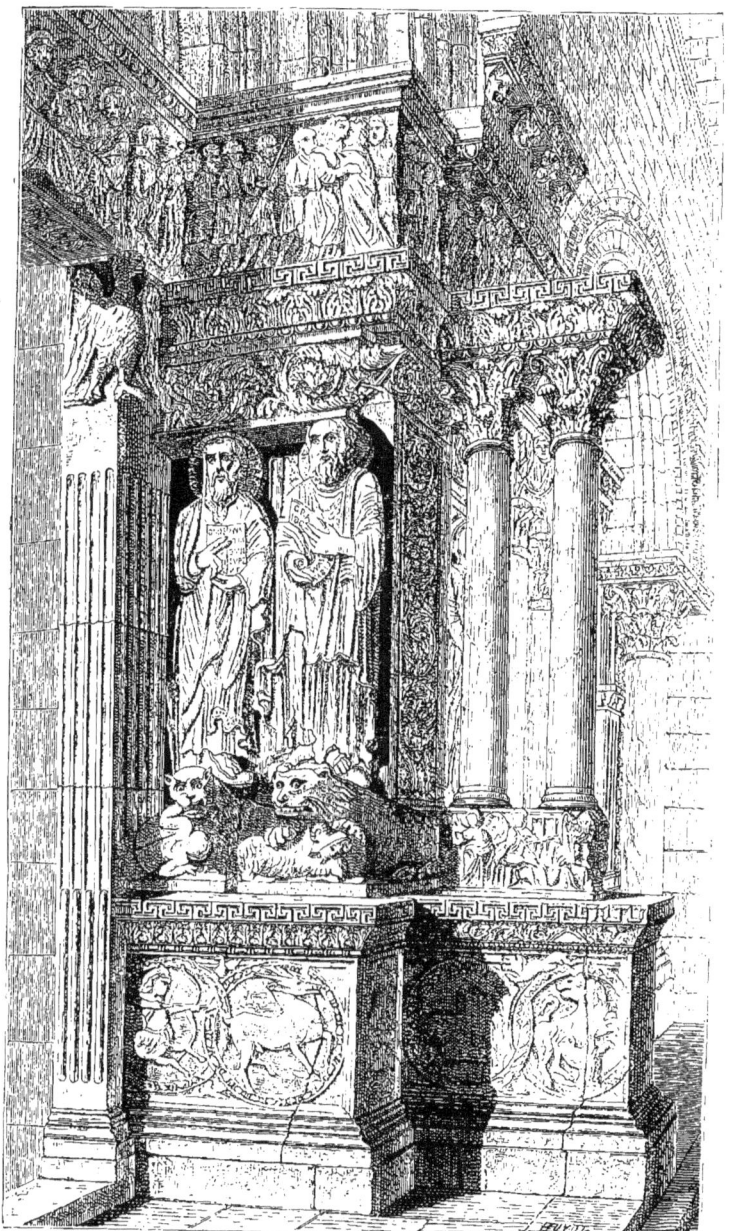

Fig. 38. — Vue perspective de la porte principale de l'église de Saint-Gilles (Gard). xii⁰ s.

même; la façade de Saint-Trophime d'Arles, monument dans l'ordonnance générale duquel ne règne pas un même caractère d'unité primordiale; et celle de l'église de Saint-Gilles, que Mérimée cite comme la plus élégante expression du roman fleuri (fig. 38).

En somme, répétons-le, le style roman, grandiose dans son austérité, tranquille encore et recueilli dans sa plus riche fantaisie, était à la veille d'*individualiser* à jamais peut-être l'architecture chrétienne; ses arcs en plein cintre, mariant la douce ampleur de leurs courbes aux simples profils des colonnes, robustes même dans leur légèreté, semblaient caractériser à la fois le calme élevé de l'espérance et l'humble gravité de la foi.

Mais voici que l'*ogive* naquit, non pas, comme certains auteurs ont cru pouvoir l'affirmer, d'un élan de création spontanée, car on en trouve le principe et l'application, non seulement dans plusieurs édifices de l'époque romane, mais même dans des combinaisons architecturales des temps les plus reculés. Il arriva que cette simple brisure du cintre, cette *acuité* de l'arc, si nous pouvons parler ainsi, que les constructeurs romans avaient habilement utilisée pour donner plus d'élancement et de gracieuse force à des voûtes de grande portée, devint l'élément fondamental d'un style qui, en moins d'un siècle, devait fermer l'avenir à une tradition datant de six ou huit siècles, et pouvant à bon droit s'enorgueillir des plus belles conceptions architecturales.

Du douzième au treizième siècle se fait la transition; le style roman, que distingue son plein cintre, soutient la lutte contre le style *ogival*, dont l'ogive est la marque originelle. Dans les églises de cette époque, on voit aussi, en ce qui touche au plan des édifices, le chœur prendre des dimensions plus vastes, nécessitées sans doute par un surcroît de solennité donné aux

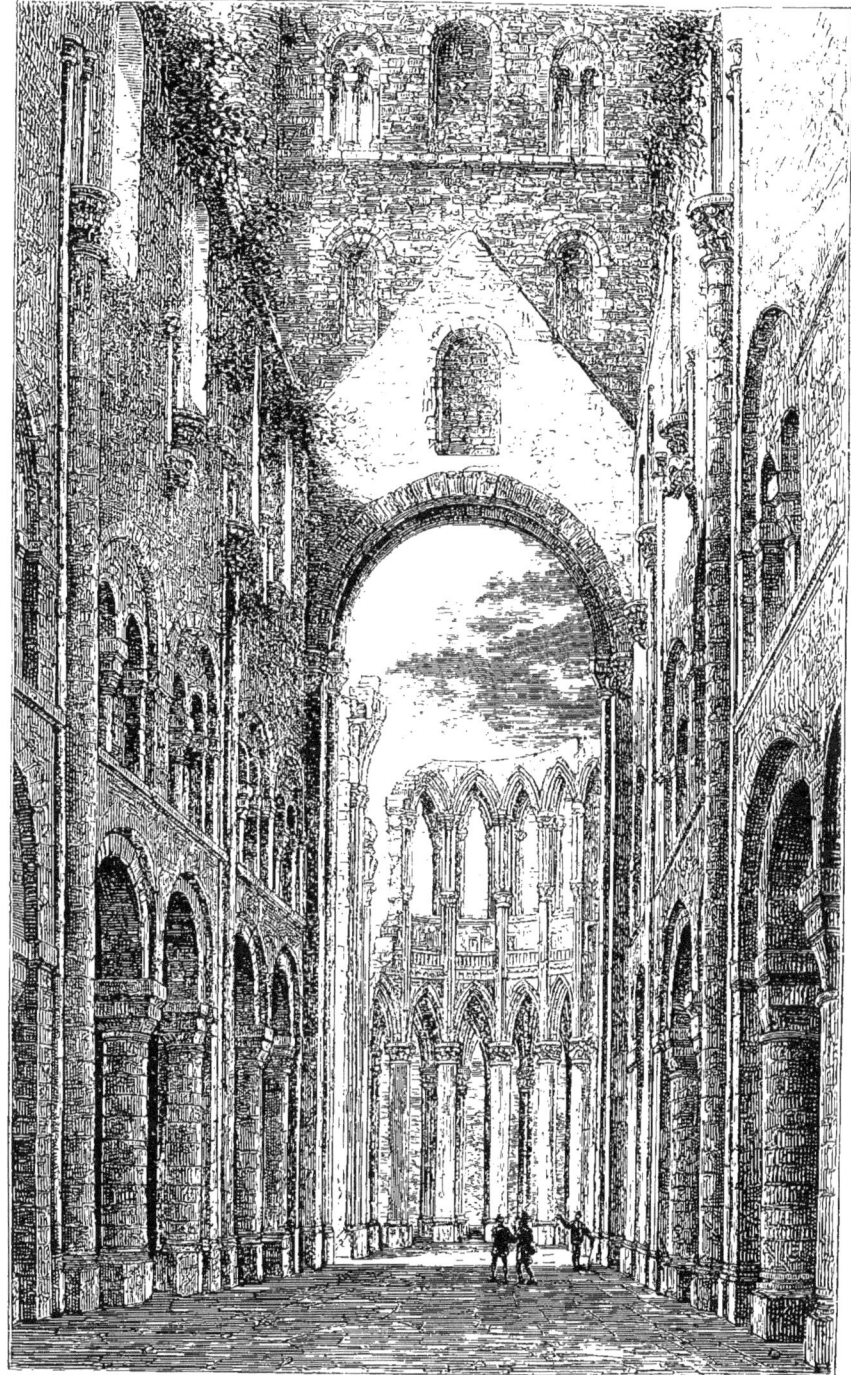

Fig. 39. — Église de l'abbaye de Jumièges, xiie et xiiie siècles. État des ruines en 1820.

cérémonies : la croix latine, sur le tracé horizontal de laquelle s'étaient jusque-là édifiés la plupart des sanctuaires, cesse d'en indiquer aussi formellement les contours ; la nef s'exhausse considérablement, les chapelles latérales se multiplient et rompent souvent la perspective des bas-côtés ; les clochers prennent plus d'importance, et le placement des orgues immenses au-dessus de l'entrée principale motive, vers cette partie du monument, un nouveau système de galeries hautes.

Les églises de l'abbaye de Saint-Denis, de Saint-Nicolas, à Blois, de l'abbaye de Jumièges (fig. 39), et la cathédrale de Châlons-sur-Marne, sont les principaux modèles de cette architecture au style mixte.

Il est à remarquer que, depuis longtemps, dans le nord de la France, l'ogive avait prévalu presque généralement sur le plein cintre, alors que dans le Midi la tradition romane, mariée à la tradition byzantine, continuait encore à inspirer les constructeurs. Toutefois, la démarcation ne saurait s'établir d'une manière rigoureuse, car, en même temps que les édifices du plus franc style roman se montrent dans nos contrées septentrionales (comme, par exemple, l'église de Saint-Germain des Prés, l'ancienne église de Sainte-Geneviève et l'abside de Saint-Martin des Champs, à Paris), nous trouvons à Toulouse, à Carcassonne, et dans d'autres parties du Midi, les plus remarquables spécimens du style ogival.

Enfin, l'architecture ogivale l'emporte. « Son principe, » dit M. Vitet, « est dans l'émancipation, dans la liberté, dans l'esprit d'association et de commerce, dans des sentiments tout indigènes et tout nationaux : elle est bourgeoise, et, de plus, elle est française, anglaise, teutonique, etc. L'architecture romane, au contraire, est sacerdotale. »

Et M. Vaudoyer ajoute : « Le plein cintre, c'est la forme déterminée et invariable ; l'ogive, c'est la forme libre, indéfinie,

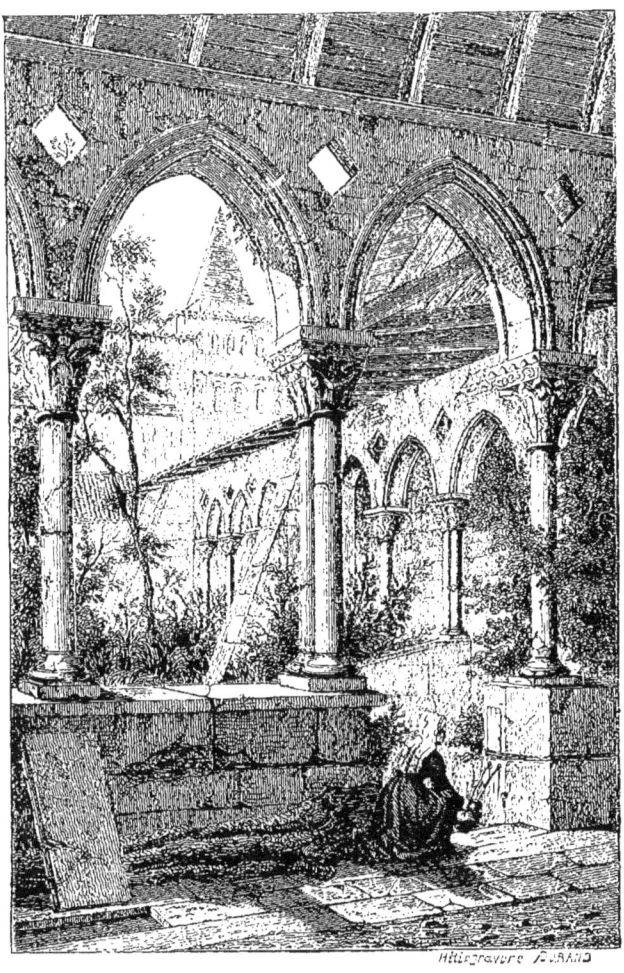

Fig. 40. — Cloître de l'abbaye de Moissac, en Guyenne. xiiᵉ siècle.

et qui se prête à des modifications sans limites. Si donc le style ogival n'a plus l'austérité du style roman, c'est qu'il appartient à cette deuxième phase de toute civilisation, celle dans laquelle l'élégance et la richesse remplacent la force et la sévérité des types primordiaux. »

C'est, d'ailleurs, à cette époque que l'architecture, comme tous les autres arts, sort des monastères pour passer aux mains des architectes laïques, organisés en confréries, voyageant d'un pays à l'autre, et transmettant ainsi les types traditionnels; il en résultait que des monuments, élevés à de très grandes distances les uns des autres, offraient une frappante analogie et souvent même une complète similitude.

On a beaucoup discuté sur l'origine de l'ogive; qu'elle ait été connue longtemps avant d'être appliquée à un système particulier d'architecture, on ne songe plus à le nier; mais eût-elle été imitée des Orientaux, ce qu'on n'a pu démontrer, c'est en Europe que le style auquel elle a donné son nom (préférable à celui de *gothique*, qui est un non-sens), a subi une complète métamorphose.

« Quand on voit de près l'architecture du treizième siècle et de la fin du douzième, » dit M. de Caumont, « on reconnaît que l'ogive a été commandée par les besoins et l'expérience. La poussée des voûtes à plein cintre sur les murs latéraux, et la solidité qu'il fallait leur donner pour qu'ils pussent y résister, excluaient l'ouverture des larges fenêtres. On trouva dans l'arc brisé un moyen de diminuer cette poussée, et ce fut le principal motif de l'abandon de l'arc à plein cintre pour l'arc aigu. En même temps, on dirigea le poids de la poussée sur des parties garnies de contreforts et soutenues par des arcs-boutants; alors on put alléger les murs et percer de larges ouvertures entre les piles sur lesquelles portait le poids des voûtes. »

On est, en général, d'accord aujourd'hui pour faire naître le style

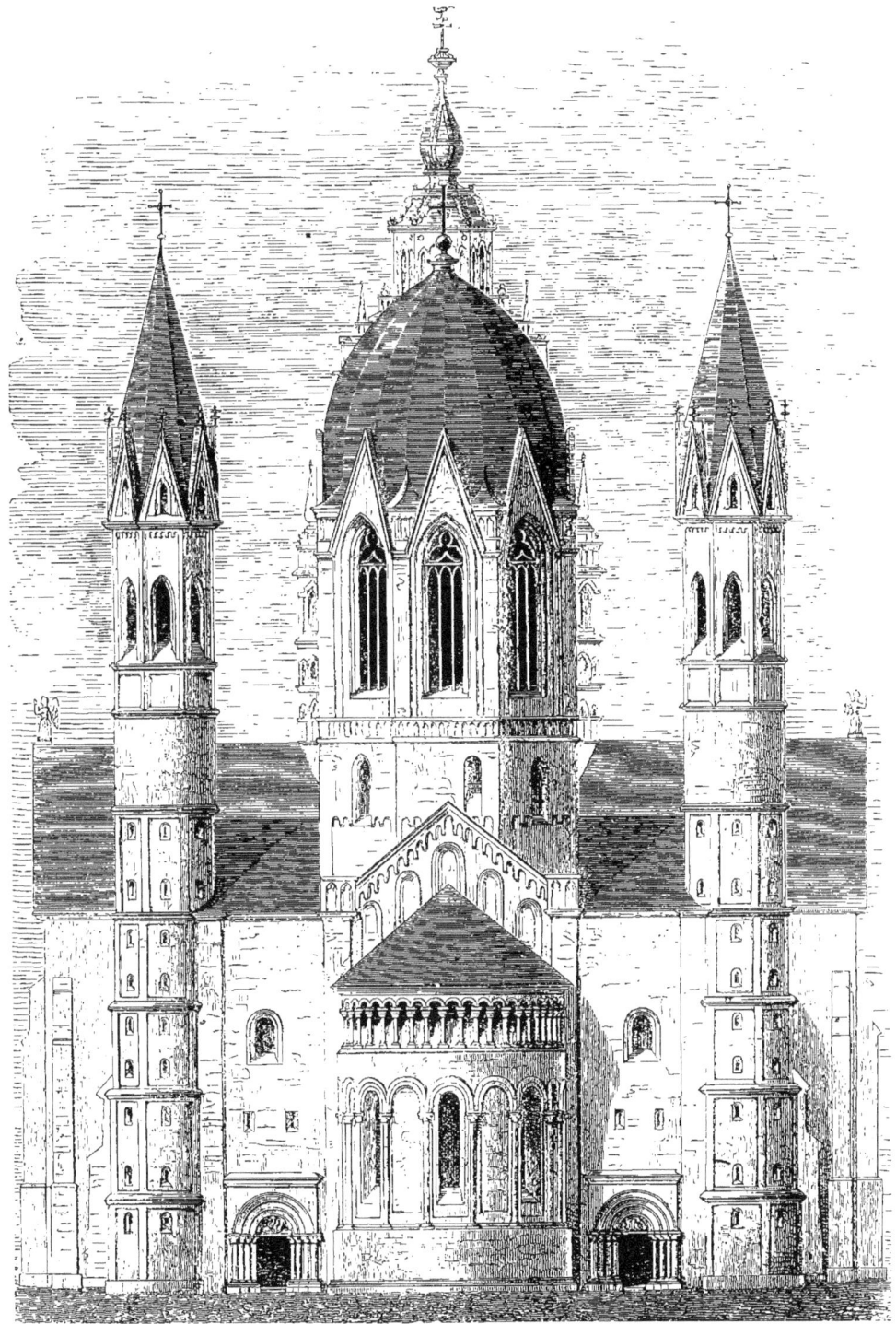

Fig. 41. — Cathédrale de Mayence XIIe et XIIIe siècles. Style roman du Rhin.

ogival proprement dit dans le rayon limitrophe de l'ancienne Ile-de-France, d'où il se serait peu à peu propagé vers les provinces voisines. Sur les bords du Rhin, dans la Lorraine, le Lyonnais, le midi de la France, et dans d'autres contrées, le style roman fleuri ou de transition a persisté jusqu'à la fin du treizième siècle (fig. 40).

D'autre part, il serait aussi difficile d'attribuer la création de ce style à l'Allemagne qu'à l'Espagne. C'est au treizième siècle que se montrent chez nous les plus beaux monuments dits *gothiques*, tandis qu'en Allemagne, à part les églises bâties, en quelque sorte, sur les frontières de la France, on ne trouve encore, à cette époque, que des églises romanes (fig. 41); et il est rationnel de penser que, si nous devions l'adoption générale de l'arc brisé à l'Espagne, l'introduction s'en serait faite peu à peu par les pays situés au delà de la Loire, et c'est précisément le contraire qui s'est produit.

Un siècle suffit à porter le style ogival à sa plus haute puissance. Notre-Dame de Paris, la Sainte-Chapelle, Notre-Dame de Chartres, les cathédrales d'Amiens, de Reims, de Sens, de Bourges, de Coutances (fig. 42), en France et en Allemagne, celles de Strasbourg, de Fribourg, de Worms, de Cologne, dont les dates de construction s'échelonnent de la première moitié du douzième siècle au milieu du treizième, sont autant de types admirables de cet art, que, relativement, nous pouvons ici appeler *nouveau*.

Pour savoir à quelle merveilleuse variété de combinaisons et d'effets sait atteindre, par la seule modification en hauteur ou en largeur de son type original, cette ogive, qui, prise isolément, peut paraître la plus naïve des formes, il faut avoir passé quelques instants à décomposer par l'examen l'ensemble d'un monu-

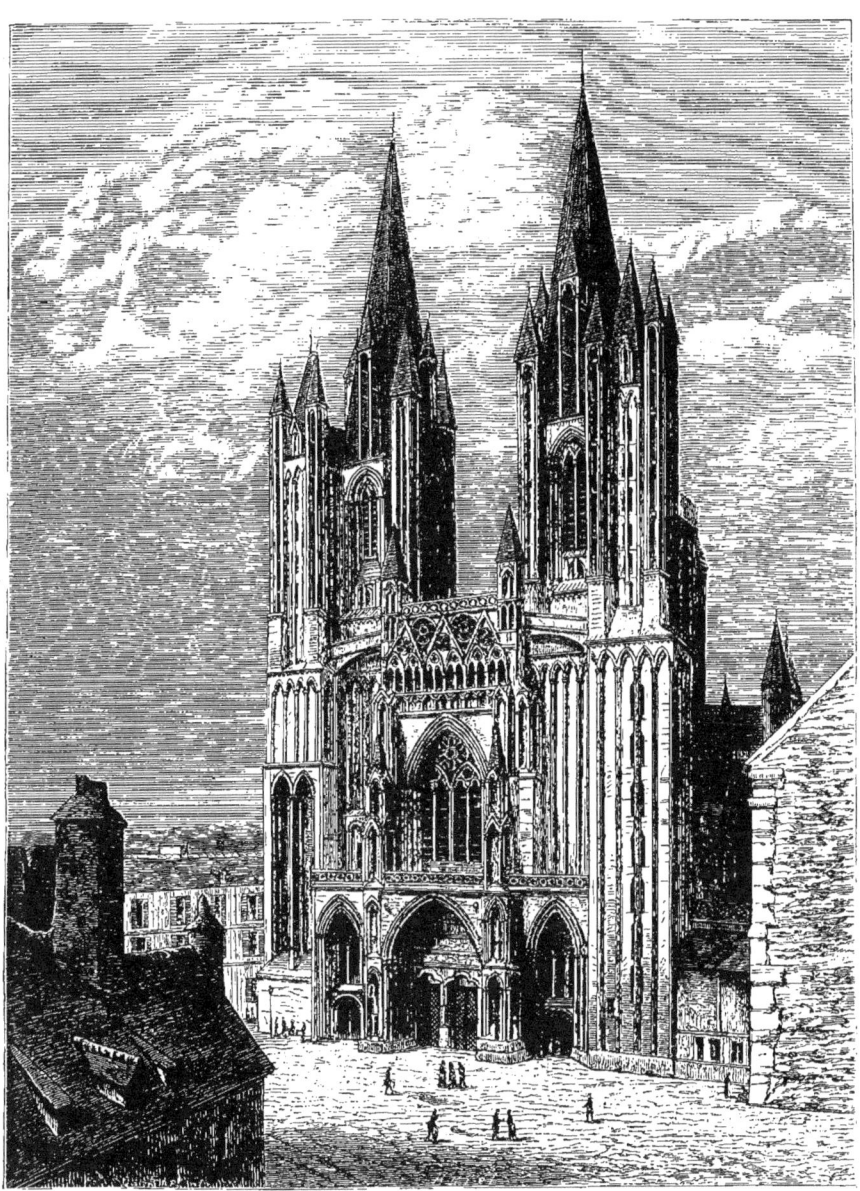

Fig. 42. — Cathédrale de Coutances. XIIIᵉ siècle.

ment comme Notre-Dame de Paris, ou comme la cathédrale de Strasbourg : la première, appelant l'attention par la hardiesse contenue de ses lignes, aussi robustes que gracieuses; l'autre se faisant aventureuse en toute indépendance, et semblant s'effiler comme par enchantement pour porter à de surprenantes hauteurs le témoignage d'une incompréhensible témérité.

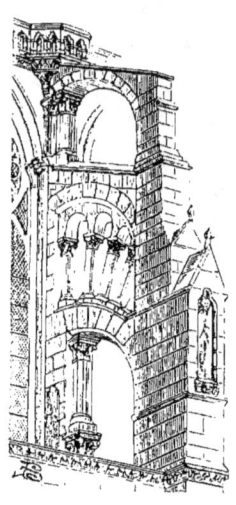

Fig. 43. — Contrefort de la cathédrale de Chartres.

Il faut s'élever, par la pensée au-dessus de l'édifice pour saisir le plan de sa conception première. Après l'avoir considéré, d'en bas, sous toutes ses faces, pour voir avec quel art en sont ordonnées, groupées, échelonnées les diverses parties, il faut chercher l'artifice en vertu duquel s'harmonisent l'immense *évidage* des nombreux contreforts (fig. 43), les reliefs des tours, la retraite des latéraux et la courbe de l'abside. Qu'on pénètre ensuite sous ces nefs, aux interminables et fines nervures, que des faisceaux de colonnettes font s'épanouir au haut des sveltes piliers, et que l'on contemple les majestueux caprices des *roses,* qui, par leurs vitraux polychromes, tamisent les jeux de la lumière. Enfin, gagnant le sommet des tours ou des flèches, d'où l'on domine la vertigineuse étendue des espaces aériens et du paysage qui s'étend alentour, il faut suivre attentivement du regard les silhouettes audacieuses, étranges, que profilent sur le ciel les clochetons, les pignons fleuronnés, les guivres, les couronnements des clochers.

Cela fait, on n'aura encore payé à ces édifices qu'un sommaire tribut d'attention.

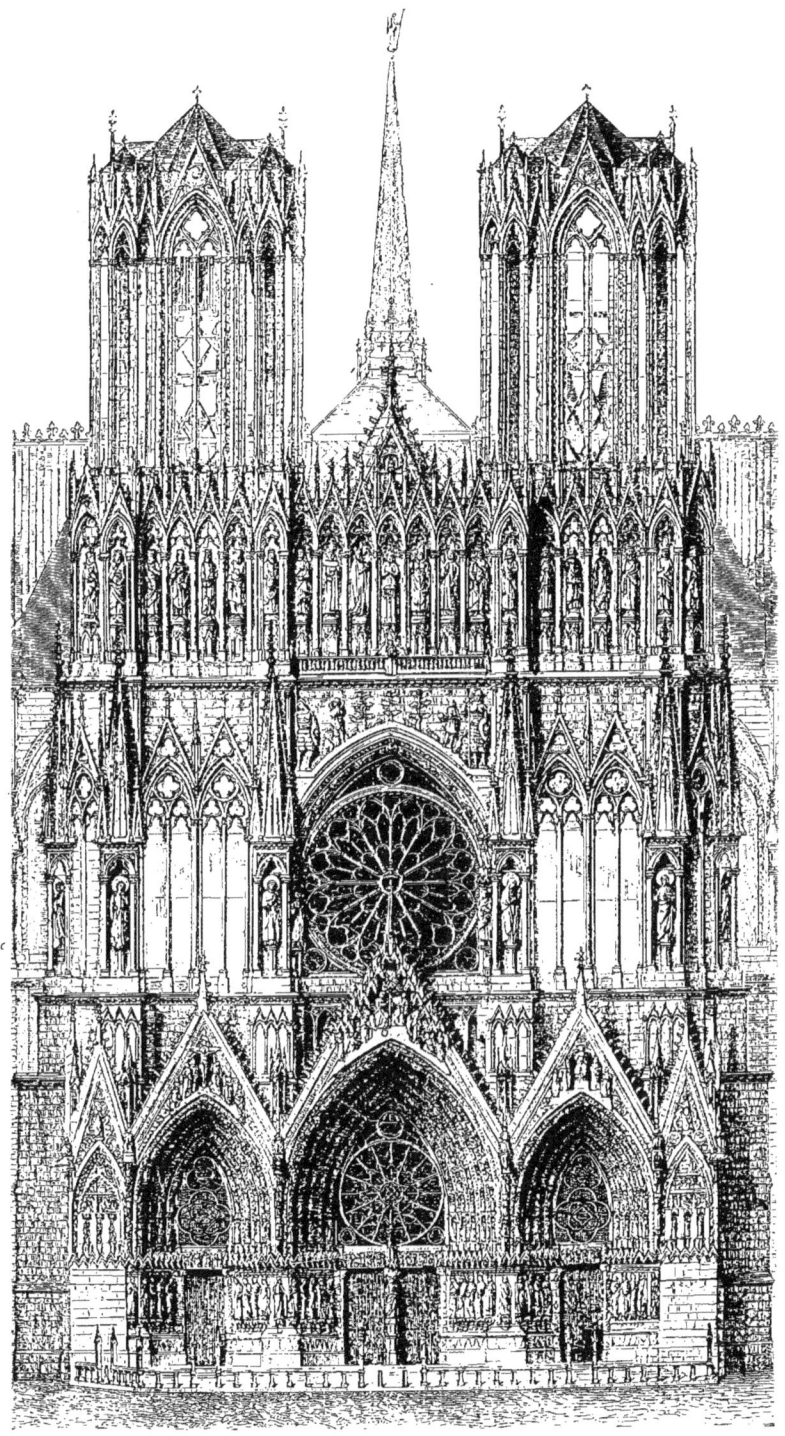

Fig. 41. — Cathédrale de Reims, XIIIᵉ siècle.

Que serait-ce donc si l'on voulait s'arrêter convenablement à l'ornementation des détails ; si l'on se proposait de prendre une idée à peu près exacte du peuple de statues qui fourmillent du parvis au faîte, et de la flore, de la faune, vraies ou idéales, qui animent les saillies ou rehaussent les parois ; si l'on comptait arriver à saisir la clef de tous les entre-croisements de lignes, de toutes les fantaisies calculées, qui, en trompant les yeux, concourent à la majesté ou à la solidité de l'ensemble ; si l'on tenait enfin à ne perdre aucune des multiples pensées qui se sont immobilisées dans les pierres du gigantesque édifice ? L'esprit reste confondu, et certainement l'effet produit par tant d'imagination et d'audace, par tant d'habileté et de goût, est une forte élévation de l'âme qui cherche avec plus d'amour son Créateur, en voyant une telle œuvre sortir des mains de la créature.

« Dans l'architecture ogivale, » dit M. Viollet-Leduc, « la matière est soumise à l'idée, elle n'est plus qu'une des conséquences de l'esprit moderne, qui dérive lui-même du christianisme. » Du moment, toutefois, que l'art, s'affranchissant des règles ecclésiastiques, s'était identifié avec les sentiments d'une époque, il ne pouvait manquer d'en suivre les variations. On trouve, dans certains édifices bâtis simultanément sous Philippe-Auguste, des différences notables ; elles provenaient du génie propre à chacune des écoles provinciales (Ile-de-France, Champagne, Picardie, Bourgogne, Anjou, Normandie), écoles qui, chaque jour, tendaient à se rapprocher.

A la fin du treizième siècle, ces distinctions disparaissent tout à fait. « Mais en perdant de son originalité personnelle ou provinciale, en passant exclusivement entre les mains des corporations laïques, l'architecture n'est plus exécutée avec ce soin minutieux dans les détails, avec cette recherche dans le choix des

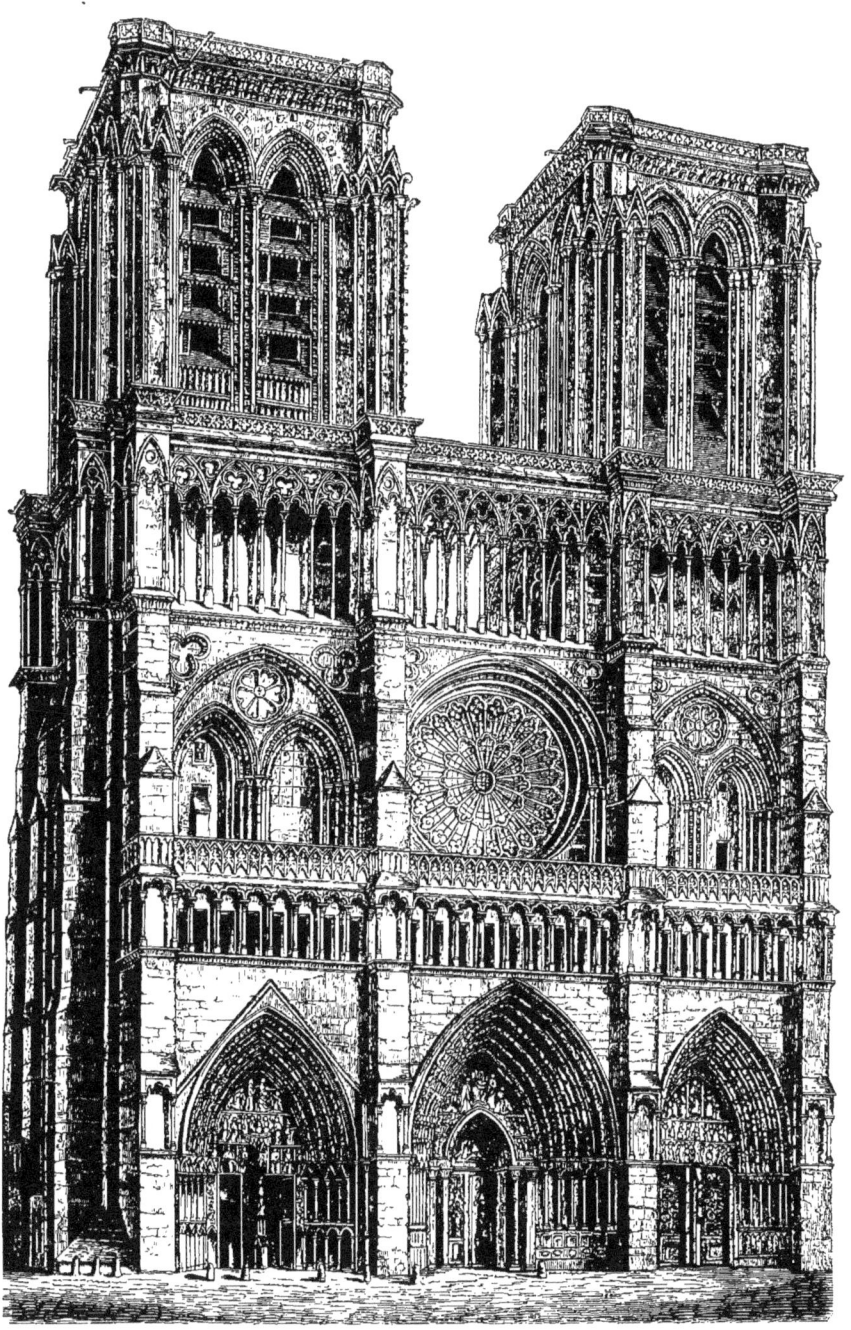

Fig. 45. — Notre-Dame de Paris. xiie et xiiie siècles. Vue de la façade principale.

matériaux, qui nous frappent dans les monuments du douzième siècle, alors que les architectes laïques étaient encore imbus des traditions monastiques. Si nous mettons de côté quelques rares édifices, comme la Sainte-Chapelle du Palais, la cathédrale de Reims (fig. 44) et certaines parties de la cathédrale de Paris, nous pourrons remarquer que les églises élevées pendant le cours du treizième siècle sont souvent aussi négligées dans leur exécution que savamment combinées dans leur système de construction. »

De ce que beaucoup de nos grands édifices du moyen âge ont été commencés dans un siècle et finis dans un des suivants, on en a conclu qu'on a mis deux ou trois cents ans à les bâtir; cela n'est pas exact. « Seulement, ces monuments, élevés au moyen des ressources particulières des évêques, des monastères, des chapitres ou des seigneurs, ont été souvent interrompus par des événements politiques ou faute d'argent; quand les ressources ne manquaient pas, on menait les travaux avec une rapidité prodigieuse.

« La nouvelle cathédrale de Paris (fig. 45) fut fondée en 1163. En 1196, le chœur était achevé, et en 1220, elle était complètement terminée, les chapelles de la nef et du chœur n'étant que des modifications dont elle eût pu se passer. Voilà donc un immense monument, qui ne coûterait pas moins de 90 millions de notre monnaie, élevé en cinquante ans. Presque toutes nos grandes cathédrales ont été bâties, sauf les adjonctions postérieures, dans un laps de temps aussi restreint. La Sainte-Chapelle fut entièrement achevée en moins de cinq années. Or, quand on songe à la quantité innombrable de statues et de sculptures, aux surfaces énormes de vitraux, aux ornements de tous genres, on sera émerveillé du nombre et de l'activité de ces artisans. »

Né avec l'enthousiaste entraînement des premières croisades, le style ogival semble suivre dans ses diverses phases le déclin de la foi, à l'époque de ces aventureuses entreprises. Il commence

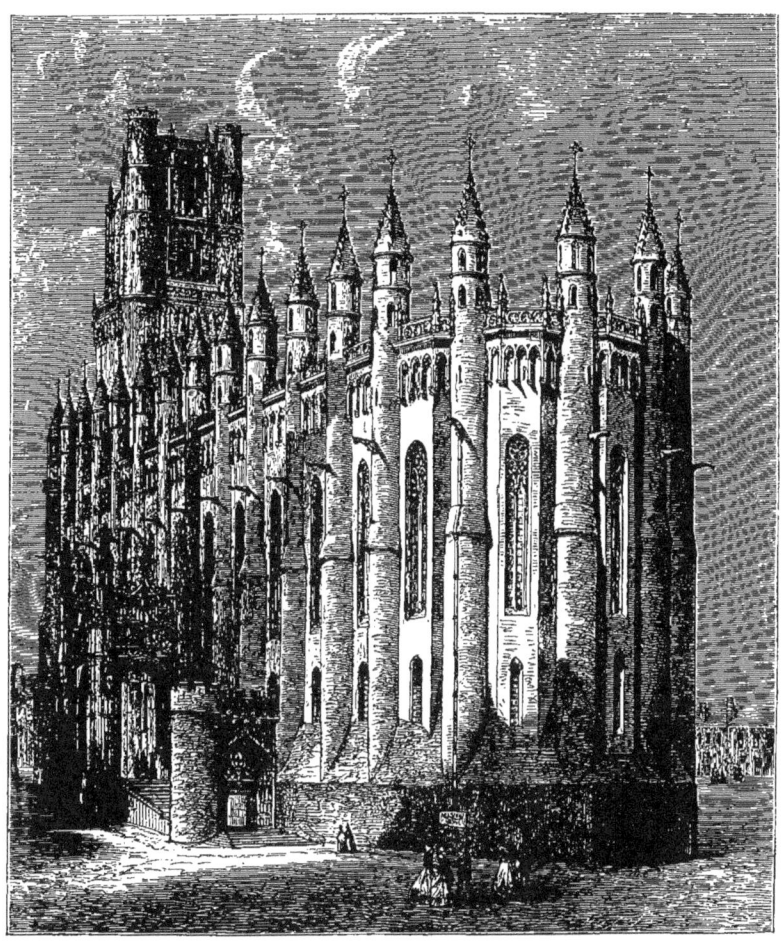

Fig. 46. — Sainte-Cécile, cathédrale d'Albi. xiii° et xiv° siècles.

par l'élan sincère et l'audacieux abandon ; puis l'ardeur factice ou réfléchie enfante la recherche et la manière ; puis le zèle fervent et le sentiment artistique s'affaissent. La science l'emporte sur l'art, la logique tue la poésie.

L'art ogival s'élève en moins d'un siècle à son apogée, et en moins de deux siècles il touchera au déclin. Le treizième siècle le voit dans toute sa gloire, avec les édifices que nous avons cités (fig. 46); au quatorzième, il est devenu le gothique dit *rayonnant*, qui produit les églises de Saint-Ouen, à Rouen, et de Saint-Étienne, à Metz. « Alors, » dit M. André Lefèvre, dans *les Merveilles de l'architecture,* « plus de murs; partout des claires-voies, soutenues par de minces arcatures; plus de chapiteaux, de cordons de feuillages imités directement de la nature; plus de colonnes, de hauts piliers garnis de moulures rondes ou en biseau. Cependant, rien de maladif encore dans cette extrême élégance, svelte et délicate, sans être grêle; le style fleuri ne dépare point les églises du treizième siècle, qu'il termine et décore.

« Mais, après le gothique rayonnant vient le *flamboyant*, qui, toujours sous prétexte de légèreté et de grâce, dénature les ornements, les formes et jusqu'aux proportions des membres de l'architecture. Il efface les lignes horizontales qui donnaient deux étages aux verrières de la grande nef, remplit les baies de compartiments irréguliers, cœurs, soufflets et flammes; abat les angles des piliers ou aiguise les moulures; ne laisse aux supports, même les plus massifs, qu'une forme ondulée, fuyante, insaisissable, où l'ombre ne peut se fixer, change les lancettes en accolades, ou en anses de panier plus ou moins surbaissées, et les fleurons des pinacles en volutes capricieuses. Il réserve toutes ses richesses pour les décorations accessoires ou extérieures, les stalles, les chaires, les clefs pendantes, les frises courantes, les jubés et les clochers (fig. 47). La visible décadence de l'ensemble correspond à de grands progrès dans les détails. » Enfin, l'ogive se marie

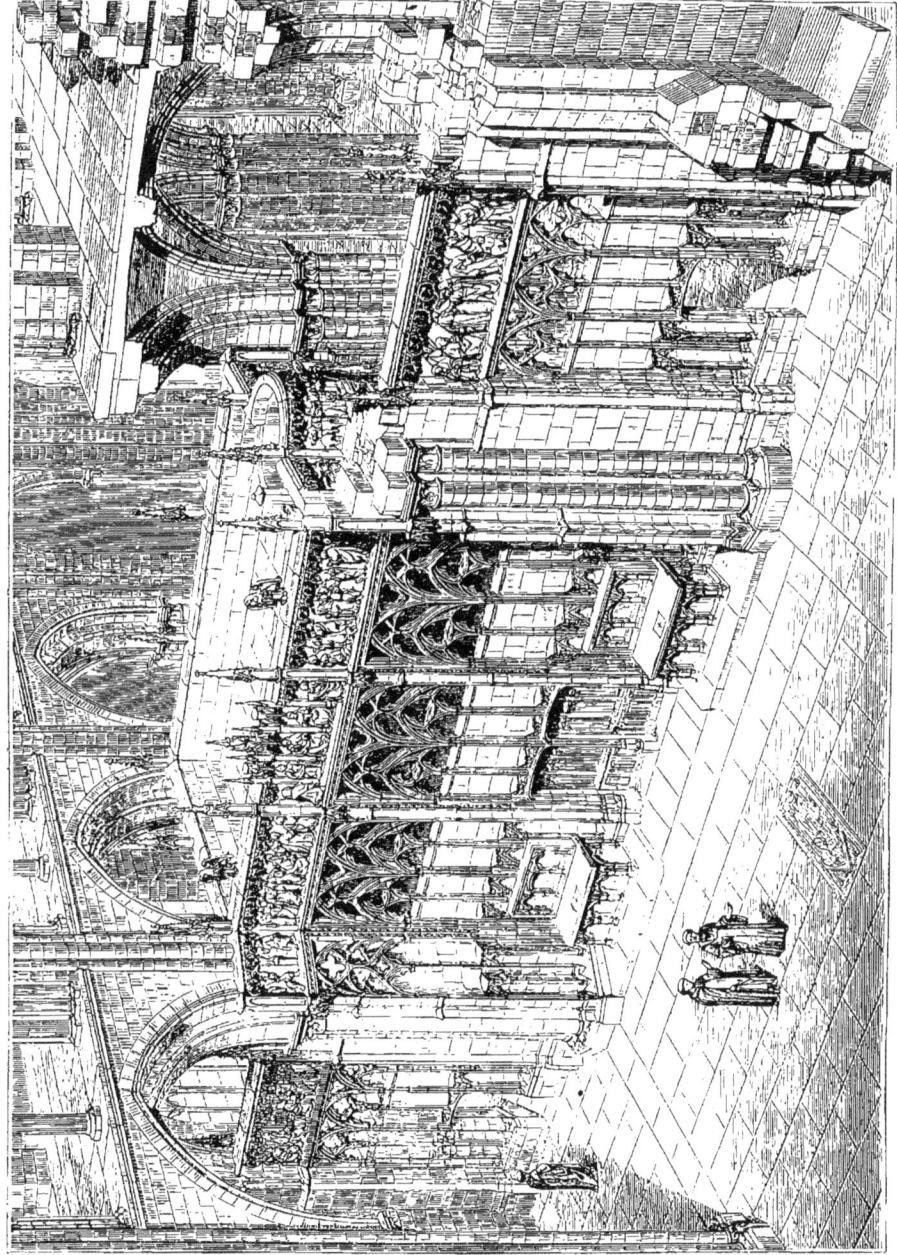

Fig. 17. — Restitution du jubé de l'abbaye de Fécamp, par M. L. Sauvageot, de Rouen. Style du xve siècle.

aux lignes droites et aux ouvertures rectangulaires, alliance qui annonce la prochaine résurrection du goût pour les formes antiques, laquelle a été qualifiée de *renaissance*.

Les églises de Saint-Ouen; de Saint-Vulfranc, d'Abbeville; de Saint-Riquier, de Corbie, et les cathédrales de Troyes, d'Orléans et de Nantes, peuvent être citées comme les principaux échantillons du style gothique *flamboyant*, et comme les dernières manifestations notables d'un art qui, dès lors, s'éloigne de plus en plus de son inspiration originelle.

Le milieu du quinzième siècle est ordinairement fixé comme limite au delà de laquelle les monuments religieux qui s'élèvent encore ne sont plus les produits en quelque sorte normaux de leur époque, mais d'heureuses imitations des œuvres déjà consacrées par l'histoire de l'art.

Ce n'est pas avant le seizième siècle qu'on rencontre le titre d'*architecte*, bien que l'architecture, personnifiée par une figure tenant une équerre ou un compas, fût rangée au nombre des arts libéraux. On appela d'abord l'homme de métier le *maître de l'œuvre*, puis le *maître maçon*. « Les grands établissements religieux, qui renfermaient dans leur sein, jusqu'à la fin du douzième siècle, tout ce qu'il y avait d'hommes lettrés, savants, studieux, » dit M. Viollet-Leduc, « fournirent très probablement les architectes qui dirigèrent non seulement les constructions monastiques, mais aussi les constructions civiles et peut-être même militaires. »

Une fois sorti des couvents, l'art de l'architecture, ainsi que tous les autres arts, devient un état. « Le maître de l'œuvre est laïque; il appartient à un corps et il commande à des ouvriers qui font partie de corporations; les salaires sont réglés, garantis par des jurés. On fait des devis, on passe des marchés. Hors du cloître, l'émulation s'ajoute à l'étude, les traditions se transfor-

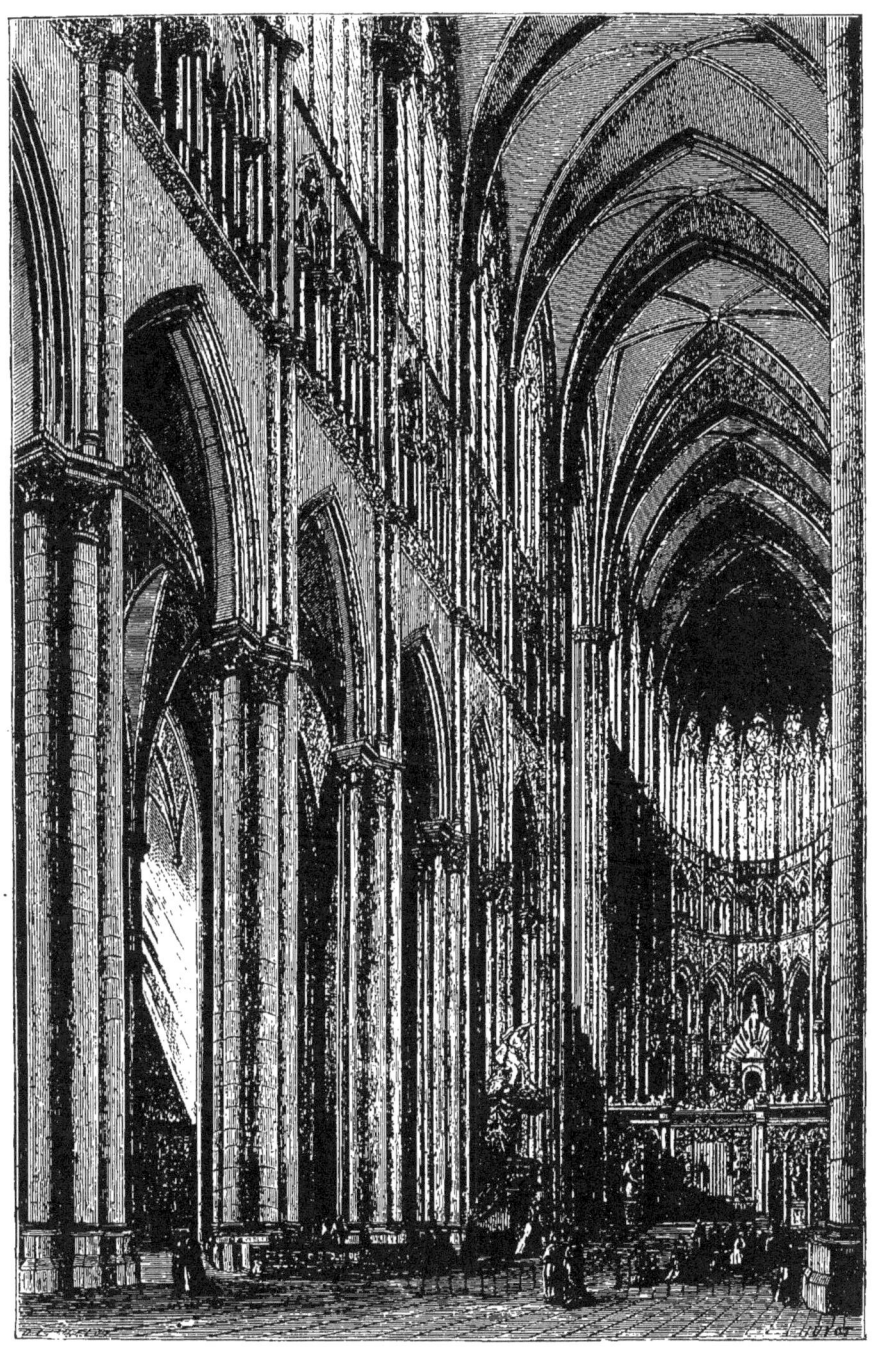

Fig. 48. — Intérieur de la cathédrale d'Amiens. XIIIe siècle.

ment et progressent avec une rapidité prodigieuse; l'art devient plus personnel, et l'artiste apparaît enfin au treizième siècle. » Loin de faire obstacle à ce mouvement, le clergé l'encouragea et le dirigea dans les voies nouvelles.

Depuis quelque temps on a recherché avec ardeur le nom des architectes du moyen âge; mais dans les longs catalogues qui ont été dressés, les simples ouvriers doivent probablement figurer en plus grand nombre; l'art se confondait alors avec l'industrie et il n'y avait pas entre la profession et le métier cette distinction que les idées modernes ont fait prévaloir.

Toutefois, quelques noms illustres sont venus jusqu'à nous, conservés sur les pierres tombales ou dans les chroniques : par exemple, au treizième siècle, Robert de Luzarches, qui donna les plans de l'admirable basilique d'Amiens (fig. 48), et ses continuateurs Thomas de Cormont et Renaud, son fils; Pierre de Montereau ou de Montreuil, chargé par le roi Louis IX d'élever la Sainte-Chapelle; Hugues Libergier, qui bâtit Saint-Nicaise, jadis la perle de Reims, et, avant lui, Robert de Coucy, l'auteur de la cathédrale de cette ville; Jean de Chelles, qui travailla au chœur de Notre-Dame de Paris; Pierre de Corbie, Villard de Honnecourt, et le fameux Erwin de Steinbach, mort en 1318, et à qui l'on doit la cathédrale de Strasbourg. Enguerrand et Berneval appartiennent au siècle suivant. A côté de tout grand édifice en construction s'élevait toujours une maison dite *de l'œuvre,* dans laquelle logeaient l'architecte et les maîtres ouvriers; ils y préparaient ou corrigeaient leurs dessins avant de les reproduire sur l'aire, et comme nous en possédons encore de cette époque reculée, il est aisé de voir qu'ils sont exécutés « avec une connaissance du trait, avec une précision et une entente des projections », qui donne une haute idée de la science de leurs auteurs.

Quand on considère la perfection et l'uniformité des édifices du moyen âge, on ne peut douter qu'il existât, parmi les maîtres et les compagnons de l'œuvre, une doctrine bien arrêtée et des traditions d'art qui se transmettaient oralement et par la pratique. Le dépôt en était conservé dans les corporations du bâtiment, maçons et tailleurs de pierre entre autres; ceux-ci, qui paraissent avoir eu la primauté, adoptèrent, dit-on, le nom de *francs-maçons,* pour se distinguer de ceux-là, qui posaient les appareils, préparaient le plâtre ou unissaient les pierres avec le mor-

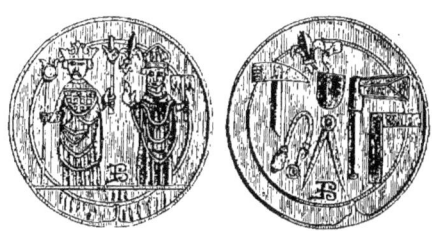

Fig. 49. — Méreau des tailleurs-maçons.

tier (*mortaliers*). Quoi qu'il en soit, les maçons se formèrent de bonne heure en confréries, d'abord ambulantes, puis sédentaires. Au treizième siècle ils rédigèrent leurs statuts, qui ne furent jamais renouvelés; le siège de leur juridiction à Paris fut dans l'enclos du palais de justice, et ils se logèrent principalement autour de l'hôtel de ville et près de la rivière. Ils avaient pour patron saint Blaise.

L'association des maçons, depuis qu'elle fut organisée avec tant de sagesse par Erwin de Steinbach, l'architecte de la basilique de Strasbourg, reçut un immense développement, dû surtout aux secrets religieusement gardés de l'art de bâtir. On prodiguait à ses membres des franchises et des privilèges sans nombre : dégrevés de toute corvée municipale et seigneuriale, affranchis de tout impôt, ils ne relevaient que du Saint-Siège. Ils entretenaient ensemble, partout où on les envoyait, une correspondance assidue, en sorte que les moindres perfectionnements devenaient aussitôt la propriété du corps entier (fig. 49).

Partout, pendant le moyen âge, s'élève l'église, asile de paix; mais partout aussi se dresse en même temps le château, qui ca-

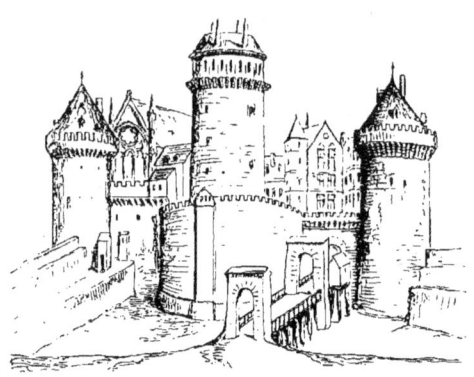

Fig. 50. — Château de Coucy dans son ancien état, d'après une miniature d'un ms. du XIIIᵉ siècle.

ractérise l'état de guerre permanent où vit une société féodale (fig. 50).

« Les châteaux des seigneurs les plus riches et les plus puissants, » dit M. Vaudoyer, « consistaient en bâtiments irréguliers, incommodes, percés de fenêtres étroites et rares, renfermés dans une ou deux enceintes fortifiées et entourées de fossés. Le donjon, grosse tour élevée, occupait ordinairement le centre, et des tours plus ou moins nombreuses flanquaient les murailles et servaient à la défense. »

« Ces châteaux, » ajoute Mérimée, « offrent ordinairement les

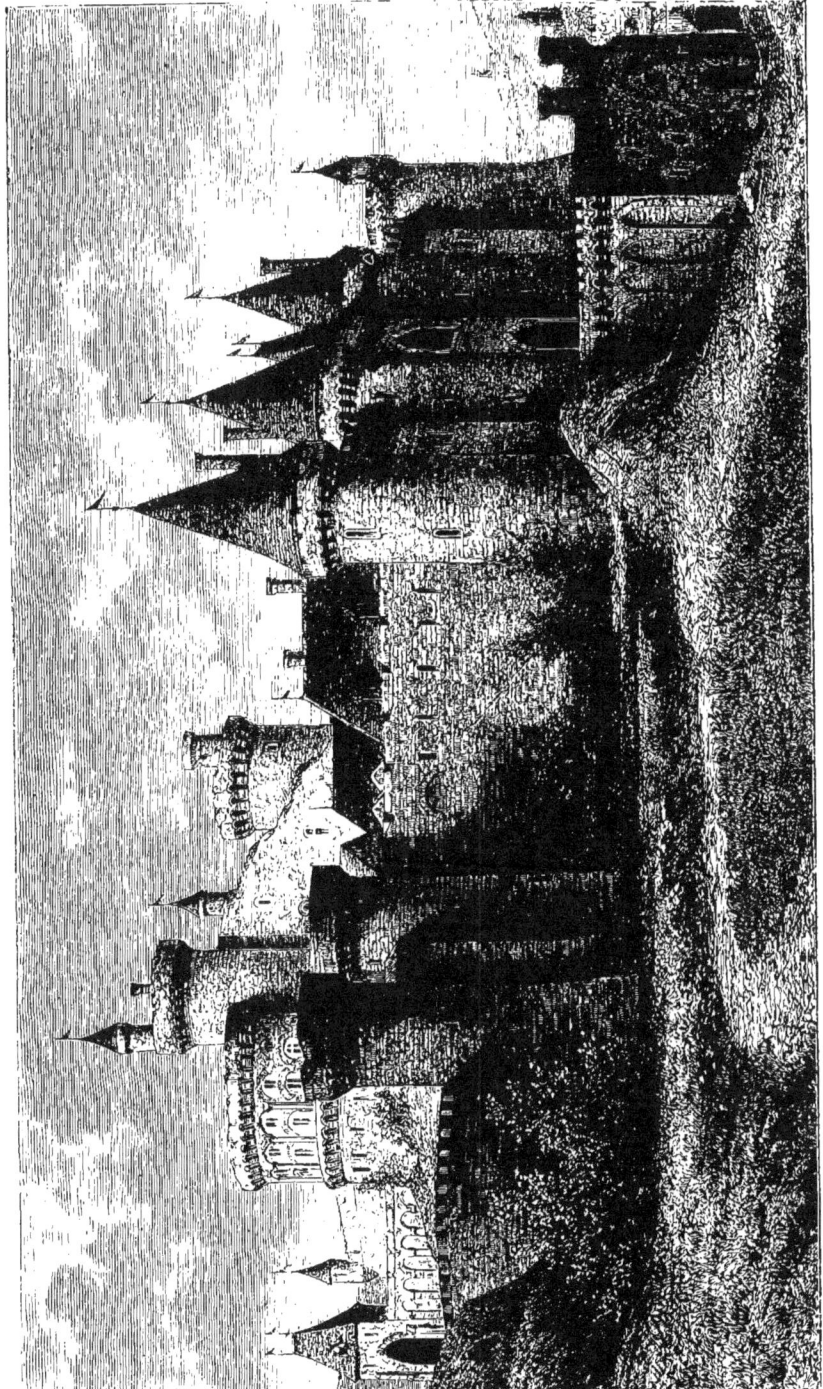

Fig. 51. — Le vieux château des archevêques de Reims, démoli en 1595. (*Voyages dans l'ancienne France*, par J. Taylor.)

mêmes caractères que le *castellum* antique; mais une certaine rudesse, une bizarrerie frappante, dans le plan et l'exécution, attestent une volonté individuelle, et cette tendance à l'isolement qui est le sentiment instinctif de la féodalité (fig. 51).

Dans la plupart de ces constructions, destinées aux classes privilégiées, rien ne sembla devoir être donné aux harmonies de la forme. Tout au plus le style décoratif de l'époque se montrait-il à l'intérieur de quelques-unes des plus hautes salles de l'édifice, logement habituel de la famille châtelaine. C'est là que se trouvaient les vastes cheminées à chambranles énormes, surmontées d'un manteau conique; les voûtes ornées de clefs pendantes, de devises, d'écussons peints ou sculptés. D'étroits cabinets, pratiqués dans l'intérieur des murailles, attenaient à ces salles et servaient de chambres à coucher. Pratiquées dans des murs très épais, les embrasures des fenêtres forment comme autant de petites chambres, élevées de quelques marches au-dessus du plancher de la salle qu'elles éclairent. Des bancs de pierre règnent de chaque côté. C'est la place ordinaire des habitants de la tour, lorsque le froid ne les obligeait pas à se rapprocher de la cheminée (fig. 52 et 53).

A part ces minces sacrifices faits aux commodités de la vie, tout, dans le château, n'était établi, combiné, disposé, qu'en vue de la force, de la résistance; et pourtant on ne saurait nier que, même sans la chercher, les constructeurs de ces taciturnes édifices n'aient maintes fois atteint (aidés souvent, il est vrai, par les sites pittoresques qui encadrent leurs ouvrages), à une majesté de relief, à une grandeur de forme vraiment extraordinaires.

Si l'église romane traduit avec une douceur sévère, et l'église gothique avec une somptueuse fantaisie, le caractère grave et sublime du dogme chrétien, il faut également reconnaître que le château fait parler haut, en quelque sorte, l'âpre et farouche sentiment d'autorité féodale dont il est à la fois l'instrument et le symbole.

Placés, dans le plus grand nombre des cas, sur des éminences naturelles ou factices, ce n'est pas sans une sorte d'éloquente audace que les tours, les donjons s'élancent, s'échelonnent, se com-

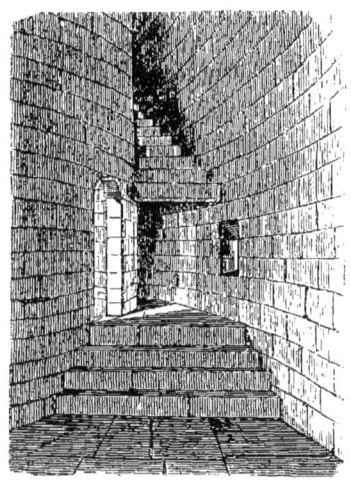

Fig. 52. — Escalier d'une tour féodale. XIIIᵉ siècle.

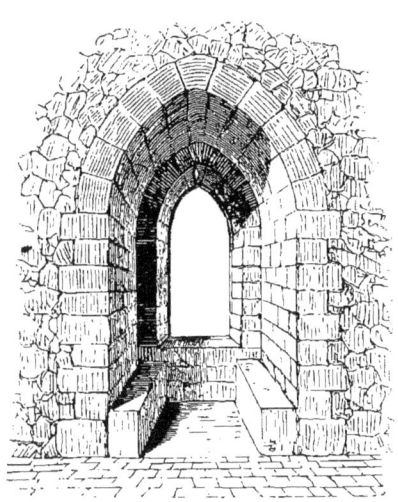

Fig. 53. — Fenêtre ogivale avec bancs en pierre. XIIIᵉ siècle.

mandent, se soutiennent. Ce n'est pas sans rencontrer fréquemment une sorte de grâce bizarre que les enceintes escaladent les pentes du terrain, en multipliant les plus étranges brisures. Quand Benoît XII résolut, en 1336, de remplacer la vieille demeure assignée aux papes dans la ville d'Avignon par un édifice plus vaste et plus conforme à la dignité de la cour pontificale, ce fut une véritable forteresse plutôt qu'un palais dont il approuva les plans (fig. 54). Bâti sur la pente méridionale du rocher des

Doms, le château des Papes offre un curieux assemblage de tours, de brèches, de courtines et de voûtes surbaissées, sans régularité ni symétrie. Aucun des souverains de l'Europe n'était alors mieux logé, aucun ne croyait trouver pour sa propre sécurité de meilleure sauvegarde que la force de ses murailles.

Évidemment, si le château porte loin dans les airs son front morne, il n'a d'autre but que de s'assurer l'avantage de la distance et de la hauteur; mais il n'en fait pas moins se découper sur le ciel une silhouette superbe. Les masses de ses murs, que trouent, de-ci de-là, les sombres meurtrières, se présentent abruptes et nues; mais la monotonie de leurs lignes ne laisse pas d'être pittoresquement rompue par les saillies des tourelles en surplomb, par l'encorbellement des mâchicoulis, et par la dentelure des créneaux.

Toute une civilisation vit encore, pour le souvenir, dans la multitude de ruines qui furent les témoins des sanglantes divisions féodales, et il faut joindre au système de châteaux isolés qui dominaient souvent les vallées les plus désertes l'appareil de force et de défense des cités et des bourgs : portes, remparts, tours, citadelles, etc.; immenses travaux, qui, pour s'être inspirés du seul génie de la lutte, ne manquèrent pas non plus de réunir souvent au grandiose de l'ensemble l'harmonie et la variété des détails.

On peut citer, comme exemples d'architecture purement féodale, les châteaux de Coucy, de Vincennes, de Pierrefonds, le vieux Louvre, la Bastille, la tour de Nesle, l'ancien Palais de Justice, la résidence royale des Tournelles, Plessis-lès-Tours, etc.; et comme spécimens de la ville fortifiée au moyen âge, Avignon et la cité de Carcassonne. Ajoutons qu'Aigues-Mortes (fig. 55), Narbonne, Thann (Haut-Rhin), Vendôme, Provins, Fougères,

Villeneuve-le-Roi, Moulins, Moret (fig. 56), Guérande, Nevers (fig. 57), offrent encore les restes les plus caractéristiques de fortifications analogues.

Pendant que la caste seigneuriale s'abritait, jalouse et défiante, dans l'ombre de ses donjons (fig. 58), élevés à grand renfort de combinaisons stratégiques et de travaux matériels; pendant que villes et bourgades s'entouraient de fossés profonds, de hautes

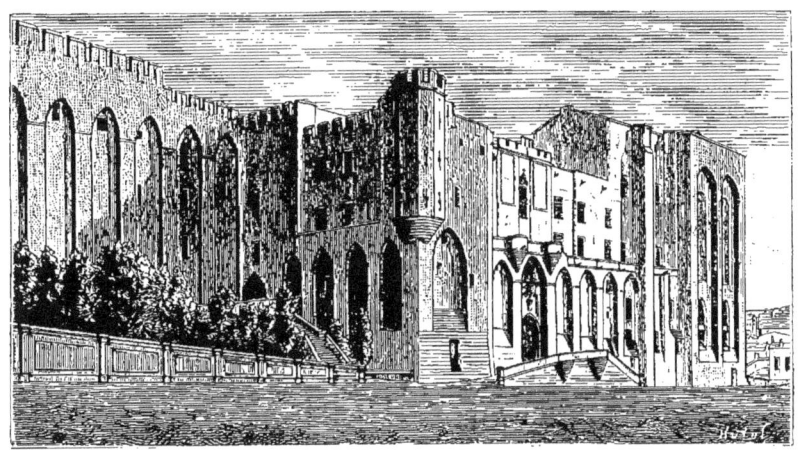

Fig. 54. — Palais des papes, à Avignon. xive siècle.

murailles, de tours inexpugnables, une simplicité primitive présidait à la construction des édifices privés. A peine la pierre, et tout au plus la brique, figuraient-elles dans le nombre des matériaux employés. Le bois refendu ou équarri, servant de nervures; le torchis, ou la terre battue, comblant les interstices, faisaient à peu près tous les frais de premier établissement des maisons, aussi exiguës qu'incommodes, qui s'accrochaient l'une à l'autre le long des rues étroites et sans alignement. On commença, il est vrai, par orner de sculptures et de peintures les poutres des encorbellements, par revêtir de carreaux peints les façades; mais il faut atteindre la dernière moitié du quinzième siècle pour voir les ressources de l'art architectural appliquées à la création et à l'ornementation des habitations particulières.

Autant qu'on en peut juger par l'examen des constructions civiles qui nous restent des treizième et quatorzième siècles, les données générales continuaient d'être simples. La résidence princière se composait de cours entourées de portiques, les écuries, les loge-

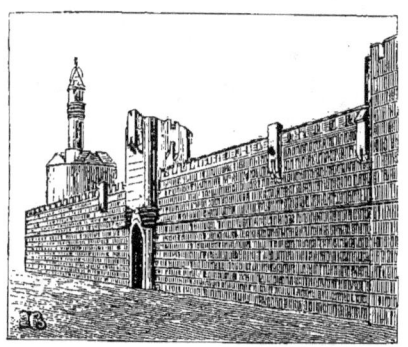

Fig. 55. — Remparts d'Aigues-Mortes (porte ouest, et vue de la tour Constance).

ments des serviteurs et des hôtes étant en dehors de l'enceinte. Les bâtiments d'habitation comprenaient toujours la grand'salle, un parloir, une galerie décorée d'armes, de peintures et de trophées, plusieurs chambres et cabinets groupés irrégulièrement. On communiquait entre les divers étages au moyen d'escaliers à vis et par des détours secrets. L'extérieur gardait encore une apparence fortifiée. A la ville, la maison bourgeoise était bâtie sur la rue, avec pignon; une allée étroite conduisait à un escalier droit, qui accédait au premier étage, dans la salle, où la famille prenait ses repas et recevait les étrangers. Le logis privé était situé au deuxième étage, et l'on y montait par un escalier tournant, pratiqué dans un angle de la cour, qui servait en partie à installer les dépendances.

« L'architecture civile, » lit-on dans le *Dictionnaire* de Viollet-

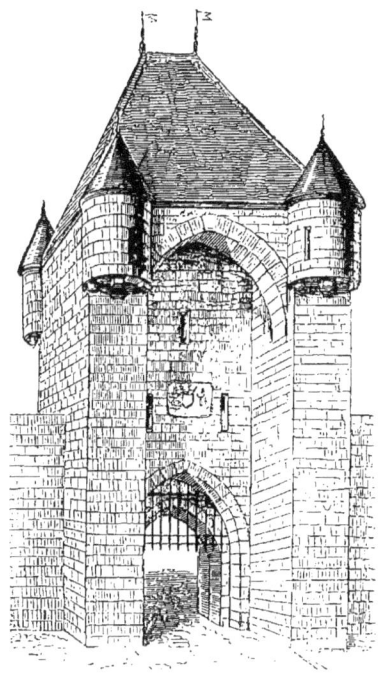

Fig. 56. — Porte de Moret, près Fontainebleau. xiiie siècle.

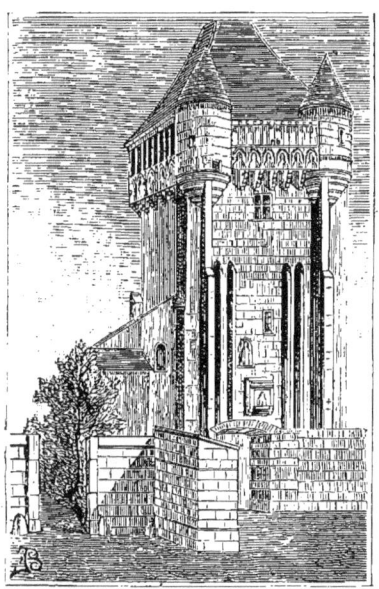

Fig. 57. — Porte des Croux, reste des remparts de Nevers. xive s.

Leduc, « avait suivi pas à pas jusqu'au treizième siècle les données monastiques : 1° parce que les établissements religieux étaient à la tête de la civilisation, qu'ils avaient conservé les traditions antiques en les appropriant aux mœurs nouvelles; 2° parce que les moines seuls pratiquaient les arts de l'architecture, de la sculpture et de la peinture, et qu'ils devaient par conséquent apporter, même dans les constructions étrangères aux couvents, leurs formules aussi bien que les données générales de leurs bâtiments. » Mais lorsque l'architecture passa aux mains des laïques, les habitations particulières renoncèrent aux traditions monastiques et prirent une physionomie originale.

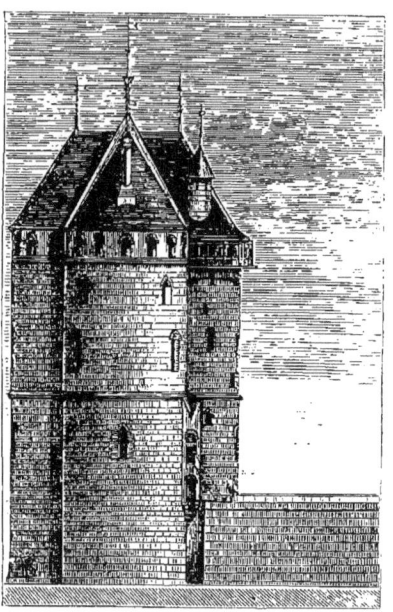

Fig. 58. — Donjon d'Étampes. xiv° siècle

D'ailleurs, l'usage de la poudre, en révolutionnant l'art militaire, vint amoindrir, sinon annihiler, la suprême puissance des murailles; la décadence de la féodalité elle-même était commencée, et enfin l'affranchissement des communes avait fait surgir tout un ordre nouveau de personnalités qui prennent place dans l'histoire. Il faut rapporter à cette époque : la maison de Jacques Cœur, à Bourges; l'hôtel de Sens, à Paris (fig. 59); le palais de Justice de Rouen, et ces hôtels de ville, dont le beffroi était dès lors considéré comme une sorte de palladium, à l'ombre duquel s'abritent les droits sacrés de la commune. C'est dans nos villes du Nord, à Saint-Quentin, Arras, Noyon, et dans les vieilles cités de Belgique, à Bruxelles (fig. 60), Louvain, Ypres, que ces monuments revêtent le plus somptueux caractère.

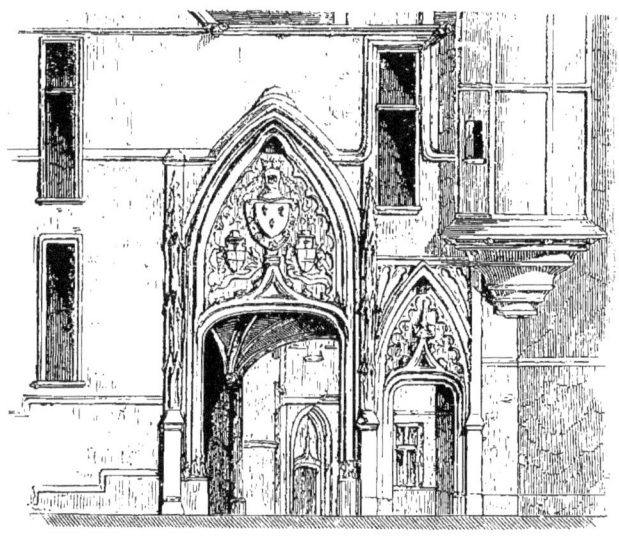

Fig. 59. — Portes de l'ancien hôtel de Sens, à Paris, construit de 1475 à 1519, sur une partie des jardins de l'hôtel royal de Saint-Paul.

En Allemagne, où, pendant un temps, il règne presque sans partage, l'art ogival crée, sous l'influence française, les cathédrales d'Erfurt, de Cologne, de Fribourg, de Vienne, puis s'éteint dans les superfétations du mode flamboyant. En Angleterre, après avoir donné quelques magnifiques témoignages de pure inspiration, comme à York, à Cantorbéry, à Lincoln, dans l'abbaye de Westminster, il trouve son déclin dans la maigreur effilée et la complication ornementale du mode dit *ogival perpendiculaire*. S'il pénètre aussi en Espagne, c'est pour y combattre péniblement la puissante école mauresque, qui a trop d'imposants chefs-d'œuvre dans son passé pour céder sans résistance le terrain de ses triomphes.

En Italie, il se heurte, non seulement aux vivaces souvenirs du latin et du byzantin, mais encore à un style en voie de formation, qui doit bientôt lui disputer l'empire du goût et le détrôner, là même où fut son berceau. Les cathédrales d'Assise, de Sienne, de Milan sont les créations splendides où son influence l'emporte sur les traditions locales et sur la renaissance qui se prépare. Après avoir emprunté ses architectes à la France et à l'Allemagne, l'Italie dut à ses propres artistes un art ogival qui subit des modifications particulières et se ressentit toujours plus ou moins de l'influence des traditions classiques.

Qui dit renaissance semble dire retour à un âge déjà vécu, résurrection d'une époque morte. Ce n'est pas rigoureusement ainsi qu'il faut l'entendre dans le cas qui nous occupe.

Antique héritière du tempérament artistique de la Grèce plutôt que créatrice spontanée, l'Italie, entre toutes les nations de l'Europe, était celle qui s'était le mieux défendue contre les ténèbres de la barbarie, et la première sur laquelle la lumière de la civilisation moderne avait lui. A l'époque de cette aurore nouvelle des esprits, elle n'avait eu qu'à fouiller les ruines que lui avait léguées sa première splendeur, pour y trouver des modèles à suivre; d'ailleurs, c'était le moment où l'active rivalité de ses républiques faisait affluer chez elle tous les trésors, tous les souvenirs de la vieille Grèce.

Dès le onzième siècle, Pise provoquait l'élan en élevant son Dôme (1063), puis son Baptistère, sa Tour penchée, le cloître de son

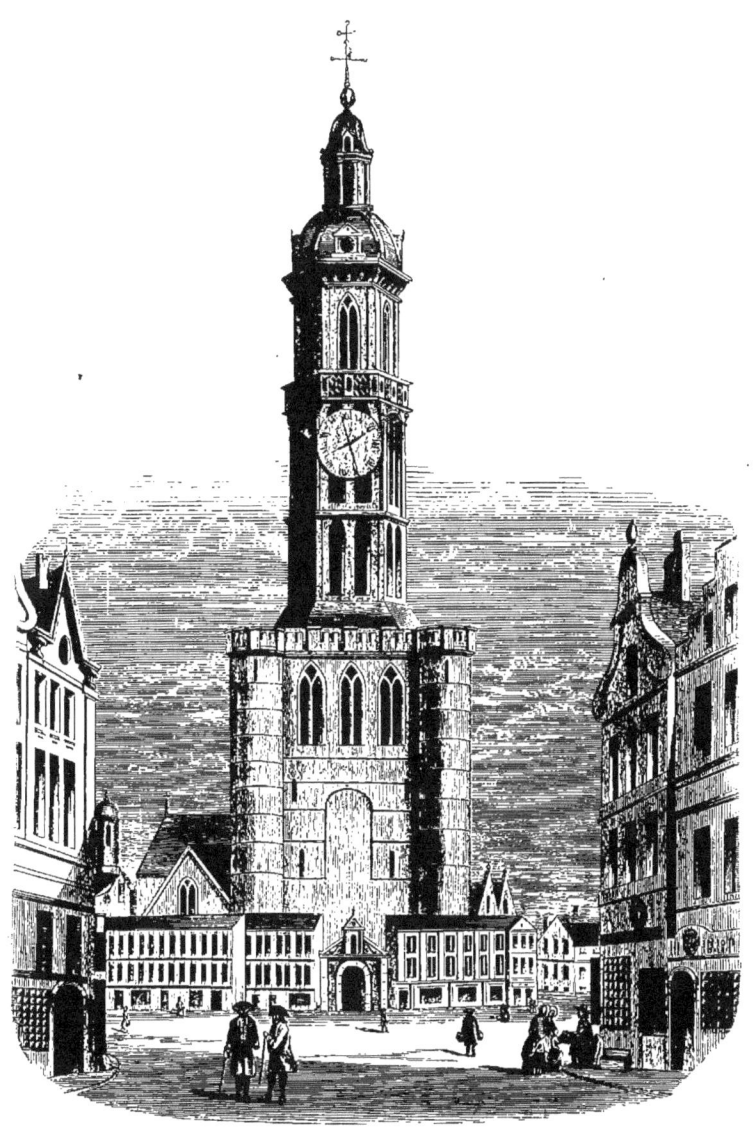

Fig. 60. — Beffroi de Bruxelles. xve siècle. D'après une gravure du xviie s.

fameux Campo-Santo (fig. 61); autant d'œuvres admirables qui font date dans l'histoire de l'art moderne, et qui ouvrent brillamment la carrière où doivent entrer tant de grands maîtres, pour lutter d'invention, de science et de génie. Dans ces monuments, l'union du goût oriental et des traditions des vieux âges crée une originalité aussi grandiose que gracieuse.

En 1296, les magistrats de Florence rendent le décret suivant, qui charge l'architecte Arnolfo di Lapo de transformer en cathédrale l'église, peu importante, de Santa-Reparata (aujourd'hui Santa-Maria del Fiore) : « Attendu, disent-ils, qu'il est de la souveraine prudence d'un peuple de grande origine de procéder en ses affaires de telle façon que ses œuvres fassent reconnaître sa grandeur et sa sagesse, il est ordonné à Arnolfo, maître de notre commune, de faire les modèles pour la restauration de Santa-Reparata, avec la plus grande et somptueuse magnificence, afin que l'industrie et la prudence des hommes n'inventent ni ne puissent jamais entreprendre quoi que ce soit de plus vaste et de plus beau. »

Arnolfo se met à l'œuvre et conçoit un plan que la brièveté de la vie humaine ne devait pas lui permettre d'exécuter; mais Giotto lui succède, puis Orcagna, enfin Brunelleschi, qui mène presque à fin ce dôme devant lequel Michel-Ange disait qu'il était difficile de faire aussi bien et impossible de faire mieux.

Arnolfo, Giotto, Orcagna, Brunelleschi, ne suffit-il pas de citer ces grands noms pour qu'on se fasse une idée du mouvement qui s'opère à cette époque, et qui bientôt fera surgir Alberti, le Bramante, Michel-Ange, Jacques della Porta, Baldassare Peruzzi, Antonio et Julien de San-Gallo, Giocondo, Vignola, Serlio, et même Raphaël, qui, à ses heures, fut aussi architecte? C'est à Rome que ces princes de l'art se sont donné rendez-vous, ainsi que l'attestent encore, pour ne citer qu'une de leurs prodigieuses

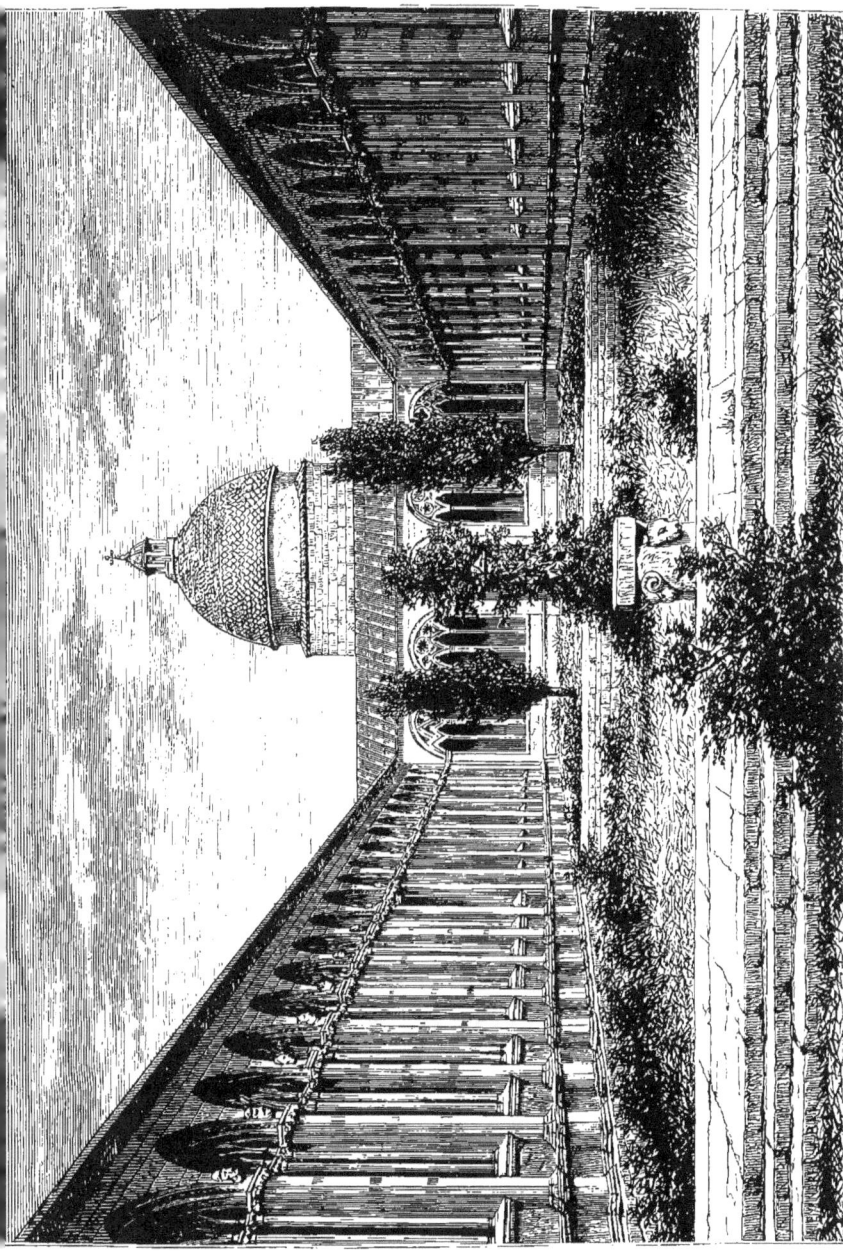

Fig. 61. — Vue du Campo-Santo, à Pise. XIIIe siècle

créations, les splendeurs de Saint-Pierre (fig. 63); aussi est-ce de là que viendront désormais la lumière et l'exemple.

Dans le style que crée cette phalange magistrale, le plein cintre latin reprend toute son ancienne faveur et se marie aux ordres antiques, qui se mêlent ou tout au moins se superposent. L'ogive est abandonnée, mais les colonnes, pour décorer leurs chapiteaux, ainsi que les entablements, pour donner plus de grâce à leurs saillies, empruntent une fantaisie qui ne le cède en rien aux caprices du style ogival; le fronton des Grecs reparaît, en métamorphosant parfois les lignes supérieures de son triangle en demi-cercle affaissé; enfin la coupole, cette hardiesse caractéristique du style byzantin, devient le dôme, dont l'ample courbe défie, dans son audacieux essor, les prodiges de la perpendiculaire gothique.

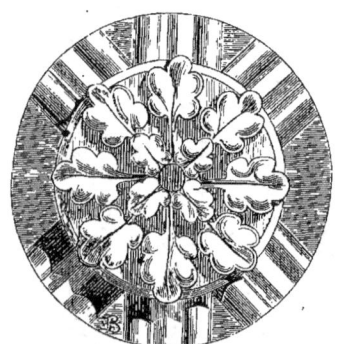

Fig. 62. — Clef de voûte de Saint-Jean au Bois. XIII s.

III.

LA RENAISSANCE.

Avec le quinzième siècle, la renaissance est faite en Italie; elle va dès lors s'introduire en France et fleurir au siècle suivant. Les expéditions de nos rois au delà des Alpes, le goût qui s'était manifesté pour l'antiquité classique, l'esprit d'innovation et de réforme qui fermentait dans la société, préparèrent les voies à ce grand changement, qui commença sous les règnes de Louis XII et de François Ier.

Mais on ne change pas un art du jour au lendemain, et l'architecture fut bien de tous les arts celui qui subit le plus tard l'influence italienne. M. Viollet-Leduc l'a démontré par des arguments péremptoires : « Les artistes florentins ou milanais qu'avait pu amener Charles VIII avec lui étaient singulièrement dépaysés au milieu de cette France encore toute *gothique*; leur influence ne pouvait avoir une action directe sur des corporations de gens de métier, habitués à reproduire les formes traditionnelles de leur pays. Ces corps de métiers, devenus puissants, possédaient toutes les branches des arts et n'étaient pas disposés à se laisser dominer par des étrangers, fort bien venus à la cour, mais fort mal vus par la classe moyenne. La plupart de ces artistes intrus se dégoûtaient bientôt. » Comme il arrive toujours d'ailleurs, ceux qui avaient consenti à s'expatrier étaient tout au plus d'honnêtes médiocrités. « Attirés par les belles promesses des grands, ils se trouvaient, lors de l'exécution, en face de gens de métier habiles, pleins de leur savoir, railleurs, rusés, indociles, maladroits par système, opposant à la faconde italienne une sorte d'inertie décourageante.

« Aussi ces tentatives d'introduction des arts italiens en France n'eurent-elles qu'un médiocre résultat. L'architecture indigène prenait bien par-ci par-là quelques bribes à la renaissance italienne, mettait une arabesque, un chapiteau, un fleuron, un mascaron imité sur les imitations de l'antiquité à la place de ses feuillages, de ses corbeilles, de ses choux et de ses chardons *gothiques*, mais elle conservait sa construction, son procédé de tracé, ses dispositions d'ensemble et de détail. Il est clair que, pour toute personne étrangère à la pratique de l'architecture, cette robe nouvelle, ces ornements empruntés, semblaient passer pour un art neuf; le fond, cependant, demeurait, non seulement quant à la composition, mais quant à la structure, à la manière d'interpréter les programmes. »

Qu'est-il donc resté, en nous restreignant aux édifices, de l'influence ultramontaine? Peu de chose. La renaissance n'ajouta rien à l'architecture religieuse et ne fit que hâter sa chute; elle rajeunit, au contraire, l'architecture civile. Nos artistes surent s'assimiler le style italien, et y apportèrent des changements considérables; de là une renaissance française, qui ne le céda ni en goût ni en originalité ou en élégance à la renaissance italienne.

De tous côtés, la noblesse, suivant l'exemple que donnait la royauté, déploya un luxe inconnu jusqu'alors dans la construction de ses châteaux et maisons de ville. Quelle part peut-on assigner dans ces travaux aux deux architectes, Giocondo et le

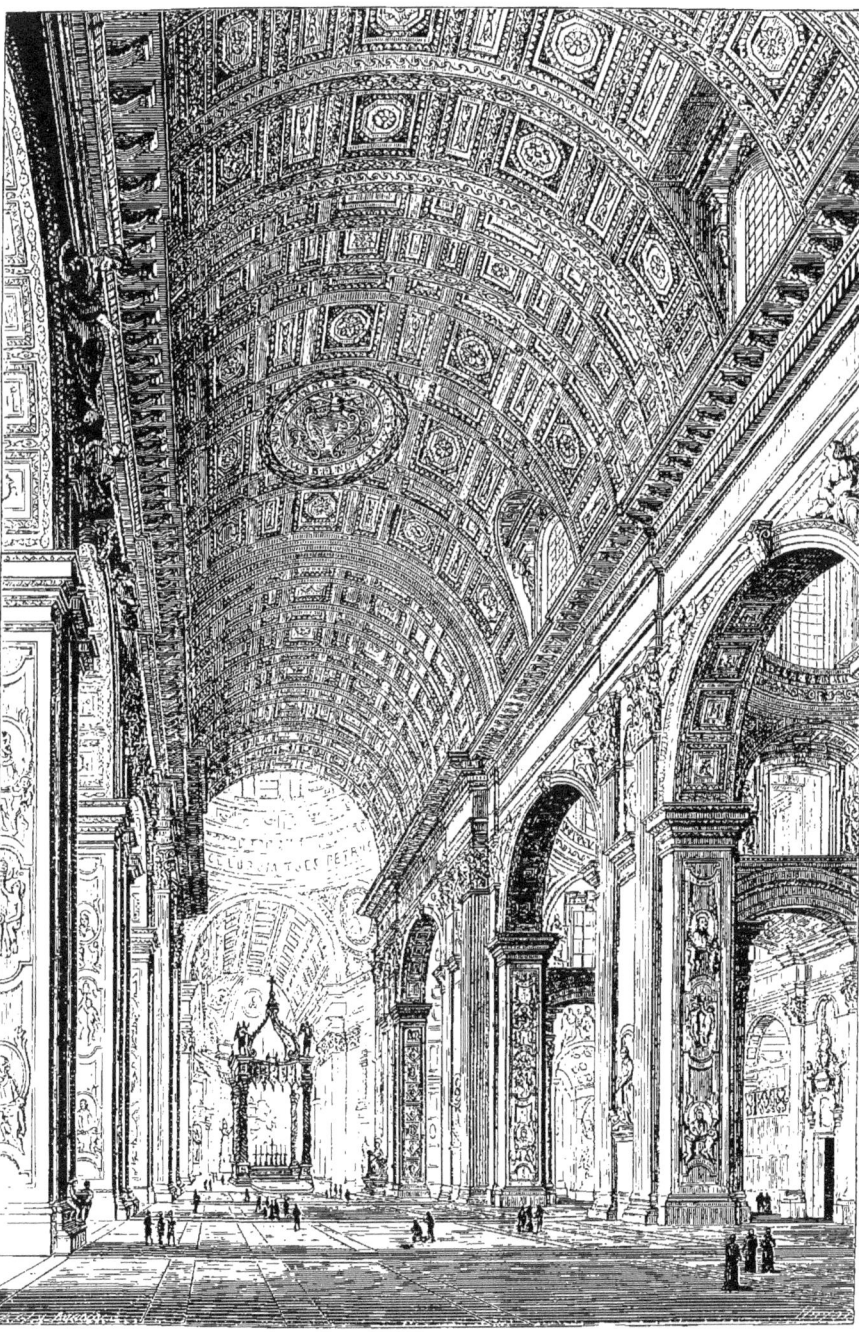

Fig. 63. — Intérieur de la basilique de Saint-Pierre, à Rome. XVIᵉ siècle.

Boccador, que Charles VIII ramena d'Italie? Giocondo était un moine franciscain, natif de Vérone, qui séjourna en France une dizaine d'années. « Les auteurs modernes, » dit M. Eugène Muntz, « n'ont pas réussi à se mettre d'accord sur la part qu'il

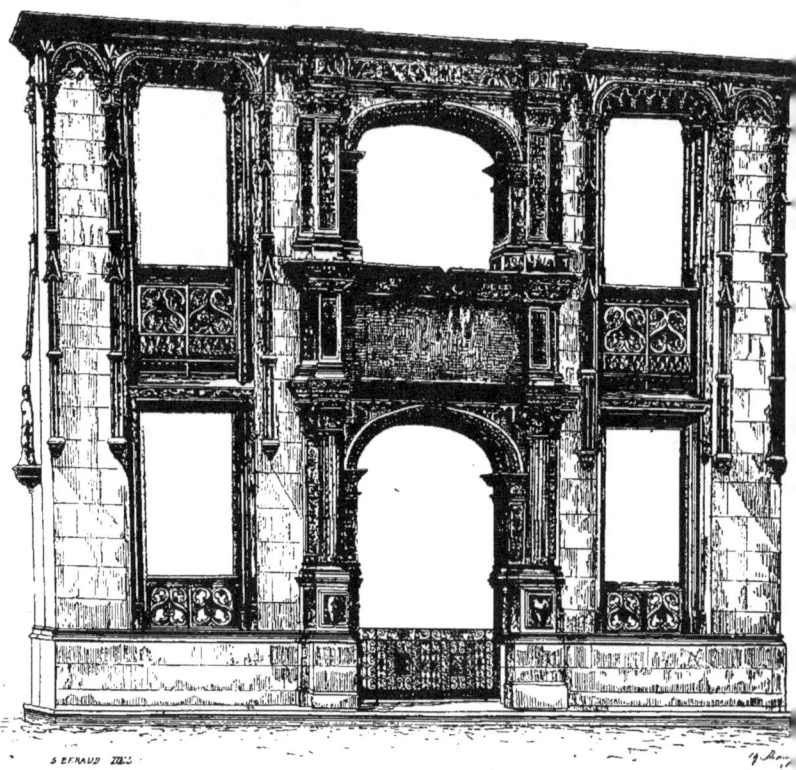

Fig. 64. — Arc du château de Gaillon. (École des Beaux-Arts, à Paris.) xvi⁰ siècle.

a prise à la construction du pont de Notre-Dame à Paris, ni à celle du château de Bury, élevé par Florimond Robertet, près de Blois; mais un fait demeure constant, c'est qu'il est étranger aux travaux de Gaillon, dont le plan a si longtemps passé pour son ouvrage. » Quant au Boccador (de son nom, Dominique

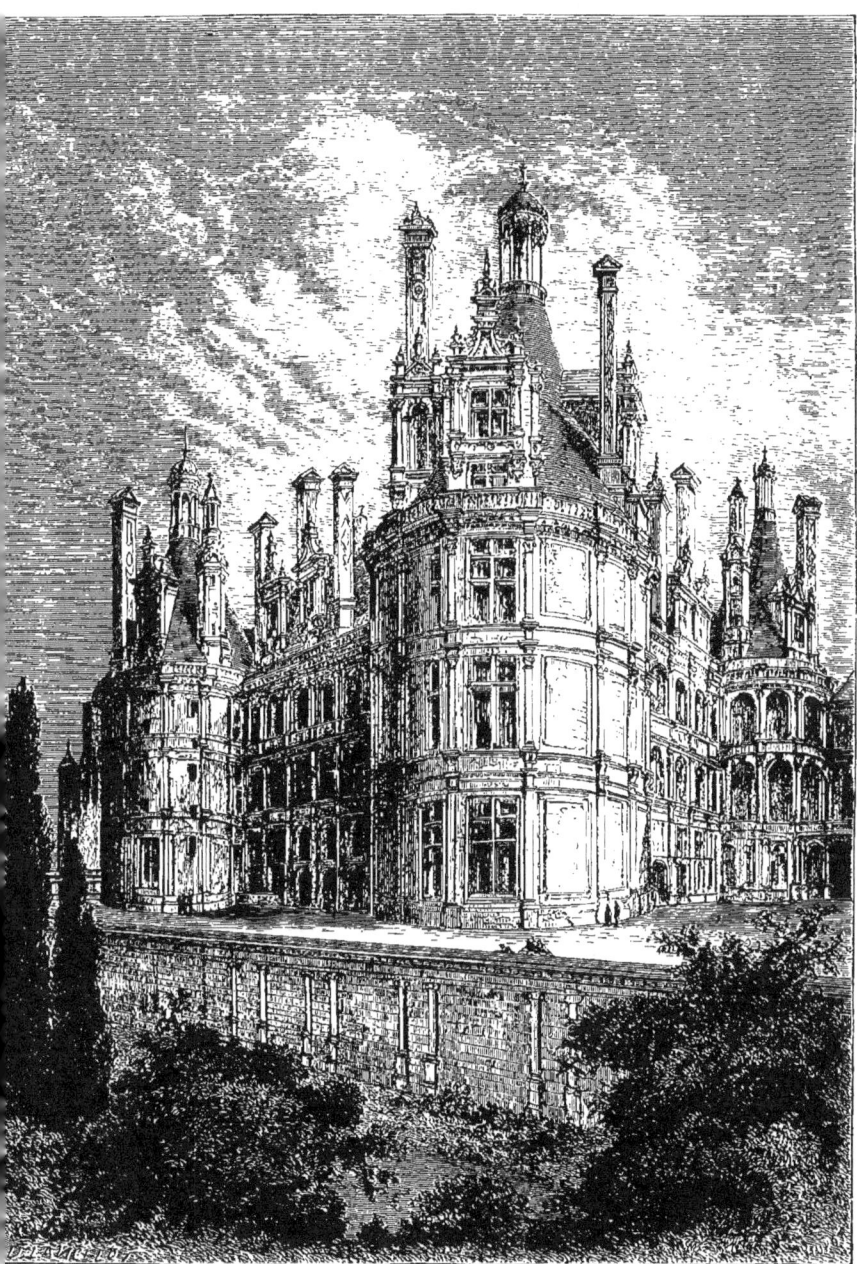

Fig. 65. — Château de Chambord, en Touraine, avec ses anciens fossés. XVIe siècle.

Bernabei), dont la carrière appartient presque toute à la France, on le présente comme l'auteur de l'ancienne façade de l'hôtel de ville incendié en 1871, tradition vivement combattue de nos jours par certains critiques, qui retranchent également de son œuvre l'église de Saint-Eustache.

Sous le règne de Charles VIII commence, par le château d'Amboise et encore mieux par son admirable chapelle dédiée à saint Hubert, une longue filiation monumentale, qui, plus d'une fois, égala en richesse et en majesté les œuvres de l'époque précédente. Sous Louis XII s'élèvent le château de Blois (aile orientale), l'hôtel de ville d'Orléans (1498), le palais de justice de Rouen, l'hôtel Cujas et celui des frères Lallemand à Bourges, le château de Gaillon (fig. 64), œuvre collective de Guillaume Senault, de Pierre Fain, de Pierre Delorme et d'autres artistes nationaux, qu'avait réunis le cardinal Georges d'Amboise, un des plus magnifiques mécènes de son temps, pour lui bâtir une maison de plaisance.

L'ère véritable de la renaissance française date de François Ier; il mérita d'y attacher son nom, et l'encouragement qu'il accorda aux lettres et aux arts est sans contredit son plus beau titre de gloire. Il aimait les bâtiments, passion commune aux Valois et aux Bourbons, et prodigua des sommes immenses pour décorer ou renouveler ses résidences royales. A l'hôtel Saint-Paul, sombre forteresse féodale, il préféra les châteaux de Fontainebleau et de Saint-Germain en Laye, agrandis par Le Breton et Pierre Chambiges, ainsi que celui de Madrid (1529), au bois de Boulogne. Mais sa demeure de prédilection fut le château de Chambord (1526), cette merveille d'architecture civile (fig. 65), due non à Vignole ou au Primatice, mais à Trinqueau et à Jean Marchant. Depuis 1526 jusqu'à sa mort, François Ier occupa à la construction et aux embellissements de Chambord 1,800 ouvriers de toutes sortes, et dépensa, suivant les comptes du trésor, une

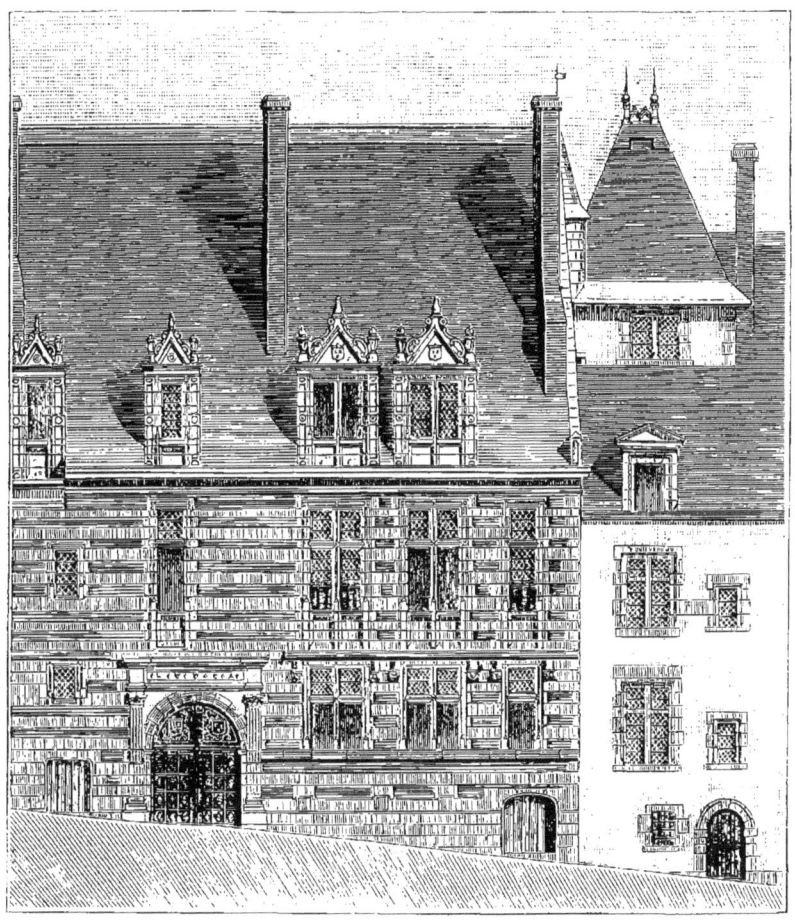

Fig. 66. — Façade principale de l'hôtel d'Alluye, à Blois xvie siècle

somme équivalente à 5 millions de notre monnaie; les travaux qu'y firent exécuter Henri II et Charles IX en coûtèrent autant.

Dans les provinces, l'impulsion donnée à l'architecture par les nobles et les riches bourgeois n'était pas moins active. Les châteaux de Chenonceaux, de Nantouillet, d'Azay-le-Rideau, d'Écouen, ce dernier bâti pour le connétable de Montmorency sur les plans de Jean Bullant, pouvaient rivaliser d'élégance et de grâce avec les fantaisies royales. Les maisons de ville, dont il reste encore un assez grand nombre, se couvraient d'ornements et de sculptures, tout en gardant leur caractère d'habitation; il en existe à Rouen, à Beauvais, à Amiens, au Mans, à Blois (fig. 66), à Orléans, à Toulouse et dans beaucoup de localités. Dans l'architecture religieuse, nous n'avons à signaler que les églises de Saint-Eustache, de Saint-Merry et de Saint-Étienne du Mont (fig. 67), toutes trois à Paris.

Sous Henri II et Charles IX, l'élan se continue, et l'architecte, qui cherche ouvertement ses inspirations dans l'antiquité classique autant que dans les souvenirs de la renaissance italienne, se plaît à surcharger d'ornements, de bas-reliefs et de statues tous les monuments élégants et gracieux qu'il semble découper dans la pierre, délicatement travaillée comme une pièce d'orfèvrerie. L'arrivée de Catherine de Médicis rendit les relations des artistes français plus faciles et plus fréquentes avec ceux de la Toscane. Sous l'influence de sa mère, l'indolent Henri III favorisa aussi le perfectionnement des arts, qui furent cultivés d'après les mêmes principes, mais non sans des signes prononcés de décadence.

Deux noms hors de pair caractérisent cette seconde période : Pierre Lescot et Philibert Delorme; ils se rattachent l'un et l'autre à la réédification du Louvre.

Pierre Lescot (1510-1571), natif de Paris, avait trente ans et revenait d'Italie lorsqu'il vit ses dessins adoptés pour cette œuvre considérable (1540), à la recommandation du célèbre Serlio, dit-on, qui retira les siens. La portion du palais dont il s'agit est celle qu'on nomme aujourd'hui « le vieux Louvre », et qui se dirige le long de la Seine depuis l'entrée méridionale jusqu'au pavillon de

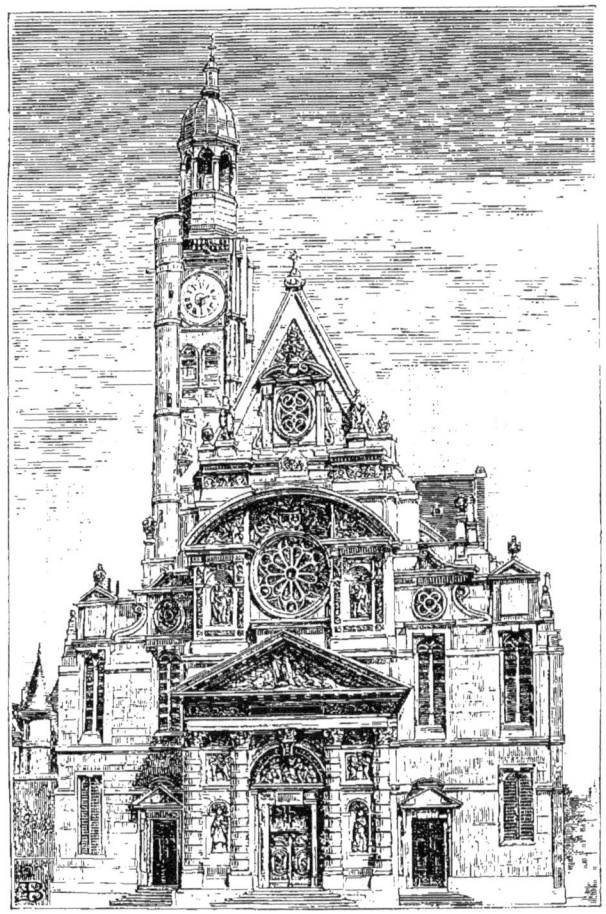

Fig. 67. — Portail de l'église de Saint-Étienne du Mont, à Paris. xvie siècle.

l'Horloge dans le corps en retour; elle fut terminée en 1548. L'achèvement de l'édifice ayant exigé des dimensions plus vastes, la composition première ne peut plus être jugée que sur un fragment dépourvu de ces dimensions qui ajoutent à l'effet artistique le prestige de la grandeur matérielle. Néanmoins, tel est le caractère de l'ordonnance architecturale et des éléments décoratifs que

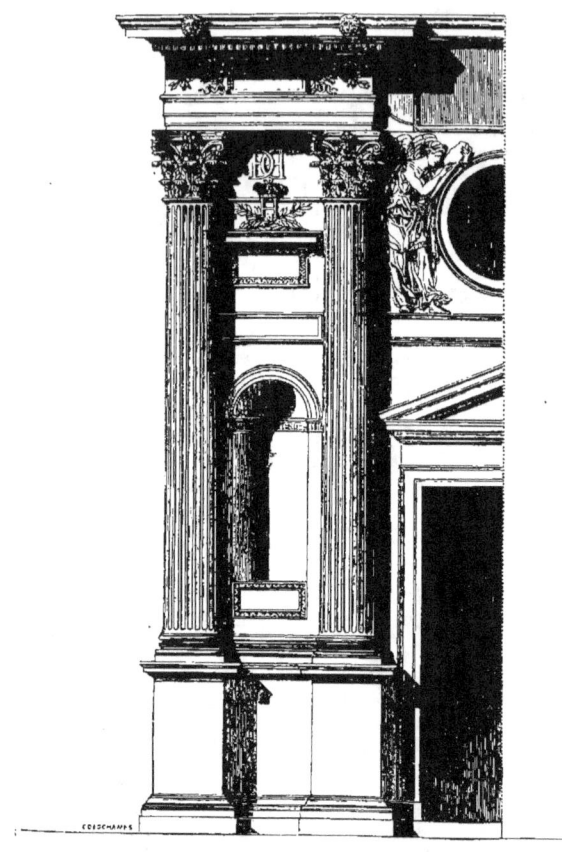

Fig. 68. — Premier ordre du Louvre, par Pierre Lescot. xvi⁰ siècle.

ce fragment suffit à faire apprécier tout le génie de l'artiste (fig. 68). Une harmonie qui saisit le spectateur, des profils purs et fins, la sévérité unie à l'élégance, des détails naïfs et grandioses, telles sont, au premier coup d'œil, les qualités qui font du vieux Louvre un monument comparable à ce que l'art classique nous a transmis de plus parfait. Pierre Lescot est encore l'auteur de la fontaine des Innocents, dont il demanda les sculptures à Jean Goujon, son ami. Ses services lui valurent les récompenses dont les rois hono-

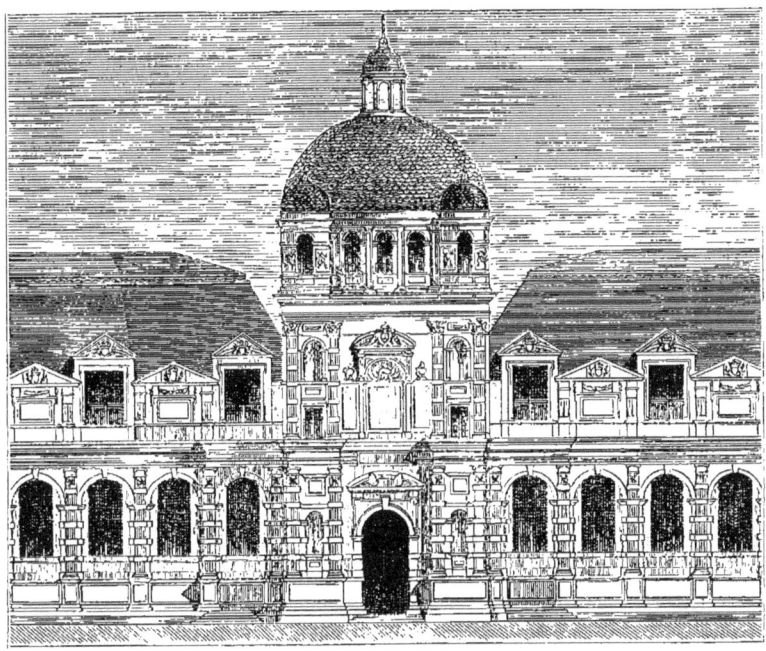

Fig. 69. — Ancien palais des Tuileries, façade de Philibert Delorme. xvıe siècle.

raient à cette époque le mérite civil, et qui consistaient en bénéfices ecclésiastiques : c'est ainsi qu'il fut nommé chanoine de Notre-Dame de Paris et abbé de Clermont.

De quelques années plus jeune que Lescot, le Lyonnais Philibert Delorme (mort en 1577) alla, lui aussi, à Rome, où il reçut les encouragements du futur pape Marcel II. Protégé par le cardinal du Bellay, il fut présenté à la cour et favorablement accueilli. La confiance dont l'honora François Ier lui fut continuée par ses successeurs; il exécuta pour ces princes beaucoup d'importants ouvrages, dont la plupart n'existent plus ou ont été dénaturés. La cour en fer à cheval du palais de Fontainebleau marqua son début dans les constructions royales. Bientôt il éleva le château de Meudon (il ne reste plus de ses plans que la grande terrasse en briques), et celui d'Anet (1548), dont le portique, transporté pièce à pièce, est un des principaux ornements de l'école des Beaux-Arts. Afin de suppléer à la difficulté qu'il éprouvait de se procurer des colonnes d'un seul bloc, il composa celles de la chapelle de Villers-Cotterets avec plusieurs tambours, dont il dissimula les joints par des moulures; il affectionnait cette combinaison, qu'il appelait *la colonne française,* et l'on en a fait dans la suite des applications fréquentes. A Saint-Denis, il travailla aux sépultures royales, notamment aux tombeaux de François Ier et d'Henri II.

Après la mort de son époux, Catherine de Médicis conféra à notre architecte l'intendance de ses bâtiments, et le chargea de lui construire un palais au bord de la Seine, sur l'emplacement d'une tuilerie, d'où il a tiré son nom (fig. 69). Delorme le commença en 1564 et n'acheva que la partie centrale, c'est-à-dire le pavillon du milieu, les deux galeries contiguës, avec leurs portiques en arcades surmontés de terrasses, et les deux avant-corps qui terminaient ces galeries. Quelques mauvais présages d'astrologie, auxquels croyait la reine mère, lui firent brusquement abandonner cet édifice, dont il paraît qu'elle s'était occupée avec un intérêt extraordinaire; car Delorme dit « qu'elle en fut le principal architecte, ne lui ayant laissé que la partie de la décoration ». Suivant l'usage du temps, il reçut, sans être prêtre, des titres ecclésiastiques et fut autorisé à jouir des revenus de plusieurs abbayes;

de plus, ainsi que Pierre Lescot, il était aumônier et conseiller du roi.

Philibert Delorme eut la gloire de transformer l'ordonnance des monuments anciens et de l'accommoder au goût français. Les deux ouvrages qu'il a écrits sur l'architecture témoignent, quoique assez diffus et obscurs, d'une expérience consommée et de vues ingénieuses.

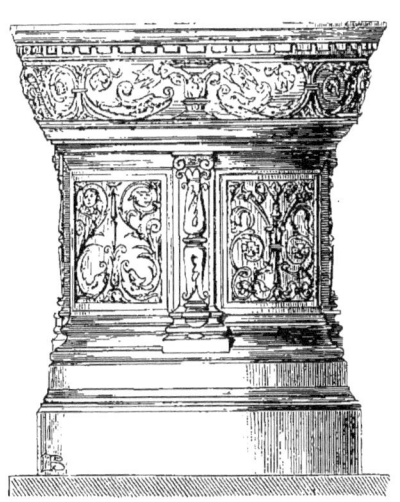

Fig. 70. — Bénitier à l'église de Bercy, à Paris. xvie siècle.

IV.

LE DIX-SEPTIÈME SIÈCLE.

Les grands architectes de la renaissance, Pierre Lescot, Jean Bullant, Philibert Delorme, étaient morts bien avant la triste journée des Barricades (12 mai 1588), qui interrompit tous les travaux que le roi Henri III faisait exécuter à Paris et dans les maisons royales.

Les deux frères Baptiste et Jacques Androuet du Cerceau, l'aîné surintendant ou ordonnateur des bâtiments du roi, le second contrôleur et architecte de ces bâtiments, dirigeaient alors la construction de la grande galerie du Louvre, qui devait rejoindre le château des Tuileries et dont le rez-de-chaussée seulement était bâti jusqu'au pavillon de Lesdiguières. Ces deux habiles architectes furent obligés de sortir de Paris, après le départ du roi, parce qu'ils étaient huguenots, et le roi n'osa plus les employer, quoique leur pension de 500 livres par an continuât de leur être payée. Pendant la Ligue, où architectes et maçons ne pouvaient guère exercer leur profession, ils s'étaient mis l'un et l'autre au service d'Henri IV, qui les chargea de fortifier les villes de Melun et de Pontoise, et sans doute aussi celle de Saint-Denis, dont il avait fait son quartier général.

Les Valois avaient imprimé à l'art un magnifique essor;

Henri IV continua leur œuvre, en l'appliquant surtout, ce qu'ils avaient négligé de faire, à un but d'utilité publique. Sa pensée constante, suivant l'historien de Thou, fut de rivaliser noblement sous ce rapport avec les princes qui l'avaient précédé. Avant même d'en avoir fini avec la Ligue, il tint à manifester le caractère de son règne pacifique par un élan général donné aux travaux

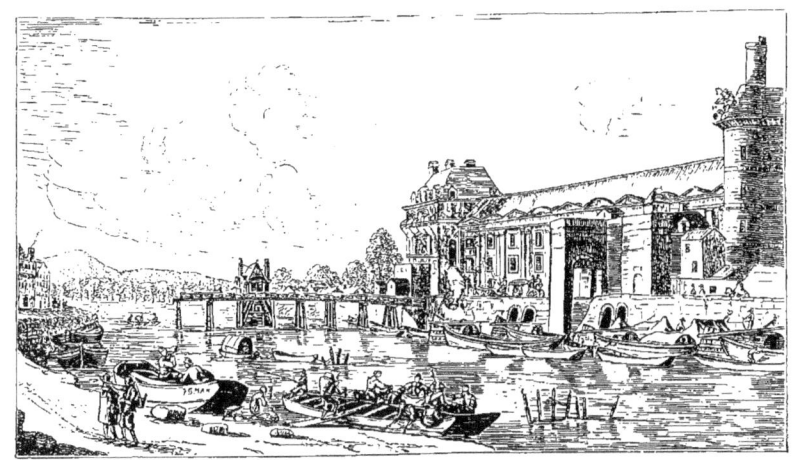

Fig. 71. — Les Tuileries et la galerie du Louvre, sous Henri IV. xviie siècle.

d'architecture. « Si tost il fust maistre de Paris, » lit-on dans *le Mercure français*, « on ne veid (vit) que maçons en besogne. »

En effet, à peine rentré en possession de sa capitale (1594), il songea à ordonner la reprise des travaux du Louvre, d'après les plans de Baptiste Androuet du Cerceau; mais, comme cet architecte et son frère, tout dévoués aux intérêts de la religion réformée, devaient se consacrer à l'édification du temple de Charenton, qu'il fallait se hâter de préparer, en prévision de l'édit de Nantes, qui fut accordé aux protestants dans le mois d'avril 1598, le roi s'était vu obligé, par suite d'une concession au parti catholique, d'éloigner de la surintendance et du contrôle des bâtiments de la couronne les deux du Cerceau. Louis Metezeau, fils de Thibaut Metezeau, architecte du roi, qui avait pris part aux travaux du Louvre sous Henri III, fut donc, par lettres patentes du 19 octobre 1594, « commis et député pour avoir la charge et conduite de la construction de tous les bâtiments royaux, » aux appointements de 800 écus par an.

Il s'agissait, avant tout, de réunir, par une longue galerie longeant la Seine, le palais du Louvre, situé dans l'enceinte de Paris, et celui des Tuileries, qui faisait partie des faubourgs; le roi regardait cela comme indispensable à sa sûreté personnelle, « pour être à la fois dehors et dedans la ville, quand il lui plairoit, » selon le témoignage de Sauval. La première moitié de la galerie du Louvre, depuis la salle des antiques jusqu'au pavillon de Lesdiguières, fut entièrement achevée dans l'espace de deux années, sous la conduite de Louis Metezeau, et le roi put y placer une inscription latine, qu'on y voyait encore à la fin du dix-septième siècle, dans laquelle il déclarait que cette galerie, « commencée par Charles IX, durant une paix profonde, il l'avait terminée heureusement, au milieu de la tourmente des guerres civiles, l'an de grâce 1596, de son règne le septième ».

Les travaux pour la construction de la seconde moitié de cette galerie monumentale ne furent repris qu'en 1603 (fig. 71). Baptiste Androuet du Cerceau, dont les plans étaient toujours suivis, n'existait plus à cette époque : il était mort en Normandie, deux ans auparavant, après avoir bâti, aux frais du roi, le château de Monceaux, pour Gabrielle d'Estrées, et le château de Verneuil, pour Henriette de Balzac d'Entraigues. Henri IV rendit à Thibaut Androuet du Cerceau le droit de participer à l'achèvement des plans de son frère défunt, en coopérant avec Louis Metezeau et ses deux aides, Plain et Fournier, à la construction de la galerie du Louvre, qui fut complètement achevée en 1608.

Un autre architecte du roi, Étienne du Pérac, avait élevé, entre 1597 et 1601, le pavillon de Flore (fig. 72), auquel cette galerie de-

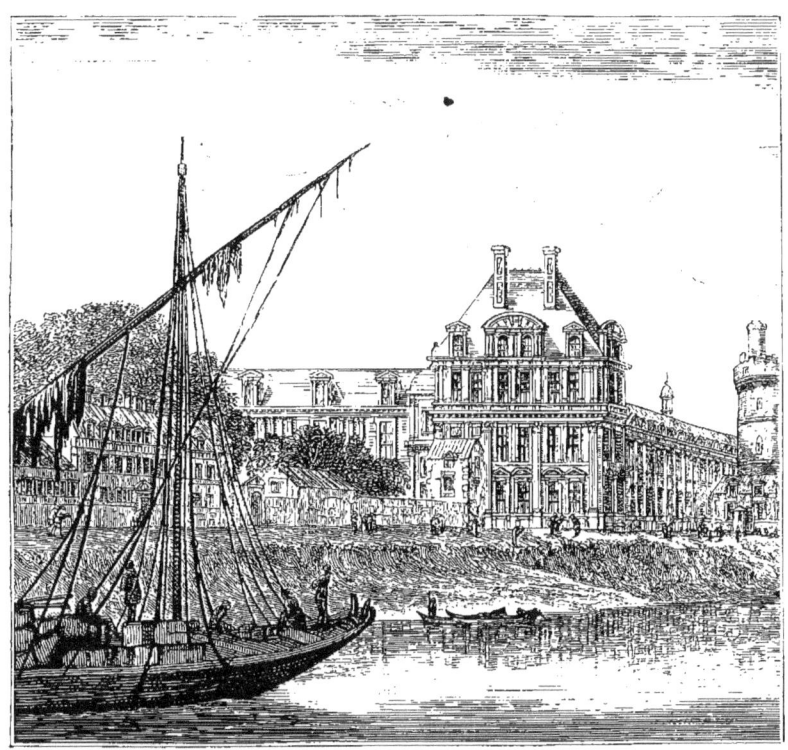

Fig. 72. — Le pavillon de Flore, vu du côté du quai des Tuileries. xviie siècle.
(Tiré de *Paris à travers les âges*.)

vait venir se relier, et le grand bâtiment, qui formait une aile du château des Tuileries, et qui se rattachait ainsi au pavillon de Flore. La galerie du Louvre ne tarda pas à recevoir sa décoration extérieure et intérieure : sculptures, par Pierre Biard, Barthélemy Prieur et les frères Lheureux ; peintures, par Bunel et Dubreuil, qui y représentèrent une suite de portraits des rois de la branche des Valois, ce qui fit donner à cette galerie le nom de *Galerie des Rois*.

Le 1ᵉʳ janvier 1608, Sully, étant allé voir le roi au Louvre, l'y trouva, « comme il entroit dans sa petite galerie, pour passer à la grande et de là aux Thuilleries, où il vous mena promener, » disent les secrétaires rédacteurs des *Œconomies royales,* en s'adressant à l'auteur de ces Mémoires. A cette même année se rapporte l'entrevue du roi avec don Pedro de Tolède, ambassadeur d'Espagne. La cour de Madrid était persuadée qu'Henri était perclus de goutte. *Le Mercure* rapporte comment le prince guérit l'ambassadeur de cette fausse idée : « Il le prit par la main, et, parlant d'affaires et cheminant à grands pas le long de ses galeries, il le tint cinq heures durant, jusqu'à ce qu'il recognust que don Pedro n'en pouvoit plus; alors il le licencia. »

« Les bâtiments ajoutés aux Tuileries, le pavillon de Flore et l'aile attenante, » dit Poirson, « sont d'un mauvais style et ne rachètent leurs défauts par aucune beauté. La critique leur a reproché d'être venus écraser de leur gigantesque lourdeur et de leurs massives additions l'œuvre de Bullant, d'une élégance si correcte et si savante, et celle de Philibert Delorme, d'une si délicate finesse. » On juge la première partie de la grande galerie, celle qui touche au pavillon Lesdiguières, supérieure à la seconde. On loue l'architecte de s'y être inspiré du vieux Louvre, en variant les formes; d'avoir employé, pour les divers étages plusieurs ordres d'architecture, et d'avoir mis beaucoup d'habileté dans l'établissement de l'entresol que les substructions antérieures rendaient nécessaire. Quant à la seconde moitié de la galerie, quelque superbe qu'en soit l'ordonnance, elle a été estimée défectueuse dans toutes ses parties.

Henri IV ne cessa de s'occuper de constructions durant tout le cours de son règne, où tous ses architectes ne manquaient pas d'ouvrage, car il eut toujours la passion de la maçonnerie. Il fit bâtir, par du Pérac, le château neuf de Saint-Germain en Laye avec ses magnifiques terrasses; il fit réparer le château de Villers-

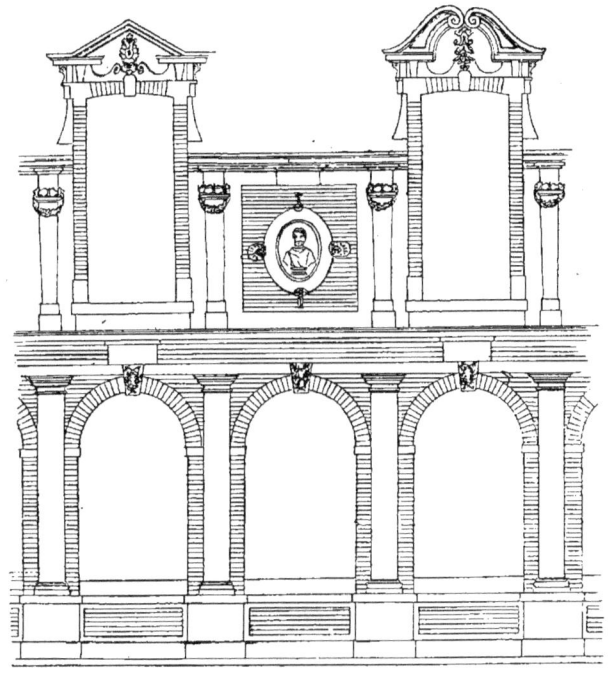

Fig. 73. — Partie de la façade de la galerie des Cerfs, au château de Fontainebleau.

Cotterets, par Baptiste Androuet du Cerceau; il augmenta tellement le château de Fontainebleau, en y ajoutant successivement une partie de la cour ovale, le pavillon des Dauphins, le pavillon de Monsieur, la cour des Offices, la galerie des Cerfs (fig. 73), celles des Chevreuils et de Diane ou de la Reine, la porte Dauphine et la porte du Château, sur la place d'Armes. Cette dernière porte, d'un style large et élevé, est l'œuvre d'un architecte, nommé Étienne Jamin, qui avait construit d'abord la cour des Offices : elle offre une inscription annonçant que les travaux exécutés par ordre d'Henri IV furent entièrement terminés en 1609.

Le roi semblait avoir à cœur de mener à fin tous les ouvrages de construction que ses prédécesseurs avaient entrepris et laissés inachevés. Ce fut d'abord le Pont-Neuf (1601), dont les travaux étaient interrompus depuis plus de quinze ans : presque toutes les piles, élevées jusqu'à fleur d'eau, étaient éboulées et deux arches seulement avaient résisté. L'hôtel de ville, commencé en 1533 sur les plans et sous la conduite de l'Italien Boccador, était à faire presque tout entier. On y travailla, sans désemparer, à partir de l'année 1604, et l'excellent prévôt des marchands Miron tint à honneur de finir ce monument municipal, qui semblait abandonné depuis plus d'un demi-siècle. On sait que Pierre Biard, mort en 1609, et Pierre Chambiges, fils de l'architecte de la petite galerie du Louvre, concoururent l'un et l'autre à cette vaste entreprise et eurent part surtout à l'achèvement de la façade, qui se développait sur la place de Grève (fig. 74). Par les soins du même magistrat fut élevée la belle porte Saint-Bernard, près de la Tournelle, et les Parisiens eurent raison de lui dire, en le remerciant publiquement, qu'il avait plus fait en deux ans que les précédents prévôts en deux siècles.

La physionomie de la capitale rappelait encore, au point de vue de l'architecture civile, celle des vieilles cités du moyen âge. « Du temps de Louis XII, » rapporte M. Poirson, « une vingtaine de maisons avaient été construites en briques sur le pont Notre-Dame : c'étaient les seules dans Paris, et elles passaient pour des palais. Toutes les autres n'étaient bâties qu'en bois et en plâtre, la plupart n'ayant de développement que deux fenêtres sur la façade, et plusieurs une seule. On ne comptait alors que cinq ou six places publiques. L'espace et l'air étaient un privilège des rois, des seigneurs, des membres du haut clergé, refusé aux autres classes de citoyens. »

Aussitôt qu'il eut conclu la paix avec l'Espagne et la Savoie,

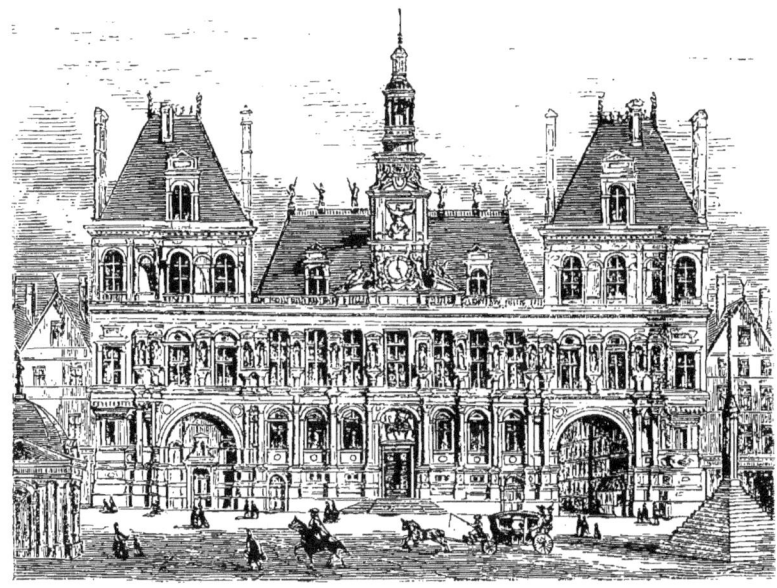

Fig. 74. — Façade de l'hôtel de ville au xviie siècle. (Tiré de *Paris à travers les âges*.)

Henri IV ordonna de reprendre partout les travaux de bâtisse; il contribua largement à la construction de la place Royale, sur un plan général qu'il avait approuvé, en faisant élever rapidement en brique et pierre de taille les gros pavillons du Roi et de la Reine (1605), lesquels dominent les trente-trois pavillons, de moindre dimension, qui les accompagnent. A cette époque, et longtemps encore après, cette place, par sa grandeur et son ordonnance, fut regardée comme la plus belle de l'Europe, et le quartier entièrement neuf qui l'entourait devint le plus recherché de Paris.

La place Dauphine et la rue du même nom furent percées ensuite. Mais le roi n'eut pas le temps de commencer cette magnifique place de France, qui était son rêve et dont ses ingénieurs, Nicolas Chastillon et Jacques Aleaume lui avaient fourni le plan monumental : elle devait former dans le marais du Temple un immense demi-cercle, avec sept pavillons à dômes, séparés par de larges rues, qui eussent pris les noms des principales provinces du royaume. Ce projet, dans son vaste et majestueux ensemble, périt avec Henri IV; Richelieu n'en garda que la petite partie, abandonna la place et ne fit ouvrir que onze rues sur les vingt-quatre du plan primitif.

Henri ne s'était pas contenté de donner aux jésuites 100,000 écus pour la construction de leur collège de la Flèche; il affecta encore des sommes importantes à leur établissement à Rennes, à Poitiers, à Amiens et dans d'autres villes, où ils faisaient « eslever, dit *le Mercure*, de très belles églises et de beaux bastiments »; il fournit des subsides aux ordres religieux, pour l'érection de sept couvents et de cinq églises à Paris, et assigna les fonds nécessaires pour rebâtir en grande partie la cathédrale d'Orléans, Sainte-Croix. N'oublions pas de mentionner l'hôpital de la Charité et celui de Saint-Louis, bâtis à Paris, le premier en 1602, le second en 1607.

Les architectes d'Henri IV ne lui survécurent pas longtemps; ceux qui avaient travaillé à l'achèvement du Louvre, Pierre Chambiges et Louis Metezeau, moururent en 1615; Jean Coin et Louis Fournier, qui avaient construit la petite galerie (appelée depuis galerie d'Apollon), n'existaient plus en 1618. Au reste, sous la régence de Marie de Médicis, qui fit venir des Italiens à

Paris, on ne bâtissait que des couvents et quelques hôtels prin-

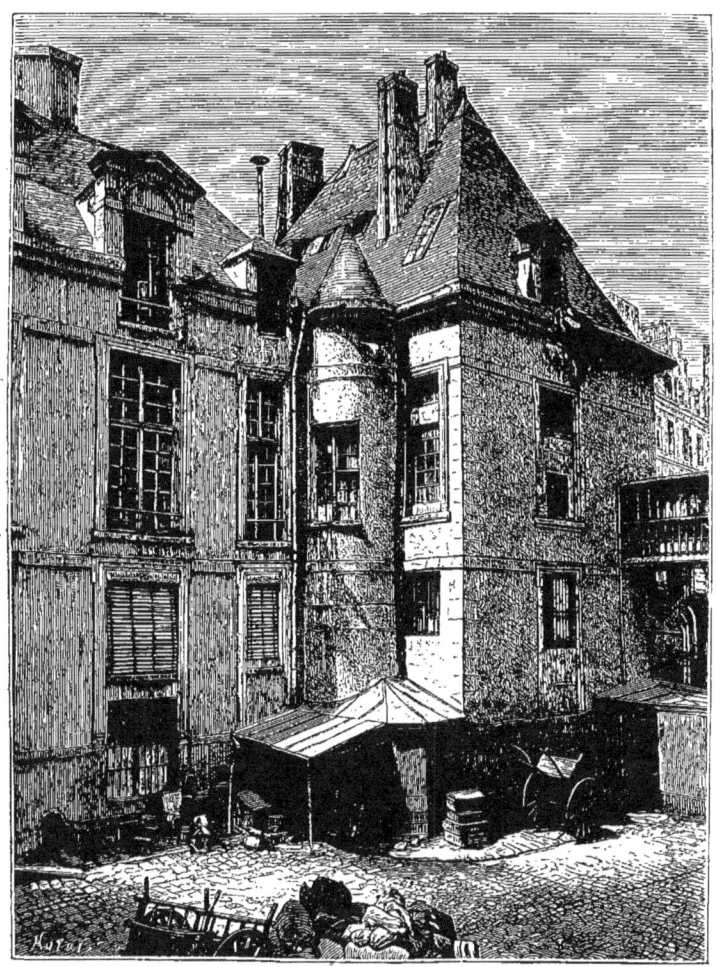

Fig. 75. — Hôtel du Maine et de Mayenne, plus tard hôtel d'Ormesson, construit par du Cerceau, rue Saint-Antoine.

ciers ou seigneuriaux, entre autres celui d'Henri de Lorraine, duc de Mayenne, rue Saint-Antoine, en 1603 (fig. 75); celui du duc de

Créquy, rue des Poulies, près du Louvre, en 1611; celui du maréchal d'Ancre, rue de Tournon (c'est aujourd'hui la caserne de la garde républicaine), etc.

Marie de Médicis, fidèle à ses origines, aimait les arts et naturellement l'architecture, qui avait été la passion du feu roi. Elle voulut avoir son palais à elle, un palais moins triste que le Louvre, qui, malgré ses embellissements intérieurs, conservait encore l'aspect d'un château féodal, avec sa grosse tour centrale et son pont dormant qui remplaçait l'ancien pont-levis. Elle acheta le vieil hôtel de Luxembourg, qui appartenait au prince de Tingry, ainsi que de vastes dépendances des abbayes de Saint-Germain et de Sainte-Geneviève (1613), et tel était son empressement qu'elle fit aussitôt tracer le parc et les jardins. Deux ans plus tard on travaillait au palais; elle en confia la construction à un architecte français et, qui plus est, à un protestant.

De Brosse, neveu de Jacques Androuet du Cerceau, qu'on peut considérer comme son maître, passait avec raison pour le premier architecte de France, à cette époque. On confondait ses ouvrages avec ceux de son oncle, ce qui lui fit sans doute attribuer le prénom de *Jacques,* sous lequel il fut toujours connu, quoiqu'il se nommât Salomon. Sa célébrité venait surtout de la grande part qu'il avait eue dans l'édification du temple de Charenton, élevé sur les plans de ses oncles. Il appartenait d'ailleurs à une famille d'architectes ou *architecteurs,* du nom de de Brosse, qui travaillaient depuis longtemps aux œuvres de maçonnerie dans les bâtiments royaux. Jean de Brosse, qu'on croit être son frère, était, dès 1578, au service de la reine Marguerite de Navarre, et il avait construit pour cette princesse, en 1606, dans la rue des Petits-Augustins, l'hôtel que cette reine habita jusqu'à sa mort.

L'ARCHITECTURE.

Salomon de Brosse commença, en 1615, à bâtir l'immense palais du Luxembourg, dont le style architectural n'a, quoi qu'on en ait dit, d'autre rapport avec le palais Pitti, de Florence, que l'emploi du bossage. Cependant, ce palais, dans la construction duquel de Brosse a déployé toutes les ressources de son talent créa-

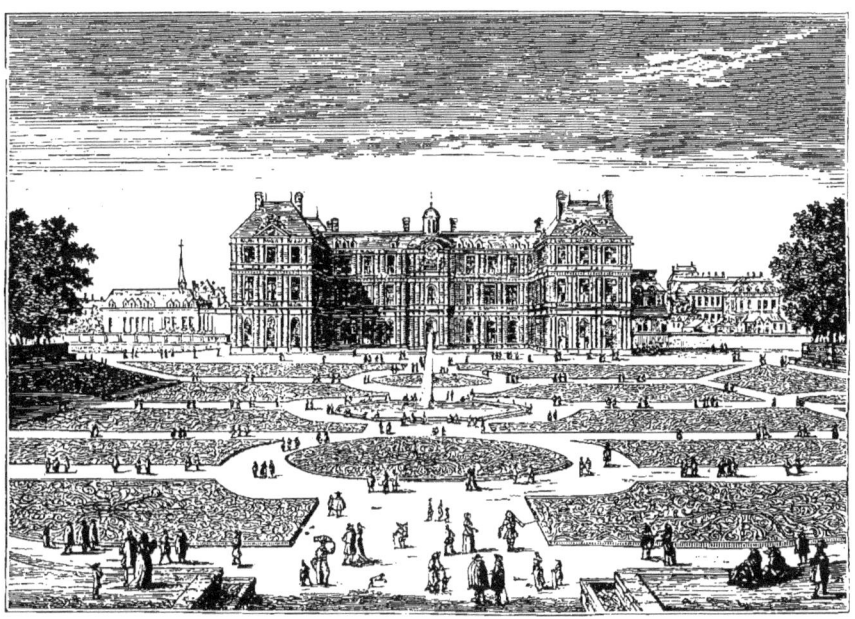

Fig. 76. — Le Luxembourg, bâti de 1615 à 1620. D'après un dessin de Perelle.

teur, offre la disposition de beaucoup de châteaux français, c'est-à-dire qu'il se compose de quatre grands corps de bâtiments, qui règnent autour d'une cour carrée et dont les quatre angles sont flanqués de pavillons plus élevés et plus saillants que le reste de l'édifice, avec une entrée principale décorée de colonnes et surmontée d'un dôme (fig. 76). Cette belle résidence, remarquable par la solidité de ses masses et l'unité de son style, rappelait encore davantage le caractère de l'art florentin, lorsque ses deux galeries ouvertes et ses terrasses extérieures étaient ornées de belles statues, qui furent vendues et dispersées, après que la reine Marie de Médicis eut à jamais quitté la France pour aller mourir en exil à l'étranger.

Chargé des travaux publics les plus importants qui s'exécutèrent à Paris, dans les dix premières années du règne de Louis XIII, à dater de sa majorité, de Brosse dirigea les travaux de l'aqueduc d'Arcueil, qui semble une audacieuse réminiscence des aqueducs de Rome, et cette entreprise fut poussée avec tant de vigueur qu'en moins de deux ans il se trouva plus d'à moitié bâti. En 1622, il eut à reconstruire la vieille grand'salle du Palais de justice, entièrement détruite par l'incendie de 1618 : en appuyant le nouvel édifice sur les anciennes fondations, il fit en sorte que le nombre et la place des points d'appui restassent les mêmes, pour conserver les dimensions extraordinaires de cette célèbre salle, dans laquelle il substitua au style gothique une sorte de style gréco-romain et des voûtes en pierre aux voûtes de bois qui avaient servi d'aliment à l'incendie. Il donna les plans du château de Coulommiers en Brie et de plusieurs hôtels à Paris.

Mais son chef-d'œuvre fut le portail de l'église de Saint-Gervais (fig. 77), qui demeurait inachevée, dans l'attente d'un portail monumental, que deux intendants des bâtiments du roi, Donon et de Fourcy, commandèrent à l'illustre architecte de la reine mère.

Louis XIII, qui était tout jeune alors, avait posé, en 1616, la première pierre de ce portail, « dont les proportions sont si régulières, » dit Germain Brice, « qu'au sentiment du Bernin, tout réservé qu'il était, on n'a rien de plus correct ni de plus parfait dans les ouvrages modernes les plus estimés ». Ce portail, composé des trois ordres grecs, dorique, ionique et corinthien, accuse l'influence italienne et présente la première application des ordres d'architecture antique à la façade d'une église française; il devint

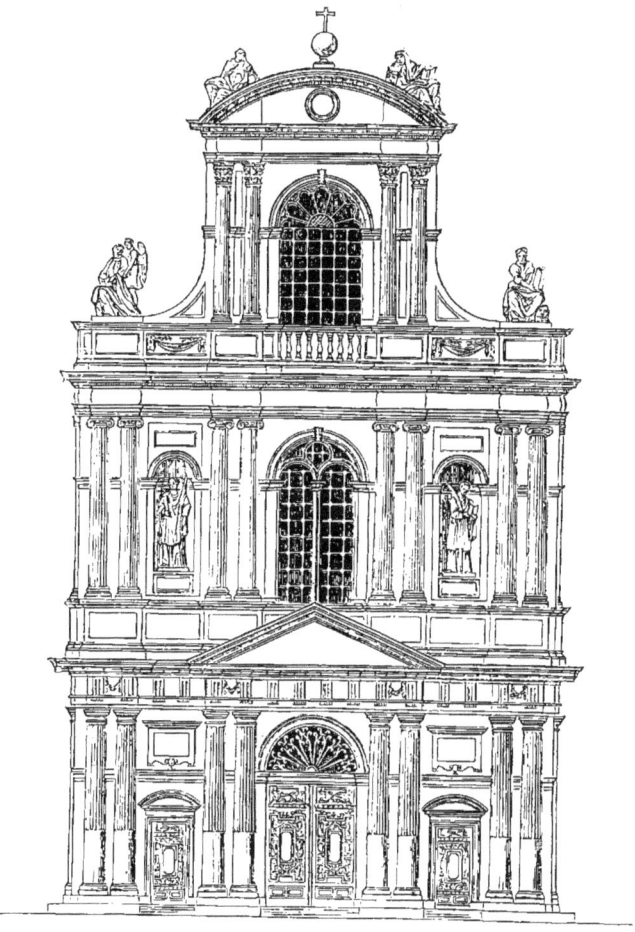

Fig. 77. — Portail de l'église de Saint-Gervais et Saint-Protais, à Paris. xviie siècle.

le type des portails d'église qu'on éleva en France, sous Louis XIII, et Charles David ne trouva rien de mieux que de l'imiter dans le portail, étrangement disparate, qu'il ajouta au vaisseau demigothique de Saint-Germain l'Auxerrois, qui attendait depuis près d'un siècle.

Les architectes étaient sans doute fort nombreux sous Louis XIII, puisqu'on n'a jamais tant construit en France et surtout à Paris que pendant ce règne. Salomon de Brosse, qui recevait 2,400 livres par an, en qualité d'architecte du roi et de la reine mère, mourut le 8 décembre 1626, sans avoir un digne successeur dans son fils ou neveu Paul, qui coopérait obscurément aux travaux de Jacques le Mercier. Les constructions multipliées faites sous ce règne procédaient à la fois de l'architecture religieuse et de l'architecture civile. On fondait tous les jours, à Paris et dans les provinces, de nouvelles congrégations, ou bien l'on réformait les différents ordres religieux : il fallait agrandir ou restaurer les anciens couvents ou en bâtir de nouveaux, à grands frais, car toutes les bourses s'ouvraient pour aider et favoriser ces pieuses fondations. Quelquefois l'architecte était pris dans le sein même de la communauté qui faisait bâtir. Ce fut là l'origine du style uniforme, froid et correct, qu'on appela l'*architecture des jésuites*, parce qu'elle fut adoptée dans toutes les constructions que la Compagnie de Jésus fit faire non seulement en France, mais encore en Italie, où ce genre semble avoir pris naissance; il exerça une influence funeste, et l'on doit y blâmer une exubérance de mauvais goût et le mélange des motifs les plus disparates, combinés sans autre but que celui de faire une œuvre brillante.

Ce fut un simple Père de la Compagnie, nommé Martel Ange, de Lyon, qui donna, en 1627, le *dessein* général de l'église, consacrée à saint Paul, de la maison professe des jésuites à Paris : il s'était proposé pour modèle l'église du *Gesu,* à Rome, bâtie par le célèbre Vignole et qui passe avec raison pour un des plus beaux édifices du seizième siècle italien. Mais un autre jésuite,

François Derrand (1588-1644), auteur d'un traité sur l'*Art des traits et coupes des voûtes,* dérangea en partie les plans de Martel Ange, en s'attribuant le droit de les exécuter seul, à sa grande confusion, car lorsqu'il eut fait élever les arcs doubleaux qui devaient porter le dôme, les entrepreneurs n'osèrent pas le voûter en pierre, et « il fallut se contenter d'une maçonnerie des

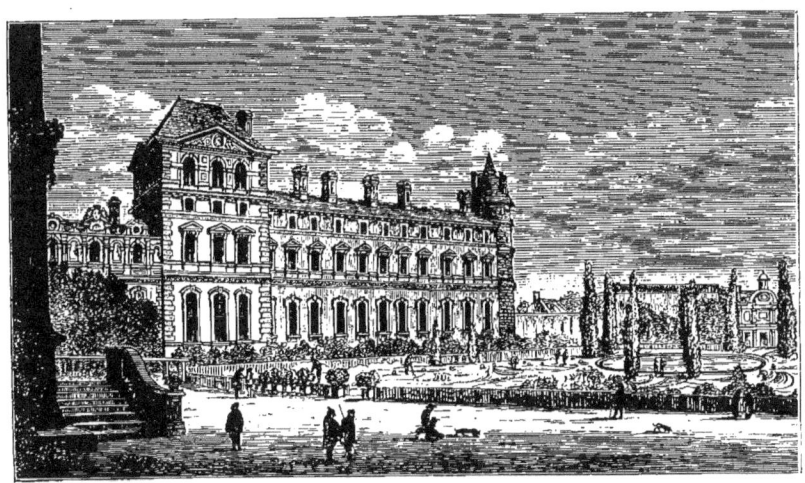

Fig. 78. — Vue du Louvre, du côté de la rivière, gravée par Silvestre, vers 1650.

plus légères, avec des courbes de charpente simplement recouvertes de plâtre ». La façade, élevée en 1634 aux frais du cardinal de Richelieu, est sans contredit la partie la plus remarquable du monument et rappelle, par sa disposition, celle de l'église de Saint-Gervais.

Quelques années plus tard, Martel Ange, que Germain Brice représente comme « très entendu en architecture », obtint satisfaction des mauvais procédés du P. Derrand et fut désigné spécialement par le général de l'ordre, pour élever la maison du noviciat des jésuites dans la rue du Pot-de-Fer, qu'il était autorisé à construire, sans avoir à subir le contrôle de personne.

Le plus célèbre architecte du temps de Louis XIII fut Jacques le Mercier. Pierre le Muet et François Mansart partagèrent sa célébrité.

Il y avait aussi, à la même époque, Clément Metezeau (1581-1652), ingénieur plutôt qu'architecte, créateur de la grande digue qui servit à la prise de la Rochelle (1628); Charles Errard (1606-80), qui commença par faire de l'architecture et qui finit par n'être plus que peintre; Louis le Vau, grand voyer et inspecteur général des œuvres des bâtiments du roi à Fontainebleau; Fremin de Cotte, que son fils Robert devait faire oublier; Pierre Dubois, qui construisit l'hospice des Incurables en 1636 et le séminaire de Saint-Sulpice en 1645; Michel Villedo, architecte des bâtiments royaux et maître général des œuvres de maçonnerie en 1639, qui fut chargé d'élever dans Paris plusieurs hôtels aristocratiques; enfin, Auguste Guillain (1581-1636), architecte de la ville, comme l'avaient été ses ancêtres depuis deux siècles, et qui travailla toute sa vie à terminer l'hôtel de ville, sans trop s'éloigner du style primitif de l'édifice.

Jacques le Mercier (1585-1654), qui passa en Italie plusieurs années de sa jeunesse, était architecte du roi depuis l'année 1618 et recevait, à ce titre, 1,200 livres de pension. Son premier grand ouvrage fut l'agrandissement du vieux Louvre (1624), depuis le pavillon central dit *de l'Horloge* jusqu'à la moitié de l'aile septentrionale; ses études en Italie lui permirent de ne pas rester trop inférieur à Pierre Lescot, qui avait construit le quart des anciens bâtiments de la cour actuelle. Tout en continuant l'ordonnance des façades élevées sous Henri II, il jugea convenable de marquer le milieu et l'entrée du palais par un pavillon central, surmonté d'un dôme à quatre pans et destiné à contenir la chapelle, pavillon

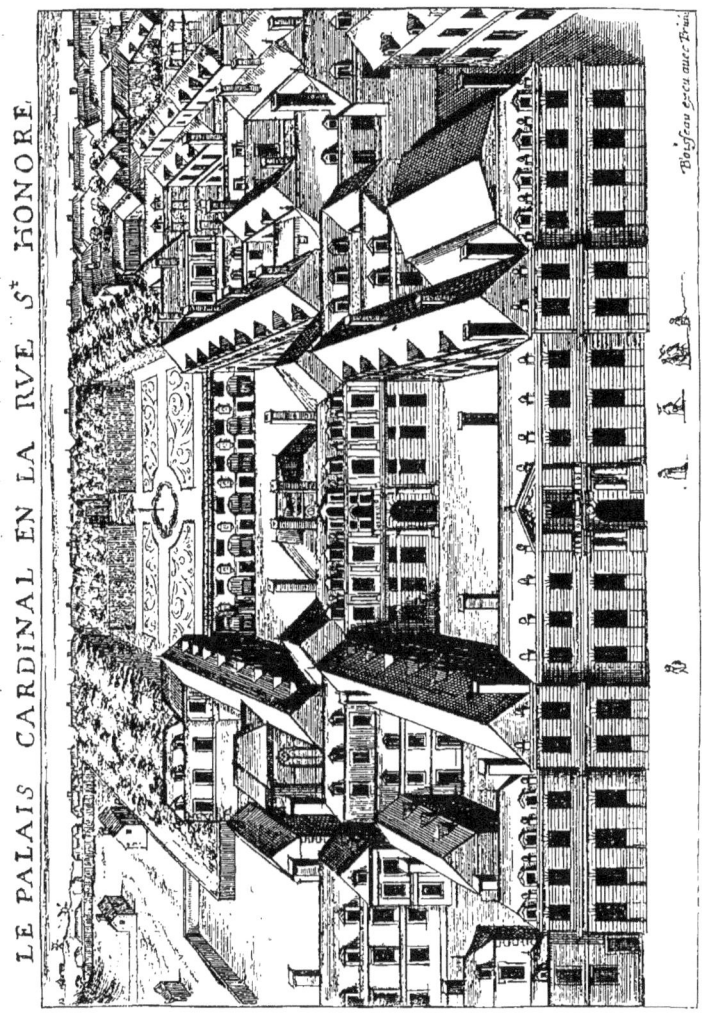

Fig. 79. — Le Palais-Cardinal (aujourd'hui Palais-Royal), vers 1638.

qui se trouve assez bien relié aux parties adjacentes (fig. 78). Mais les travaux furent poussés avec lenteur, et interrompus à la mort de Louis XIII.

Cinq ans plus tard, Richelieu, qui se proposait d'avoir un hôtel digne de sa situation politique, demandait à l'habile architecte du Louvre les plans du Palais-Cardinal. L'espace ne manquait pas, car on avait rasé plusieurs hôtels nobiliaires et une trentaine de maisons pour déblayer le terrain. Richelieu voulut, néanmoins, consacrer la plus grande partie de ce terrain à la cour principale, sur laquelle le palais aurait sa façade avec deux corps de logis en avant; à une cour intérieure, et aux jardins qui se déploieraient derrière ce palais, auquel l'hôtel de Brion resta seul annexé. Craignant de donner des armes contre lui à ses ennemis, en ayant l'air de faire concurrence au Louvre, il imposa à son architecte la condition de restreindre l'étendue et l'élévation des bâtiments (fig. 79). Il ne pouvait donc s'en prendre qu'à lui-même, si ces bâtiments parurent trop bas et trop écrasés, en raison de la grandeur et de l'importance de l'édifice. Bien peu de chose en est resté, grâce aux additions et aux changements faits dans les siècles suivants.

Richelieu avait mis à l'épreuve, auparavant, le talent de le Mercier, en lui donnant à rebâtir de fond en comble la vieille Sorbonne et surtout la chapelle, dont cet architecte fit une fort belle église (fig. 80), d'un style à la fois élégant et simple. Nommé premier architecte du roi en 1629, il acheva l'église du couvent de l'Oratoire, dont il s'efforça de corriger les défauts, et il commença celle de l'église de Saint-Roch (1633), où le portail et la nef ont été bâtis sous sa direction. Il n'eut pas le temps d'élever le dôme du Val-de-Grâce, après en avoir préparé la construction et fait accepter ses plans, de préférence à ceux que la reine mère Anne d'Autriche avait demandés d'abord à François Mansart. On lui doit encore le fameux escalier en fer à cheval du palais de Fontainebleau, morceau des plus remarquables qui ne coûta pas moins de 100,000 écus. Malgré tant et de si glorieux travaux, le Mercier mourut sans fortune.

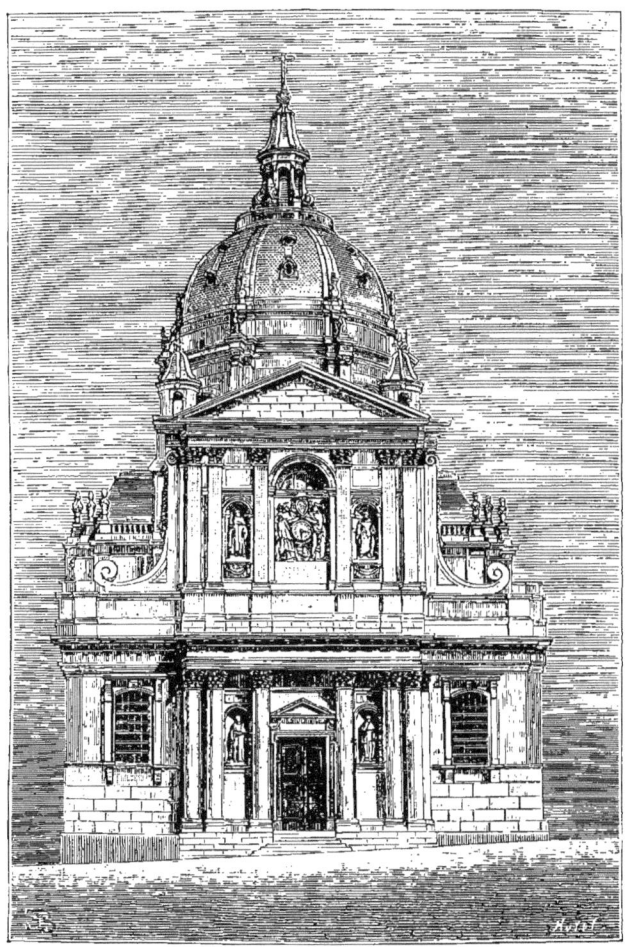

Fig. 80. — Portail de l'église de la Sorbonne, à Paris. xviie siècle.

François Mansart (1598-1666), son rival le plus redoutable, se distinguait de lui par l'abondance et la variété de ses conceptions architecturales, comme par la rapidité et l'excellence de leur exécution. Il était l'élève de son père, simple charpentier, et de son beau-frère, qui avaient travaillé en Allemagne et en Italie, avant de venir se fixer à Paris. Son premier ouvrage remarqué fut la jolie chapelle de la Visitation des filles de Sainte-Marie (1632), dans la rue Saint-Antoine. Tous les genres d'architecture convenaient à son génie vraiment multiple : « Il avoit

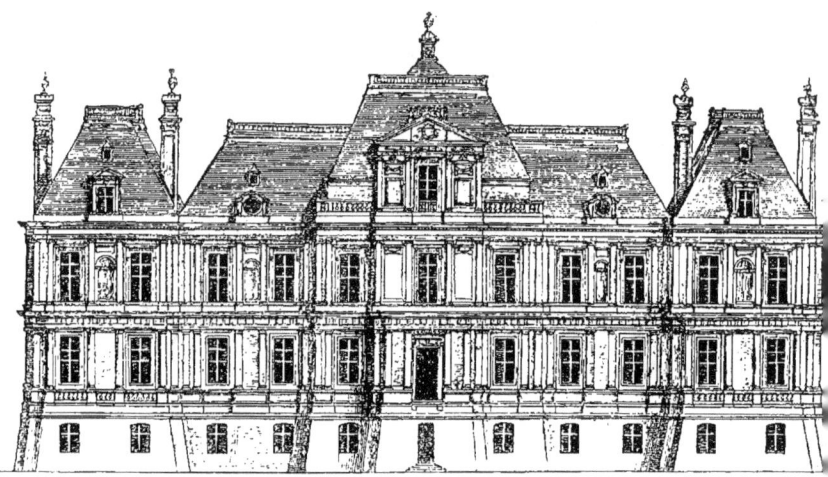

Fig. 81. — Château de Maisons, élévation du côté du jardin, tiré du *Petit Œuvre d'architecture* de Jean Marot (1764).

naturellement, » dit Florent le Comte, « l'esprit solide et le goût bon; ses pensées furent toujours nobles et heureuses dans le dessein général de ses édifices. » Aussi modeste qu'habile, il n'était jamais content de ses plans, même alors qu'ils avaient mérité les suffrages des connaisseurs. Il avait l'horreur du mauvais goût, ce qui lui fit exagérer la noblesse et la dignité. En achevant la façade de l'hôtel Carnavalet, il conserva avec soin le style original et ne chercha point à substituer ses idées à celles de Jean Goujon et de

Jacques Androuet du Cerceau. C'est pourquoi Gaston d'Orléans l'avait choisi, dès 1635, pour ajouter au magnifique château de Blois un grand corps de bâtiment, destiné à fermer la cour d'honneur, du côté de l'ouest, et devant s'accorder, autant que possible, avec les différents styles de l'architecture du seizième siècle depuis Louis XII.

La réputation de François Mansart était si bien établie en 1643,

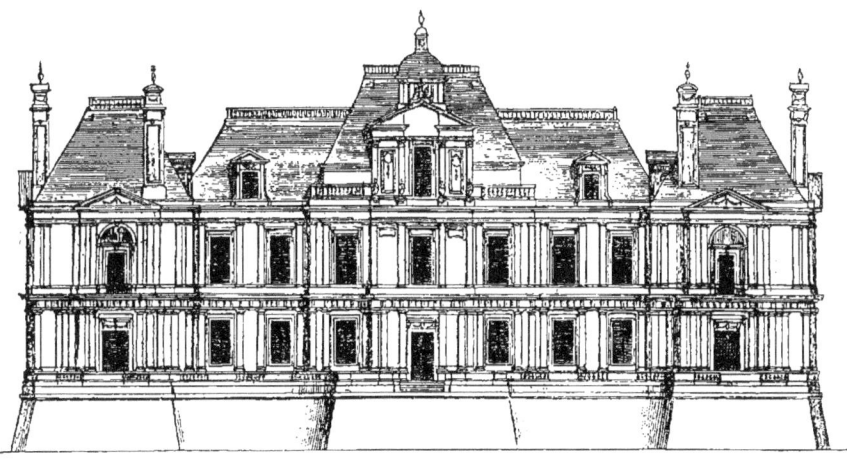

Fig. 82. — Château de Maisons, élévation de l'entrée de la cour.
(Même source que la précédente.)

que le cardinal Mazarin, qui avait acheté l'hôtel Tubeuf, situé au coin de la rue Vivienne et de la rue des Petits-Champs, ne voulut pas avoir d'autre architecte, au refus du Bernin. Mansart ne construisit pas ce palais, mais il le constitua, pour ainsi dire, en réunissant avec beaucoup d'adresse et de goût les divers corps de logis qui composaient les deux hôtels voisins du président Duret de Chivry et du président Tubeuf : il y rattacha seulement la superbe galerie Mazarine. On ne peut imaginer l'envie et la haine qu'il inspirait à ses confrères, si l'on n'a pas vu une gravure de Dorigny, intitulée : *la Mansarade,* qui représente Mansart traînant après lui son attirail d'architecte et se dirigeant vers un gibet.

Joignant à un esprit solide une imagination féconde, il fut le favori des seigneurs et de la haute bourgeoisie, qui continuaient à l'envi de substituer aux manoirs du temps passé des châteaux vastes et commodes. Il en bâtit beaucoup autour de Paris, à Balleroy, Fresnes, Berny, Bercy, Gesvre; celui de Maisons, qui passe pour son chef-d'œuvre, a été classé parmi les monuments historiques (fig. 81 et 82). A Paris, il éleva aussi de nombreux hôtels pour les familles d'Aumont, de Bouillon, de Conti, de Fieubet (fig. 83), de la Vrillière, et ce dernier édifice, occupé aujourd'hui par la Banque de France, a été défiguré par les additions et remaniements modernes. Chacun de ces hôtels et de ces châteaux, qui la plupart existent encore à l'état de débris, mériterait une description détaillée. On lui attribue l'invention des toits brisés, qui de son nom furent appelées *mansardes* (fig. 84); il les fit seulement revivre, car on les trouve appliqués par la renaissance à Blois, à Chambord, etc.

Mansart, qui respectait les idées et les œuvres des autres architectes, ne souffrait pas qu'on troûvat à redire aux siennes. Il avait été chargé de bâtir le Val-de-Grâce, après en avoir soumis le plan général à la reine mère; mais on critiqua ce plan, et il se refusa obstinément à le modifier de manière à en rendre l'exécution moins coûteuse. On confia donc à Pierre le Muet (1591-1669) les travaux que Mansart avait abandonnés et dont le Mercier avait entrepris la continuation. Le Muet, qui avait sous ses ordres les architectes le Duc et Duval, eut à regretter plus d'une fois la retraite de Mansart, qui, pour se venger de l'insuffisance de ses successeurs, fit bâtir, aux frais du secrétaire d'État Guénégaud, la jolie chapelle du château de Fresnes, en exécutant une partie du plan qu'il avait proposé pour le Val-de-Grâce. Le Muet eut pourtant la gloire de mener à bonne fin la construction de ce

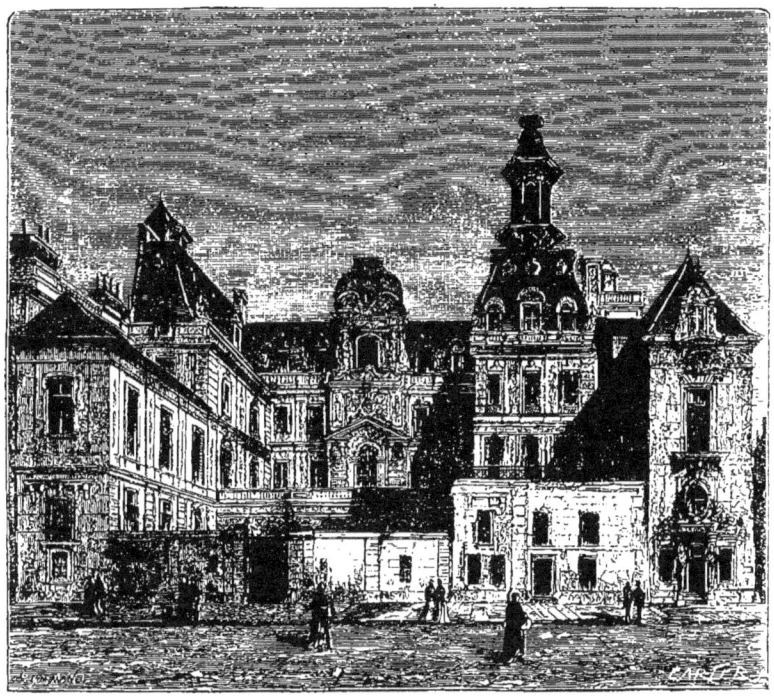

Fig. 83. — Vue de l'hôtel Fieubet. xviie siècle. (Tiré de *Paris à travers les âges*.)

monastère, et d'achever le dôme de l'église que ses prédécesseurs avaient élevée jusqu'au premier entablement.

Bon ingénieur et auteur d'ouvrages didactiques, il était surtout connu pour avoir remis à la régente Marie de Médicis, en 1616, un bon plan du palais du Luxembourg, plan dont Salomon de Brosse ne dédaigna pas de faire usage, sans en nommer l'auteur.

Il avait édifié plusieurs châteaux d'un grand caractère et d'une belle ordonnance, entre autres celui de Tanlay en Bourgogne, celui de Chavigny en Touraine, celui de Pont en Champagne. Parmi les hôtels qu'il avait construits à Paris, on citait comme son chef-d'œuvre l'hôtel Tubeuf, moitié en pierres de taille et moitié en briques, qu'on voit encore, tel qu'il fut remanié par Mansart, au coin des rues Vivienne et des Petits-Champs. C'est, du reste, par l'alliance de la pierre, de la brique et de l'ardoise qu'on a caractérisé l'architecture de cette époque.

On ne peut se figurer combien de grands et beaux hôtels furent construits à Paris, sous le règne de Louis XIII : le Mercier, Mansart et le Muet avaient donné d'excellents modèles, tant pour le gros œuvre que pour la distribution des êtres ; à partir seulement de cette époque, et d'après l'exemple de la marquise de Rambouillet dans son hôtel de la rue Saint-Thomas du Louvre, on adopta partout le système le plus pratique et le plus convenable pour approprier les appartements aux besoins et aux habitudes de la vie privée. « L'hôtel d'Amelot de Bisseuil, dans la vieille rue du Temple, » dit l'auteur du *Palais de Mazarin* (Léon de Laborde), « est probablement du même temps (1640) et pourrait être pris comme modèle d'une certaine recherche dans la distribution : les services étant séparés, les chambres habitées trouvaient à leur portée de commodes dégagements ; la chambre de parade bien placée près du salon, la chambre à coucher était entourée de ses cabinets, galeries, escalier de sortie, etc. La grande porte cochère, fameuse dans son temps, a seule résisté aux transformations imposées par une longue série de propriétaires. » Cet hôtel, qu'on disait incomparable, avait été construit par un architecte assez obscur, nommé Cottard (fig. 85).

La Bruyère avait pris de là occasion de railler la manie de

bâtir : « Un bourgeois aime les bâtiments, » dit-il dans ses *Caractères;* « il se fait bâtir un hôtel si beau, si riche et si orné, qu'il est inhabitable : le maître, honteux de s'y loger, ne pouvant peut-être se résoudre à le louer à un prince ou à un homme d'affaires, se retire au galetas où il achève sa vie, pendant que l'enfilade et les planchers de rapport (c'est-à-dire les parquets) sont en proie aux Anglais et aux Allemands qui voyagent, et qui viennent là, du Palais-Royal, du palais L. G. (Langlée, bourgeois parvenu) et du Luxembourg. »

La plupart de ces hôtels, en changeant de propriétaires et de noms, avaient été restaurés avec plus ou moins de réserve et d'habileté; les uns y gagnèrent, les autres y perdirent; les plus anciens eurent à souffrir davantage de ces remaniements intérieurs et extérieurs.

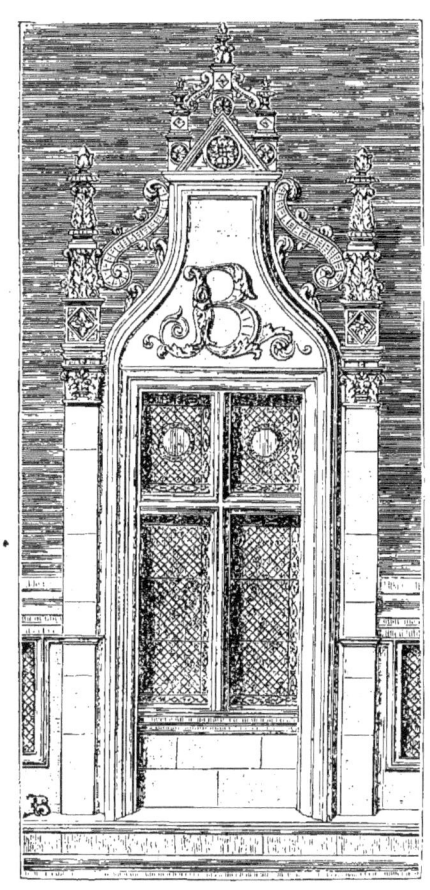

Fig. 84. — Lucarne historiée, château d'Azay-le-Rideau. xvie siècle.

Ainsi le magnifique hôtel construit en 1615 par Jacques Androuet du Cerceau, pour le duc de Bellegarde, grand écuyer de France, dans la rue de Grenelle-Saint-Honoré, et qui était un des types les plus parfaits de l'architecture du temps d'Henri IV, fut entièrement transformé pour le chancelier Seguier et perdit tout son caractère primitif, en s'augmentant de plusieurs corps de bâtiment et de deux galeries sur la rue du Bouloi. Il en fut de même de l'hôtel Zamet, dans la rue de la Cerisaie : cet hôtel, qui sous Henri IV avait paru digne d'être cité souvent comme une des merveilles architecturales de Paris, subit de si malheureux changements en devenant l'hôtel Lesdiguières, que la famille de Villeroy, qui l'eut ensuite en possession, ne daignait même plus l'habiter. Quant à l'hôtel du financier Scipion Sardini, qu'on pouvait comparer à l'hôtel Zamet, son éloignement du centre de la ville l'avait fait abandonner et tomber en ruines : en 1656, il fut totalement déshonoré et dégradé, pour devenir la maison de manutention des farines de tous les hôpitaux, avant d'être changé en hôpital, comme le fameux hôtel d'O, qui datait de la même époque.

Une métamorphose complète s'était opérée dans l'architecture nationale, sous l'influence de l'imitation italienne et des préoccupations de l'étude de l'art grec. On ne comprenait plus un édifice religieux sans un dôme et sans un portail, avec deux ou trois ordres d'architecture mélangés ou superposés; dans les bâtiments civils, on ne voulait plus que des terrasses ou des toits bas et déguisés, au lieu des grands combles en ardoise, et partout des galeries à arcades et des appartements en enfilade et de plain-pied.

On avait aussi complètement renoncé aux escaliers à vis ou en colimaçon, pour s'en tenir aux escaliers droits avec palier à chaque étage.

Gérard Desargues s'était fait une réputation spéciale par ses escaliers droits : ce fut lui qui construisit en 1660 le grand es-

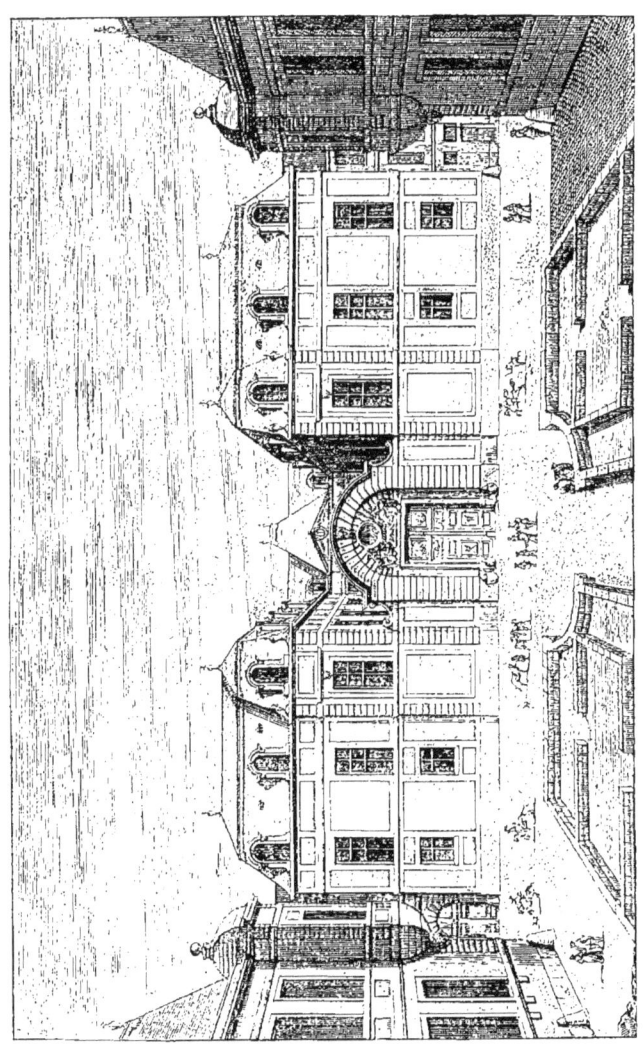

Fig. 85. — Hôtel de Bisseuil, rue Vieille-du-Temple; d'après une gravure de J. Marot.

calier du Palais-Royal; il en fit un autre, non moins admiré, dans la maison d'un sieur Aubry, rue des Bernardins. Sauval cite cette maison pour « son entrée la plus superbe du monde et son escalier si commode, qu'il ne s'en voit point à Paris qu'on trouve plus tôt, où on entre plus à l'aise, ni dont l'abord soit plus grand ni plus superbe. »

Avec le règne de Louis XIV, on entre dans une période nouvelle. La liberté dont jouissaient les arts fut réglementée : on créa pour chacun d'eux une académie, chargée de les contenir, de leur imposer des lois, de les faire concourir à la gloire du souverain. En ce qui concerne l'architecture, voici ce qu'en disait Colbert dans un mémoire adressé en 1665 à Louis XIV : « Votre Majesté sait qu'au défaut des actions éclatantes de la guerre, rien ne marque davantage la grandeur et l'esprit des princes que les bâtiments, et toute la postérité les mesure à l'aune de ces superbes maisons qu'ils ont élevées pendant leur vie. » Colbert avait alors en vue les monuments sérieux et d'une utilité ou d'une grandeur incontestable. De son côté, le jeune roi, porté plus volontiers à bâtir pour le plaisir et la vanité, occupait une armée d'ouvriers à raccommoder Saint-Germain et Fontainebleau, et, en l'espace de deux ans, il avait englouti 500,000 écus dans les premières constructions de Versailles. Ce fut le ministre, plus impatient que son maître d'achever le Louvre, qu'il appelait « le plus superbe palais du monde », qui eut l'honneur de reprendre les travaux avec l'énergie qu'il apportait en toutes choses (fig. 86). Le Vau, qui avait sucédé à le Mercier, comme premier architecte du roi, en eut la direction.

Louis le Vau (1612-70) avait débuté, en 1643, par l'immense château de Vaux-le-Vicomte, que le surintendant des finances Fouquet avait fait bâtir près de Melun, comme pour rivaliser avec les châteaux royaux. Il fut chargé ensuite de faire du château fort de Vincennes une habitation royale de plaisance. On lui reprochait de ne construire que des bâtiments lourds et massifs, sans élégance et sans noblesse, parce qu'il ne sacrifiait pas, ainsi que certains de ses contemporains, à l'abus de l'ornementation, et de ce qu'on nommait le *colifichet*. Aux Tuileries, où il trouva terminés le gros pavillon parallèle à celui de Flore et les deux corps de logis qui le reliaient au grand pavillon du centre, élevé

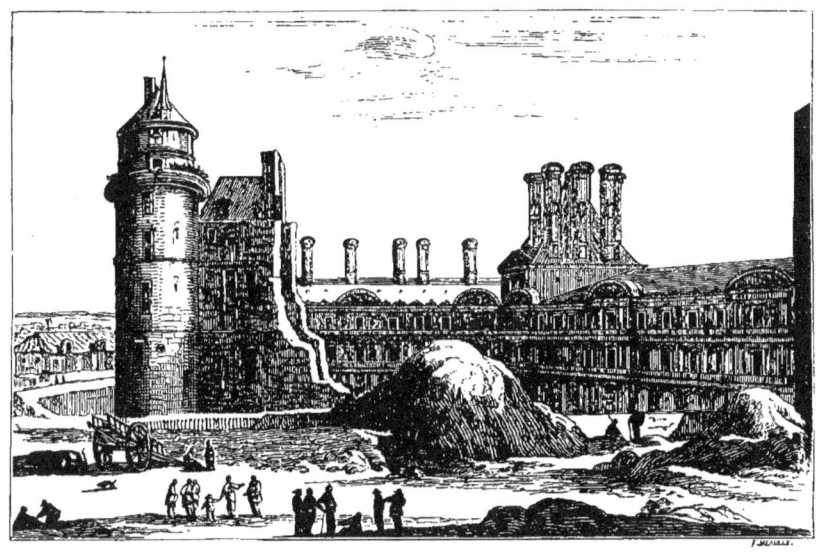

Fig. 86. — Tour nord-est du Louvre, gravé par Isaac Silvestre, en 1650.

par Philibert de Lorme, il supprima dans ce grand pavillon l'escalier monumental, en ajoutant au-dessus de l'étage corinthien un étage d'ordre composite et en remplaçant par un dôme à quatre pans la charmante petite coupole qui se trouvait hors de proportion avec les bâtiments d'alentour. Au vieux Louvre, il prolongea l'aile méridionale de Pierre Lescot et construisit l'aile orientale dans toute sa longueur, à l'exception de la façade.

Cette façade, Colbert se proposait d'en faire le plus beau monument de son époque; il rejeta donc le plan que le Vau lui avait proposé et fit décider par le roi que tous les architectes seraient appelés à présenter des plans entre lesquels on choisirait le meilleur.

François Mansart était alors à l'apogée de sa renommée (fig. 87), et naturellement Colbert l'avait invité à faire un plan qui serait accepté de préférence aux autres; mais Mansart, qui avait l'habitude de se corriger lui-même et de chercher à perfectionner ses ouvrages pendant leur exécution, refusa de s'engager à ne rien modifier dans le plan qu'il donnerait. Louis XIV et Colbert étaient fort embarrassés de faire un choix parmi tous ces plans; l'idée de les soumettre aux bons architectes de Rome ayant été suggérée par un abbé italien, nommé Benedetti, qui avait la confiance du roi et l'estime de Colbert, on envoya les plans en Italie (1664). Poussin, qui résidait à Rome, fut prié de les communiquer d'abord au cavalier Bernin, alors plus que sexagénaire, qui passait pour le premier architecte de son temps. Bernin les trouva détestables, et il y substitua les siens, qu'il fit mettre sous les yeux du roi par l'abbé Benedetti. Louis XIV lui écrivit de sa main, le 11 avril 1665, pour le remercier et le prier d'*entreprendre le voyage de France*, afin de faire profiter de ses conseils les architectes français. En même temps, il demandait au pape de se priver pour quelque temps des travaux d'un sujet si utile : « Votre Sainteté, » ajoutait-il, « ne pourrait m'accorder une plus grande faveur dans la conjoncture présente. »

Décidé par cette invitation royale, Bernin partit de Rome le 25 avril, en compagnie de son fils et de deux élèves, et arriva, le 21 mai suivant, à la frontière.

Jamais artiste ne fut traité avec tant d'égards et de magnificence. Dans toutes les villes où il passa, on lui rendit, par ordre du roi, des honneurs qui n'étaient dus qu'aux princes du sang; on mit en réquisition toutes les glacières qui se trouvaient

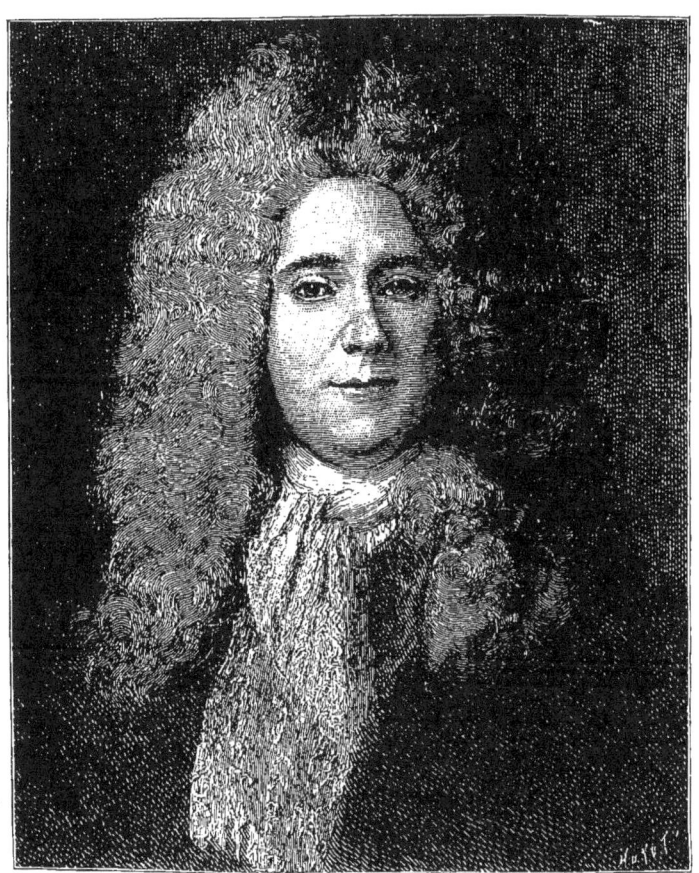

Fig. 87. — François Mansart; d'après le tableau de Largillière. xvii⁰ siècle.

sur la route, dans la crainte qu'il ne manquât de glace un seul jour, et il voyagea tantôt en litière, tantôt en carrosse. Le 4 juin 1665, il alla saluer le roi, qui le reçut avec la plus bienveillante distinction. Il travailla en secret aux épures de son plan (fig. 88), après avoir examiné dédaigneusement les constructions de le Mercier et de le Vau ; ces épures furent apportées dans l'assemblée des bâtiments, que présidait Colbert, et personne n'osa les critiquer, excepté le secrétaire de Colbert, Charles Perrault, qui avait présenté un plan conçu et dessiné par son frère Claude, plan bien supérieur à celui du cavalier Bernin.

Cependant Colbert, ébloui par l'assurance de l'étranger, osait à peine lui adresser quelques timides observations; l'orgueilleux artiste, s'il daignait les écouter, se gardait d'en tenir aucun compte. « C'étoit, » dit Charles Perrault dans ses *Mémoires,* « un médiocre architecte, quoiqu'il s'estimât extrêmement de ce côté-là. Il ne louoit et ne prisoit guères que les hommes et les ouvrages de son pays; il citoit fort souvent Michel-Ange. » Enfin, comme il pressait beaucoup le surintendant des finances de faire commencer les travaux, celui-ci dut prendre jour, à l'effet de poser la première pierre de la façade principale du Louvre, qu'il s'agissait de construire devant l'aile orientale de l'édifice. Bernin, par bonheur, demanda au roi la permission d'aller passer l'hiver en Italie et de laisser en France son élève Mathias pour diriger et surveiller l'exécution de ses plans. « Il n'était pas à son aise à Paris, » dit Jal. « On le flattait beaucoup, on le caressait sans cesse de paroles aimables, mais il ne sortait pas de chez lui. Il ne parlait point français, et puis l'échec qu'il avait essuyé, à propos de ses premiers dessins faits pour le Louvre, le mettait en défiance contre nos artistes, qui lui donnaient cependant un témoignage de haute estime en l'admettant à l'Académie royale de peinture et de sculpture. Il quitta donc Paris, non pas les mains vides, car en octobre, quelques jours avant de dire adieu à la cour, il reçut du roi un brevet de 6,000 livres de pension et 3,000 louis argent comptant. »

Dès qu'il fut parti, Charles Perrault usa de tout son crédit auprès de Colbert, en lui représentant que l'architecte italien « abattoit le Louvre entièrement », puisqu'il voulait supprimer les quatre *dômes des milieux*, et refondre toute l'architecture

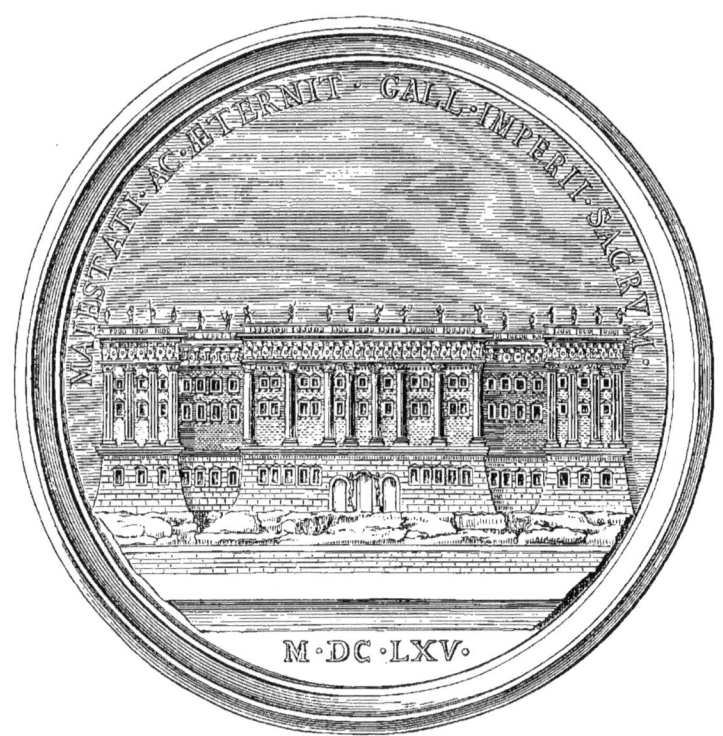

Fig. 88. — Médaille commémorative du projet présenté par Bernin, pour la façade est du Louvre (aujourd'hui la colonnade); dessiné et gravé par Séb. Leclerc. 1665.

ornementale des quatre faces du monument. Le peintre le Brun, que Bernin avait eu la maladresse de blesser par des paroles hautaines, n'eut pas de peine à prendre sa revanche, en soutenant auprès du roi l'opinion de Colbert, qui le suppliait de condamner les plans de Bernin, pour adopter ceux de Claude Perrault.

Ce dernier n'était, cependant, qu'un médecin de profession, qu'un simple amateur, qui avait traduit Vitruve et qui apprenait l'architecture en étudiant les sciences exactes. Claude Perrault (1613-88) eut donc la gloire d'entreprendre et d'achever cette admirable colonnade du Louvre, qu'on regarde encore, avec raison, en dépit des justes critiques dont elle a été l'objet, comme une des œuvres les plus imposantes et les plus originales de l'art français (fig. 89).

Les travaux du Louvre furent plus d'une fois ralentis et même suspendus totalement en 1670. C'est à ce sujet que Colbert adressa au roi un mémoire dont nous avons déjà parlé : « Si Votre Majesté, lui disait-il, veut bien chercher dans Versailles les 500,000 écus qui y ont été dépensés depuis deux ans, elle aura certainement peine à les trouver, et pendant qu'elle a dépensé de si grandes sommes dans cette maison, elle a négligé le Louvre. »

Louis XIV, qui n'aimait pas Paris, avait concentré, en effet, toutes ses affections dans ce palais de Versailles, qu'il ne cessa d'augmenter, d'embellir et d'enrichir, et qu'il considérait comme son œuvre personnelle. Il n'avait pas démoli le rendez-vous de chasse de Louis XIII, mais il l'avait en quelque sorte encadré dans les constructions nouvelles, faites sous ses yeux par le Vau, qui s'était conformé aux instructions du roi, en conservant, comme une espèce de sanctuaire, la résidence favorite de son père. Le Vau avait ajouté seulement deux pavillons et une orangerie à l'ancien château, enfermé dans sa cour de marbre et formant la perspective des trois cours qui vont s'élargissant, comme en amphithéâtre, vis-à-vis de l'avenue de Paris. La façade sur les jardins restait à faire; ces jardins, dessinés et décorés par un autre architecte du roi, André le Nôtre, avaient déjà surpassé, par leurs escaliers gigantesques, par leurs eaux jaillissantes, par leurs in-

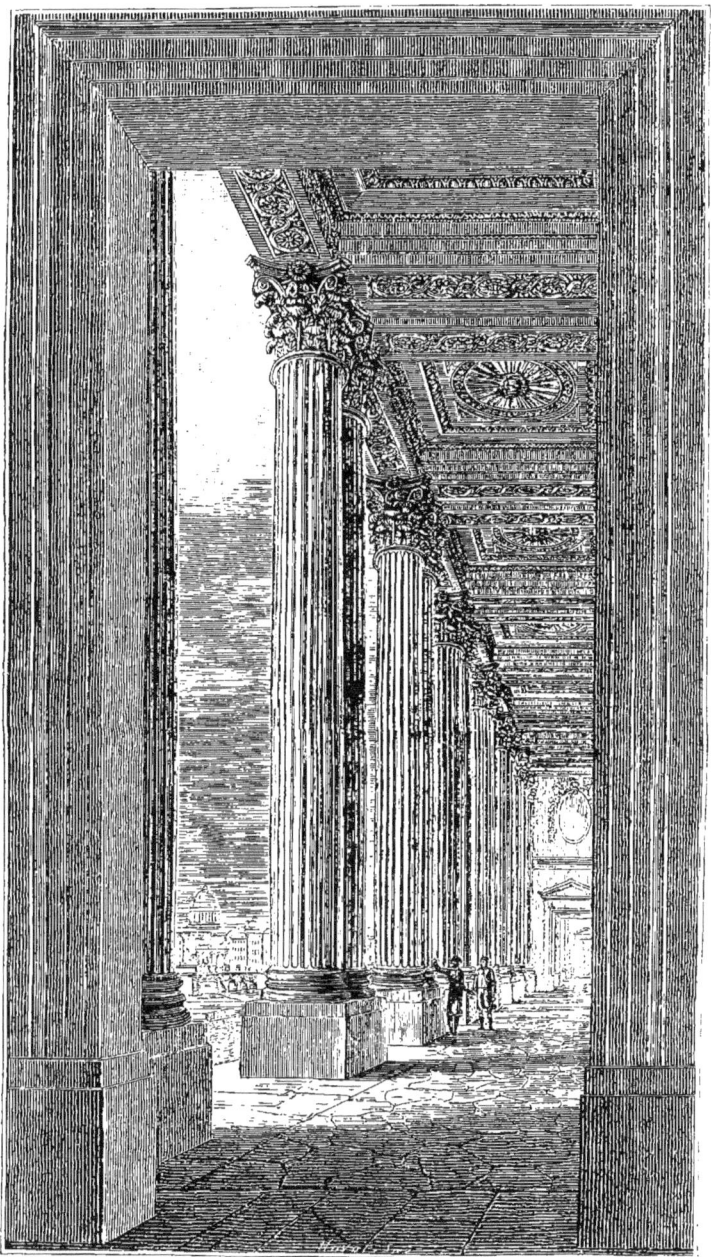

Fig. 89. — Vue de la colonnade du Louvre (perspective du premier étage).

nombrables statues, tous les prodiges des jardins d'Heidelberg, créés par un Français, Salomon de Caus.

Louis le Vau avait fourni les plans du collège des Quatre-Nations (aujourd'hui palais de l'Institut), que les héritiers du cardinal Mazarin faisaient construire en vertu des clauses de son testament (fig. 90). Le dôme qui surmonte la chapelle a des proportions si justes dans son contour que les plus savants architectes l'ont proposé comme le chef-d'œuvre de l'art; quant à la façade, dont les deux gros pavillons avancés nuisent peut-être à l'alignement du quai, elle ressemble, avec son portique grec et son hémicycle élégant, à une œuvre de Vignole ou de Palladio. Le Vau ne vécut point assez pour le voir achevé sous la direction de son élève, François d'Orbay. Il avait aussi commencé la construction de plusieurs églises, celles de Saint-Sulpice et de Saint-Louis en l'Ile, mais ses ouvrages les plus appréciés, de son vivant et après lui, furent les châteaux du Raincy ou plutôt de Livry, de Seignelay, et les charmants hôtels de Lionne, de Rohan, rue de l'Université, d'Hesselin, et celui de Lambert, dans l'île Saint-Louis, le seul qui subsiste encore aujourd'hui. La plupart de ces somptueux édifices ont été gravés dans les recueils de Jean Marot.

La succession architecturale de le Vau se partagea entre d'Orbay et Jules Hardouin-Mansart.

Ce dernier (1646-1708), petit-neveu et élève de François Mansart, fut dans le bâtiment ce que Charles le Brun était dans la peinture, la personnification la plus brillante de son art, et le plus habile auxiliaire des grandes créations monumentales de Louis XIV. Il avait été remarqué, dès son jeune âge, par le roi, qui l'avait vu taillant une pierre dans le chantier de la place Vendôme : sa figure intelligente fut sa première recommandation. Le roi, qui ne l'avait pas oublié, lui demanda le plan d'un château qu'on devait bâtir à Clagny pour Mme de Montespan, et qui ne fut édifié que plus tard. L'entrepreneur des travaux ayant mal exécuté ce plan, la cour du château se trouvait trop petite : Hardouin-Mansart se hâta de réparer une faute qui n'était pas la sienne, et, en moins de quinze jours, il remit les choses en état,

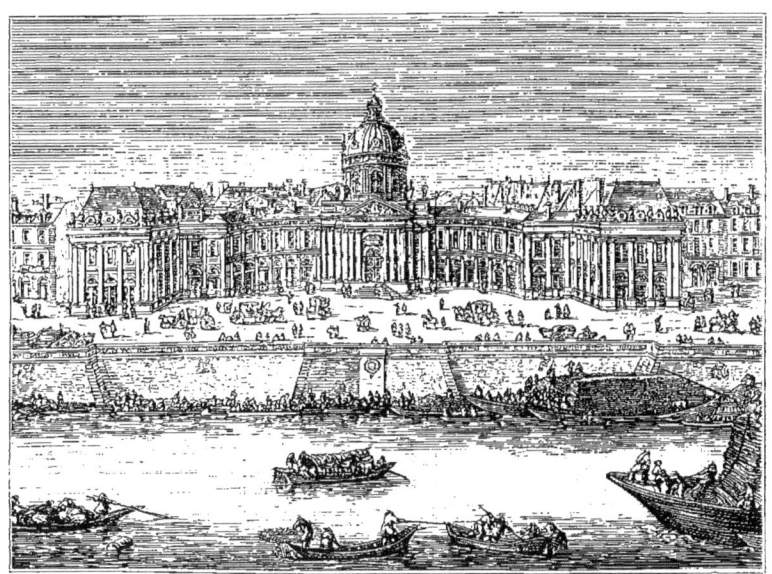

Fig. 90. — Vue du collège des Quatre-Nations (Institut); d'après Pérelle. xviie s.

de manière à contenter le roi, qui lui fit l'honneur de lui serrer la main, en lui disant « qu'il n'y avoit qu'un Mansart qui fût capable de faire un ouvrage si achevé ».

Le jeune architecte réussit moins, au point de vue de l'art, dans les agrandissements que le roi lui ordonna de faire au vieux château de Saint-Germain, pour le rendre plus habitable; il enleva ainsi à l'édifice tous les caractères de la renaissance. Il était, dès lors, attaché aux travaux de Versailles, et il construisait les écuries, avant de commencer la grande façade du palais sur les jardins. Cette façade, qui se développe sur une ligne de 300 toises, domine de toutes parts ces jardins qui s'étendent à perte de vue, au-dessous de sa prodigieuse terrasse où l'on arrive par le double escalier des Géants (fig. 91). L'orangerie forme l'accessoire le plus majestueux qu'on pouvait annexer à ce palais, qui paraissait achevé en 1685. Si le château de Versailles ne satisfait pas complètement l'homme de goût, on ne doit pas en accuser absolument Mansart; il fit sans doute tout ce qui était en son pouvoir pour résister à la décadence qui partout s'attaquait à l'art comme un torrent déchaîné par l'école de Bernin. Les additions successives faites à ce palais suffisent à justifier l'architecte de n'avoir pu lui donner que l'apparence d'un assemblage de bâtiments divers plutôt que celle d'un palais homogène.

C'est à cette époque que les deux derniers bosquets des jardins, la colonnade et les bains d'Apollon, furent exécutés sous la conduite de Mansart, qui avait été nommé, en 1675, architecte du roi. Peu de temps après, il devint inspecteur général des bâtiments, charge qu'il vendit, en 1699, au prix de 130,000 livres; en 1683, le roi lui accorda des lettres de noblesse, « en considération de ce qu'il s'est rendu recommandable à la postérité, par les superbes ouvrages qu'il a achevés au château de Versailles, dans les autres maisons royales, à Clagny et à la chapelle de l'hôtel des Invalides, qui seront les monuments éternels de la plus savante architecture ». La surintendance des bâtiments lui fut donnée en 1699, et en droits et commodités de toutes sortes, sans prendre quoi que ce fût, elle lui rapportait plus de 50,000 écus de rente. Enfin, il reçut le cordon de Saint-Michel en même temps que le Nôtre.

Libéral Bruand, et non Bruant, mort en 1697, et que Germain

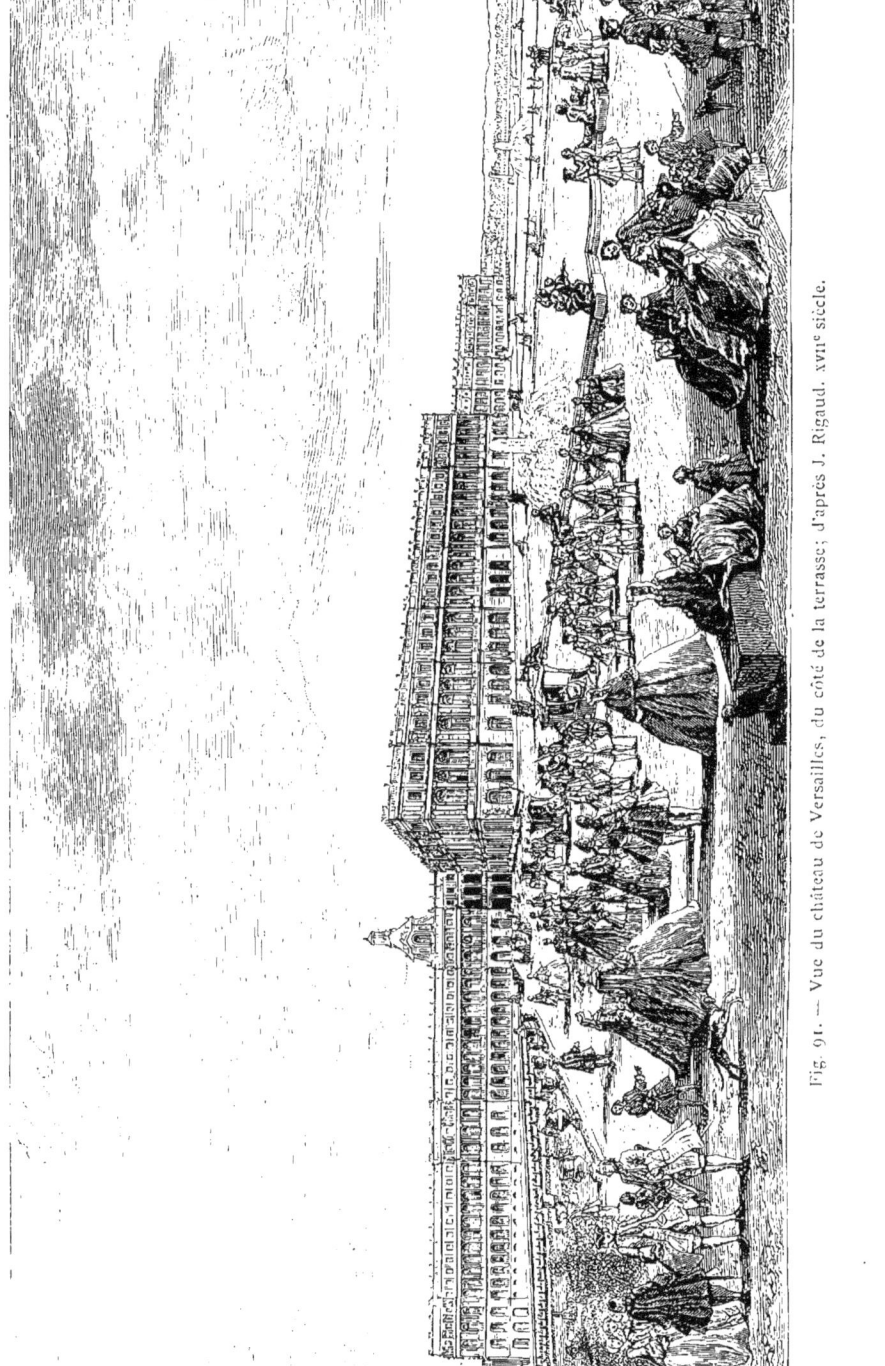

Fig. 91. — Vue du château de Versailles, du côté de la terrasse; d'après J. Rigaud. XVIIe siècle.

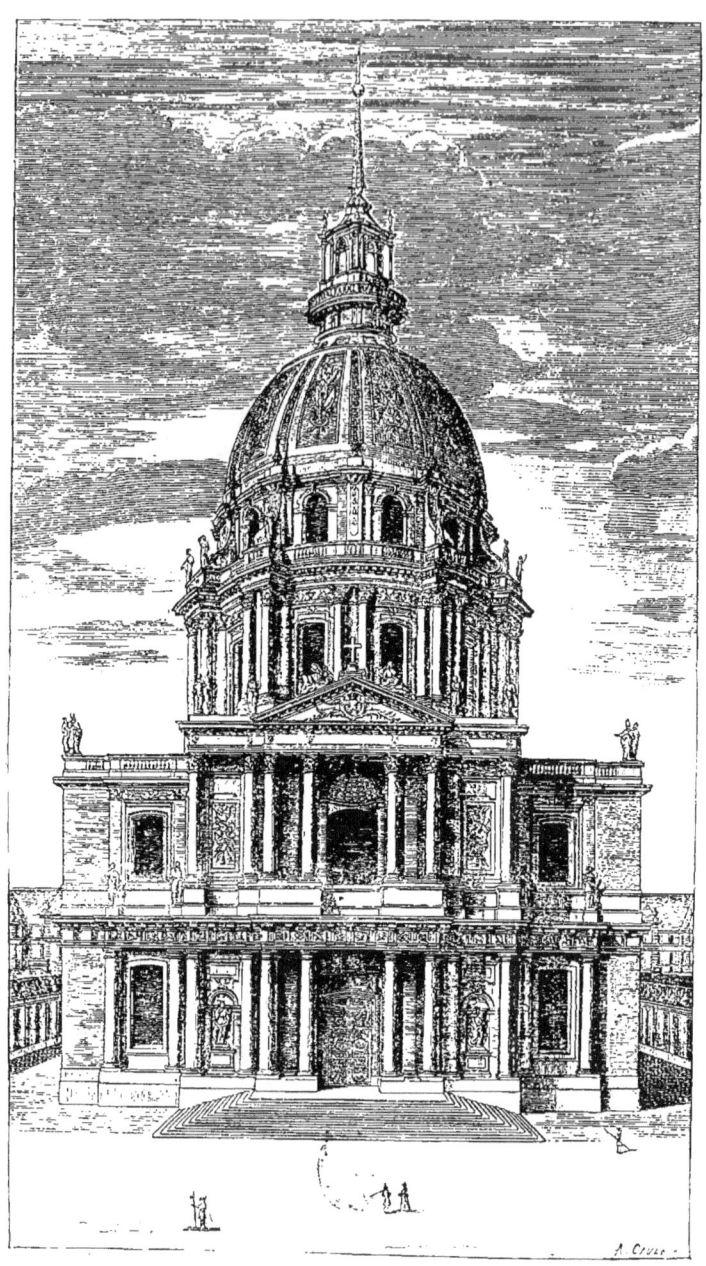

Fig. 92. — Église royale des Invalides. XVIIe siècle.

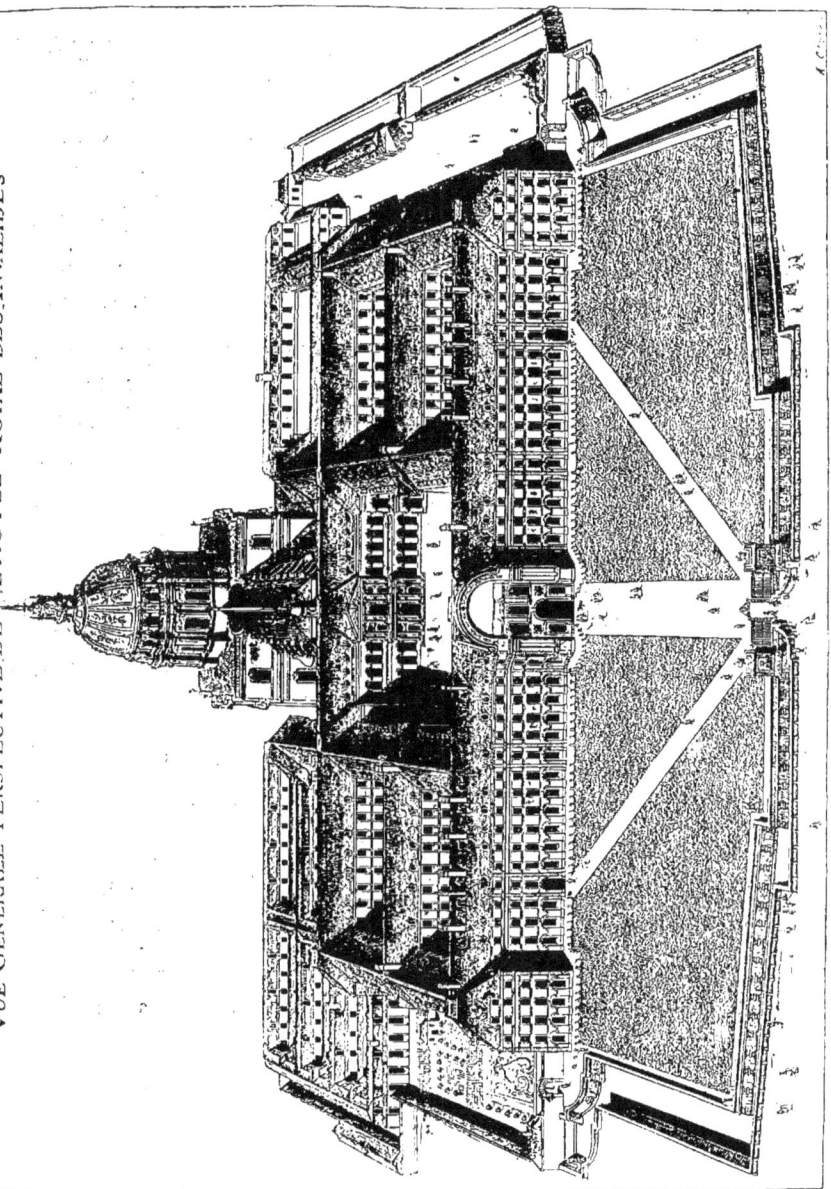

Fig. 94. — Vue générale de l'hôtel des Invalides, gravée par Lucas, xviie siècle.

Brice désigne comme « versé dans l'art et la pratique de bâtir », avait donné en 1671 les plans de la première église et des immenses bâtiments de l'hôtel des Invalides (fig. 92), qui s'élevèrent comme par enchantement, dans l'espace de peu d'années; mais la chapelle, emprisonnée au milieu des bâtiments, n'avait rien de majestueux. Le roi fut frappé du triste effet que produisait cette église, qui ne s'annonçait de loin ni par un clocher ni par un dôme. C'est ce dôme que Mansart se chargea de construire en annexe à la chapelle qui était terminée, et cela sans modifier le plan de cette chapelle et en raccordant deux architectures. Le dôme, un des plus gigantesques et des plus élégants qui soient en France, pourrait être, à certains égards, comparé à celui de Saint-Pierre de Rome; il fut élevé, à l'extrémité de la nef de l'église, avec une entrée particulière accompagnée d'un beau frontispice, qui s'élève au centre d'une galerie ouverte et circulaire (fig. 93).

C'est à tort que certains critiques d'art, tout en rendant justice au prodigieux talent dont Jules Mansart a fait preuve dans la construction de ce dôme immense, qui n'a pas moins de 400 pieds de hauteur, l'ont jugé bien inférieur au dôme du Val-de-Grâce, élevé par le Muet et le Duc sur les plans de Jacques le Mercier. Le dôme des Invalides est le plus grandiose qui ait été construit en France, comme celui du collège Mazarin est le plus accompli dans ses proportions. Quant au dôme octogone de l'église de la Salpêtrière, lequel n'a que 10 toises de diamètre, mais qui est supporté par huit arcades aboutissant à quatre nefs qui forment la croix, son mérite consiste dans sa hardiesse et son originalité. On ne sait pas s'il faut l'attribuer à Louis le Vau ou à Libéral Bruand, qui acheva les constructions de l'hospice.

On ne doit pas oublier non plus l'église de l'Assomption,

laquelle ne se compose que d'un seul dôme gigantesque, qui semble monter de terre dans les airs. C'est Charles Errard qui envoya, de Rome où il était directeur de l'Académie de France en 1670, les plans de cette singulière construction, qui ne man-

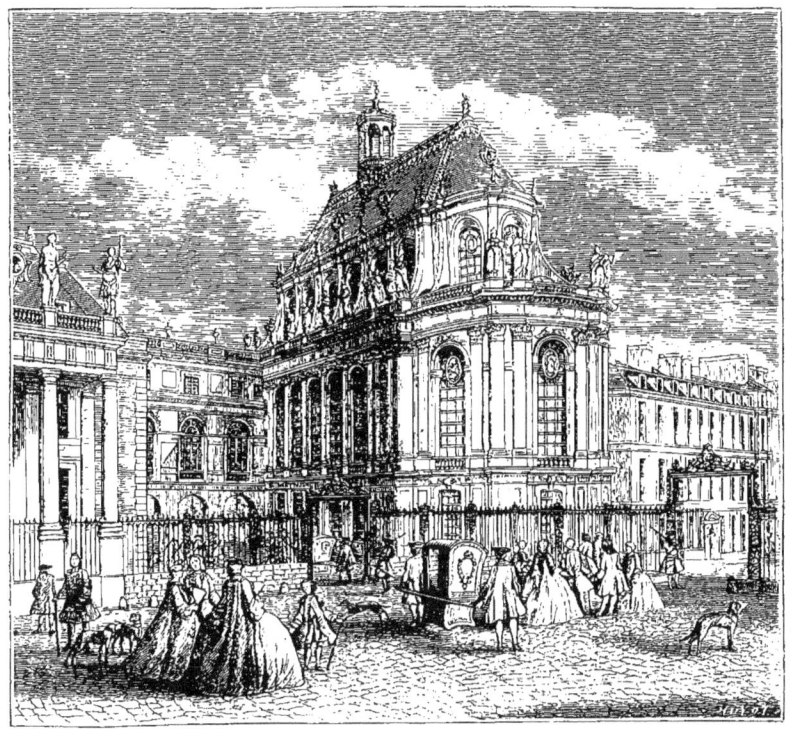

Fig. 94. — Vue de la chapelle de Versailles, prise du côté de la cour; d'après J. Rigaud.

que pas de grandeur; mais Louis XIV n'aimait plus les dômes, et lorsqu'il demanda le plan de la chapelle de Versailles à son favori, il eut soin de lui dire, pour toute instruction : « Surtout, pas de dôme! » Il se rappelait, sans doute, les injustes critiques auxquelles avait donné lieu la disposition du dôme des Invalides (fig. 94).

Louis combla Mansart de faveurs, bien moins peut-être à cause de ses talents que de sa docilité, ce qui le fit qualifier, non sans motif, par le duc de Saint-Simon, d' « habile et heureux courtisan ». L'adresse de Mansart, ajoute-t-il, « était d'engager le roi, par des riens en apparence, en des entreprises fortes ou longues, et de lui montrer des plans imparfaits, » où il laissait à dessein des fautes si choquantes que le roi s'en apercevait au premier coup d'œil. Et lui de se récrier d'admiration! Un jour que Louis se promenait dans les jardins de Versailles entre Mansart et le Nôtre : « Il faut en convenir, » leur dit-il en regardant la façade du château et la disposition des parterres, « on ne saurait mieux réussir que vous avez fait l'un et l'autre. Tout cela est admirable! » Mansart, naturellement glorieux, goûtait en silence toute la douceur d'une telle approbation, lorsque le Nôtre répondit : « Il y a, Sire, quelque chose de plus rare encore. — Quelque chose de plus rare? répéta le roi surpris. — Oui, Sire, et c'est de voir le plus grand roi du monde traiter si bien son maçon et son jardinier. »

Il serait trop long d'énumérer les ouvrages de cet architecte : la maison royale de Saint-Cyr (1685), dont les travaux, conduits avec rapidité, furent terminés au bout d'un an; les bâtiments de Marly et du grand Trianon; les châteaux du Val et de Dampierre, aux environs de Paris; le château de Navarre, près d'Évreux; la place des Victoires et la place Vendôme, à Paris; dix hôtels à Paris et à Versailles, vingt châteaux en France, etc. Il alla même, avec la permission du roi, en Espagne, en Piémont, en Lorraine, faire des constructions, entre autres celle du magnifique château de Lunéville.

L'architecture du règne de Louis XIV se distingue par un caractère incontestable de grandeur et de magnificence; elle en fut surtout redevable à Hardouin-Mansart. Quoique le grand architecte n'eût pas d'imitateurs ni d'élèves, ses émules poursuivaient tous le même but et avaient les mêmes idées, ce qui dans leurs œuvres a produit une remarquable unité. Chacun, d'ailleurs, se faisait un genre et une spécialité.

François Blondel (1617-86), qui avait étudié l'antique en Ita-

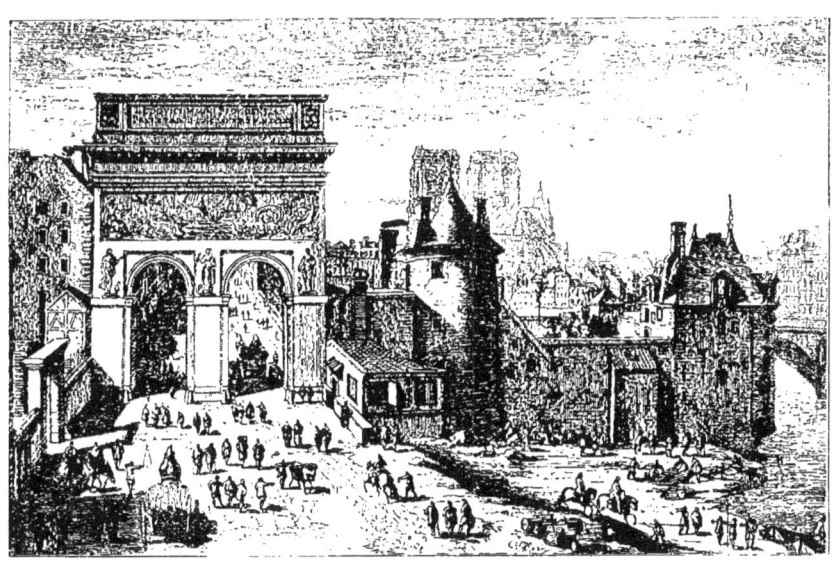

Fig. 95. — Porte Saint-Bernard, à Paris. xviie siècle.

lie, construisit à Paris des portes de ville ou plutôt des arcs de triomphe : la porte Saint-Bernard (1670) (fig. 95), la porte Saint-Antoine (1672), la porte Saint-Denis (1672). Ce fut non seulement un des plus savants architectes de son temps, mais encore un humaniste, un diplomate et un ingénieur militaire; il fut, en outre, conseiller d'État, maréchal de camp, et « nommé professeur en architecture (à l'Académie), » lit-on dans une note manuscrite, « pour l'enseigner en françois aux jeunes gens et en faire des conférences avec les plus habiles architectes du royaume ». Son élève, Pierre Bullet (1641-1715), fit la porte Saint-Martin; mais l'arc de triomphe, qu'on devait ériger à la place du Trône, et dont Perrault avait donné le plan, ne fut exécuté qu'en plâtre, à titre d'essai, malgré les qualités évidentes de cette création.

Claude Perrault, chez lequel on s'obstinait à voir un savant plutôt qu'un architecte, en dépit de son chef-d'œuvre de la colonnade du Louvre, obtint pourtant, à défaut de concurrent notable, le droit de construire l'Observatoire (1667), sous la condition expresse de ne faire usage, dans cette construction, que de pierre de taille, à l'exclusion du fer et du bois (fig. 96). Il était, sans contredit, un des plus ingénieux architectes de son temps, et cependant il ne laissa aucun élève.

L'architecture semble avoir été, à cette époque, le privilège de quelques familles, qui gardaient, comme en dépôt, les traditions et les secrets de leur art. Ce sont, au dix-septième siècle, les familles des Metezeau, des Guillain, des Bullet, des Bruand, des Gabriel, etc. Jacques Gabriel (1637-97), le plus connu des architectes de ce nom, était oncle du vieux Mansart et cousin du jeune et avait participé à leurs travaux; mais il s'était perfectionné surtout dans l'art de bâtir les ponts; il construisit ceux de Blois, de Lyon, de Pontoise, de Charenton, de Saint-Maur, et enfin le Pont-Royal, à Paris, en 1685. Malgré sa grande expérience et ses talents spéciaux, il avait voulu prendre sous ses ordres un moine dominicain, nommé François Romain, à qui Louis XIV accorda, en 1695, la charge d'inspecteur des ponts et chaussées du royaume et d'architecte du domaine du roi, quoiqu'il fût né à Gand.

Louis le Vau est un des rares architectes qui formèrent des

élèves : outre François d'Orbay, il eut pour exécuteurs et continuateurs de ses travaux, P. Lambert, Gabriel le Duc et Daniel Gittard. Ce dernier devint architecte du roi, comme le fut François le Vau, frère de Louis.

Il y avait aussi, sous Louis XIV, des architectes décorateurs, des architectes graveurs et des architectes théoriciens plutôt que praticiens. Antoine le Pautre (1621-91), architecte du roi, qui construisit dans la rue Saint-Antoine le bizarre et pittoresque

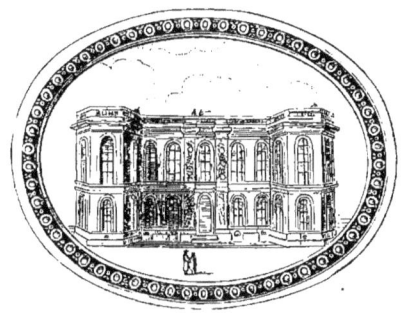

Fig. 96. — L'Observatoire ; d'après l'ouvrage de Cassini intitulé : *De l'origine et du progrès de l'Astronomie*.

hôtel de Beauvais, et qui compléta le gracieux château de Saint-Cloud pour le duc d'Orléans, s'était fait une grande renommée par son merveilleux talent dans la décoration intérieure des appartements. Son frère, Jean le Pautre, plus graveur qu'architecte, a publié un grand nombre de compositions gravées, telles que cheminées, vases, plafonds, etc., dans lesquelles on reconnaît l'imagination féconde des deux frères et l'influence énorme que ces artistes exercèrent sur le style décoratif du temps.

Jean Marot (1619-79), qui avait construit des châteaux et des hôtels comme Antoine le Pautre, grava lui-même un excellent recueil d'estampes (*l'Architecture française;* 1727-51, in-fol.), où il s'est plu à reproduire non seulement les plus beaux édifices de son temps, mais encore ceux dont il avait fourni les plans, comme le fameux hôtel Jabach, dans la rue Saint-Merry. Antoine Desgodets (1653-1728) ne gravait pas lui-même, mais il fit graver sur ses dessins les édifices antiques de Rome (1682, in-fol.), qu'il était allé étudier et mesurer, par ordre de Colbert. C'était un homme fort instruit en son art, et qui remplaça la Hire comme professeur à l'Académie royale. Charles-Augustin d'Aviller (1653-1699), son ami, mit au jour, en 1691, le *Cours d'architecture* qu'il avait préparé en s'aidant des conseils de François d'Orbay. Il s'était fixé à Montpellier, où il éleva la belle porte du Pérou en forme d'arc de triomphe; les états du Languedoc créèrent pour lui la charge d'architecte de la province.

Quant à l'Académie d'architecture, fondée en 1671 par Colbert, nous en parlerons en détail dans un chapitre séparé.

Voltaire a dit avec justesse de Louis XIV qu'il avait du goût pour les bâtiments, « et que ce goût était en tout dans le grand et dans le noble ». C'est, en effet, la marque de son règne. Mais avec l'âge, et surtout par suite des revers qui affligèrent la fin de sa vie, cette « passion de la truelle » s'affaiblit sensiblement et, malgré la forte impulsion qu'il avait donnée à l'architecture, elle ne tarda point à décliner. On ne l'avait jamais vue plus florissante qu'à cette époque, et jamais aussi elle n'avait absorbé des sommes si considérables. Un mémoire curieux, adressé à Jules Mansart, fournit le chiffre exact des dépenses de Louis XIV en constructions pour un espace de vingt-sept années (1664 à 1690). Les travaux de Versailles coûtèrent 88 millions de livres (monnaie du temps), dont un quart pour la maçonnerie. A Fontainebleau, l'on dépensa près de 3 millions; à Chambord, 1,225,000 livres; à Saint-Germain, 6 millions et demi; à Marly, tout autant. Paris dut se contenter d'une vingtaine de millions, et plus de la moitié fut consacrée à l'achèvement du Louvre et des Tuileries. L'état général des dépenses des bâtiments du roi com-

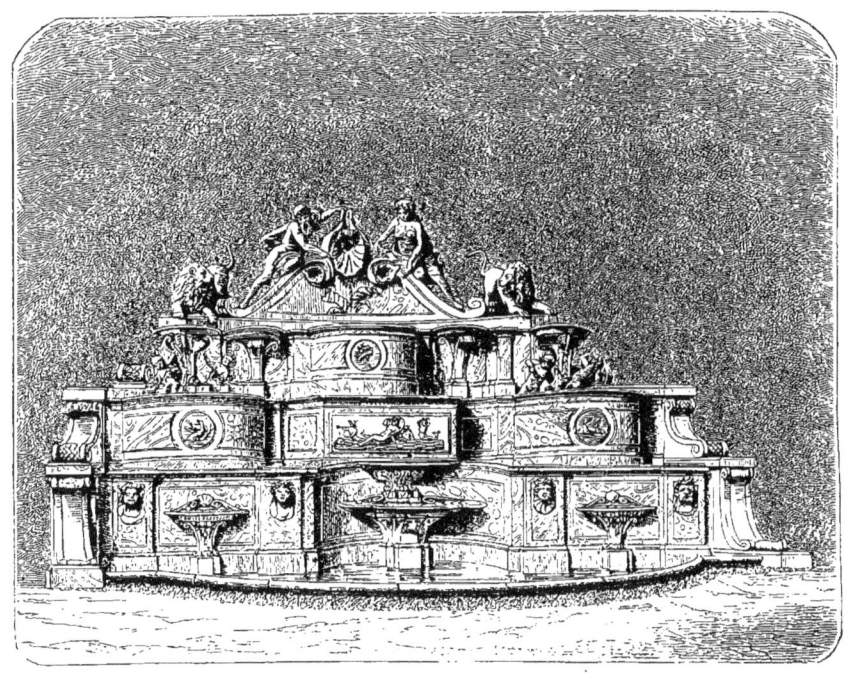

Fig. 97. — Buffet d'eau, par Hardouin-Mansart (grand Trianon). xviie siècle.

prend, pour la période qui nous occupe, une somme de 153 millions de livres.

Au reste, la plupart des grands travaux de bâtisse que Colbert et Louvois avaient été chargés d'entreprendre étaient à peu près terminés ou du moins pouvaient être suspendus sans inconvénient : le roi donna ordre de les arrêter partout, après la mort de ses architectes, Jacques Gabriel, François d'Orbay, André le Nôtre. Hardouin-Mansart avait achevé en partie ce qui restait à faire à Versailles, à Marly, à Trianon (fig. 97); le dôme des Invalides, qui lui fit tant d'honneur, était presque fini; on allait mettre la dernière main aux façades symétriques de la place des Victoires, et le duc de Bourgogne venait de refuser, à cause de la misère du peuple, d'assister à l'inauguration de la statue du roi sur cette place.

Un des derniers ouvrages de Mansart fut la place de Louis le Grand, qui est devenue la place Vendôme : il la bâtit et la rebâtit. La première fois, elle était carrée. Le projet de Louvois, qui en eut l'idée, était d'y placer la bibliothèque du roi, les médailles, toutes les académies et le grand conseil. Après la mort de son ministre, Louis XIV ordonna de tout démolir et recommencer (les dépenses s'élevaient alors à plus de 2 millions), et par une déclaration du 7 avril 1699, il mit à la charge de la ville la reconstruction, sur les nouveaux plans de son premier architecte. Celui-ci dirigea les entrepreneurs jusqu'à sa mort, arrivée en 1708; il ne vécut pas assez longtemps pour voir l'achèvement de cette place, qui ne manque pas de belles proportions et d'un ensemble harmonieux, mais qui, selon les connaisseurs du temps, était mesquine et monotone, en comparaison du premier plan approuvé par Louvois.

V.

LE DIX-HUITIÈME SIÈCLE.

Louis XIV s'abstint, autant que possible, de bâtir, pendant les dernières années de son règne ; il ne consentit même pas à faire commencer, dans le château de Versailles, les travaux d'amélioration et de dégagement que ses architectes avaient déclarés nécessaires, soit dans les cours, soit dans l'intérieur ; car l'appartement du roi, dans lequel toutes les pièces se commandaient entre elles de la manière la plus incommode, aurait eu besoin d'un vestibule et d'une antichambre, ce qu'on trouvait dans toutes les maisons particulières construites ou aménagées selon le nouveau style. Aussi les étrangers qui étaient admis à visiter l'appartement du roi à Versailles ne se faisaient pas faute de dire, en se retirant : « Nous avions meilleure idée du logement du grand roi! » La charge de surintendant des bâtiments avait même été supprimée, à la mort d'Hardouin-Mansart, et ne fut rétablie qu'en 1716 pour le duc d'Antin, qui prit le titre de directeur général des bâtiments, jardins, arts et manufactures du roi.

On peut dire que, de 1700 à 1715, le service des bâtiments fut restreint et amoindri : les architectes qui dépendaient de ce service n'entreprirent aucun travail important, et se bornèrent à surveiller l'entretien des édifices du domaine et de la maison du roi. Voltaire, qui avait entendu parler de cette période de stagnation, sinon de décadence, dans l'architecture, que la surintendance des bâtiments et la seule influence de Mansart firent prospérer pendant la belle époque de ce règne, disait dans ses notices sur les artistes du siècle de Louis XIV : « Il n'était pas aussi facile à un génie, né avec le bon goût de l'architecture, de faire valoir ses talents, qu'à tout autre artiste. Il ne peut élever de grands monuments que quand les princes les ordonnent. Plus d'un bon architecte a eu des talents inutiles. »

Mais, si le roi avait cessé de s'occuper des bâtiments, les grands seigneurs, cédant à la mode ou à l'esprit de courtisanerie, semblaient s'être entendus pour faire construire des châteaux en province et des hôtels à Paris. Les architectes furent donc appelés à bâtir, ordinairement entre cour et jardin, ces hôtels plus luxueux au dedans qu'au dehors, dans les quartiers du Palais-Royal et du faubourg Saint-Germain. Le quartier du Marais était dès lors abandonné, ou du moins accaparé par les vieilles familles de la bourgeoisie et de la magistrature, qui y possédaient de très beaux hôtels.

L'architecture civile était restée absolument française, avec une noble simplicité et un caractère de grandeur, résultant surtout de l'ordonnance générale de l'édifice et de sa masse imposante. Cette architecture n'avait pas été gâtée par l'influence presque inévitable du mauvais goût italien, qui, dans la seconde moitié du dix-septième siècle, semblait vouloir renier les traditions et les principes du grand art. Charles Maderno, Bernin et, plus que tous, Borromini, sous prétexte de faire du nouveau et de ne pas suivre servilement les anciens maîtres, s'étaient appliqués à tourmenter, à contrarier toutes les formes régulières, en créant le bizarre et l'étrange au lieu du beau, en remplaçant partout la ligne droite par la ligne courbe. Les jeunes architectes faisaient alors le voyage de Rome pour compléter leurs études, et, prompts à se passionner pour les brillantes

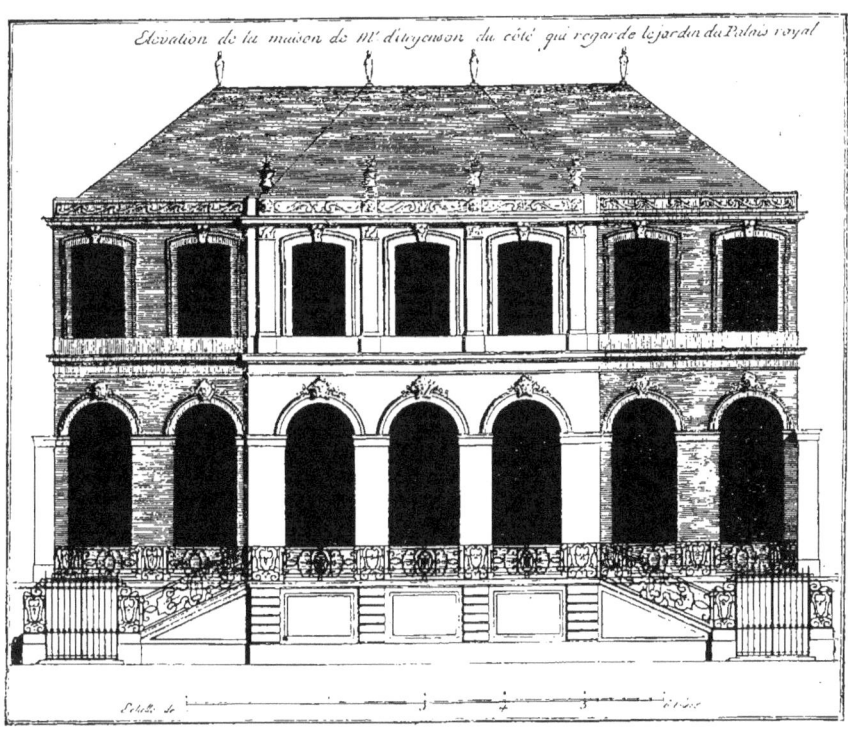

Fig. 98. — Hôtel d'Argenson, rue de Valois, à Paris. xviiiᵉ siècle.

fantaisies de la nouvelle école, ils rapportaient en France un penchant à les imiter, modéré sans doute, mais tout à fait opposé au sentiment de l'école française, qui n'avait jamais approuvé ce qu'on appelait *l'architecture des jésuites* exclusivement appropriée à la construction des églises.

C'était l'école d'Hardouin-Mansart qui se perpétuait sous les yeux de Louis XIV vieillissant, et les meilleurs élèves de cette école, Gabriel le Duc (mort en 1704), qui avait eu la gloire d'achever l'église du Val-de-Grâce, Robert de Cotte et Germain Boffrand, eurent la plus grande part à la construction des beaux hôtels du faubourg Saint-Germain.

Boffrand (1667-1754), natif de Nantes et neveu du poète Quinault, s'était fait connaître par les réparations et les embellissements qu'il exécuta, en 1710, pour la princesse de Condé, dans l'hôtel du Petit-Bourbon, dit le Petit-Luxembourg. Il entendait à merveille l'agencement intérieur des maisons seigneuriales et leur décoration ornementale. Il perfectionna encore son talent sous la régence, en construisant, toujours à Paris, les hôtels de Montmorency, de Guerchy, d'Argenson (fig. 98), de Tingry, etc. Sa réputation s'était si bien établie qu'on s'adressa à lui pour bâtir les palais de Nancy et de Lunéville, qui sont dignes d'être comparés aux belles créations du grand Mansart. Le ministre Voyer d'Argenson le chargea, dans sa vieillesse, de reconstruire, à Paris, la façade de l'hôtel de l'Arsenal, sur le Mail; et Boffrand, qui avait déployé, dans les appartements nouveaux de ce vieil hôtel tant de fois restauré, toutes les ressources de son génie inventif, sacrifia au goût dégénéré de l'école italienne, en plaçant sur le fronton du monument une batterie de canons avec leurs boulets sculptés en pierre.

Robert de Cotte (1656-1735), qui avait eu à finir les travaux que son beau-frère Hardouin-Mansart laissait inachevés, possédait au plus haut degré, comme son ami Boffrand, les qualités requises pour faire à merveille la distribution et la décoration des intérieurs. Une réponse plaisante lui attira l'attention du roi et ne contribua pas peu à sa fortune. Mansart faisait percer des allées dans une résidence royale pour obtenir des points de vue qu'il avait l'art d'embellir. De Cotte voulut l'imiter, et il s'y prit si maladroitement qu'au bout d'une allée il rencontra un moulin. « Sire, » dit-il au roi, surpris et choqué d'une telle perspective, « rassurez-vous : Mansart le fera dorer. » A l'exemple de son maître, dont il se regardait comme le continuateur et le successeur direct, il se bornait à fournir les plans de grands édifices publics, dont il confiait la construction à de bons entrepreneurs et conducteurs de travaux. C'est ainsi qu'il donna les dessins de la fontaine monumentale qui faisait face au Palais-Royal et qu'on appelait *le Château*

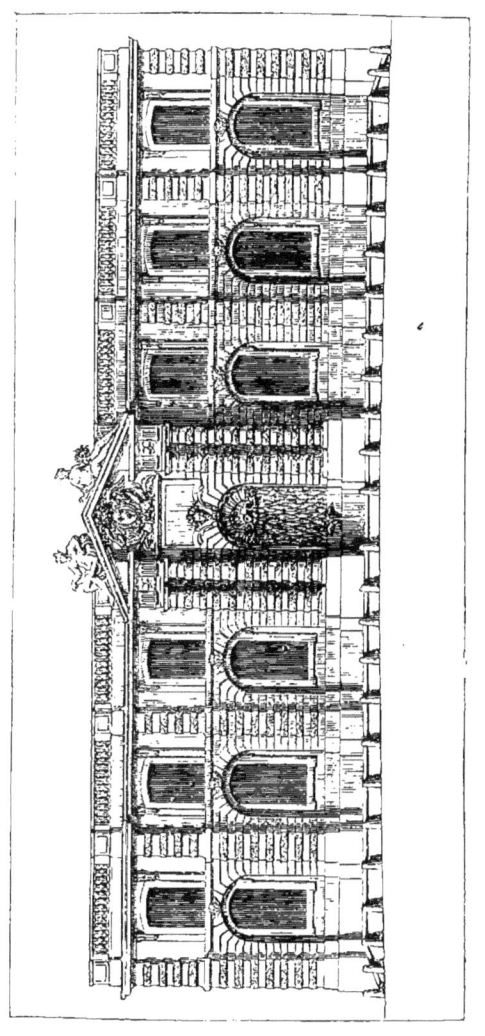

Fig. 99. — Château d'eau construit par R. de Cotte, en face du Palais-Royal, en 1716, et démoli en 1850.

d'eau (fig. 99); du portail de Saint-Roch, qui ne fut élevé qu'après sa mort; de la place Bellecour, à Lyon; des bâtiments claustraux de l'abbaye de Saint-Denis; des palais épiscopau[x] de Verdun et de Strasbourg, et même d'un grand nombre d[e] maisons de plaisance et de châteaux, qui furent bâtis sans qu'[il] en eût dirigé la construction.

Nos bons architectes jouissaient à cette époque, par tout[e] l'Europe, d'une telle renommée, qu'on leur faisait demande[r] souvent, de l'étranger, des dessins de palais et de résidence[s] seigneuriales. Boffrand, qui passait pour l'imitateur le plus par[fait] du style de Palladio, avait même été mandé en Allemagn[e] pour faire construire, en 1725, sous l'inspiration des splendeur[s] architecturales de Versailles, le palais épiscopal de Wurtzbourg en Bavière, édifice grandiose et somptueux, qui est peut-être l[e] plus remarquable et le plus complet que l'architecture françai[se] ait produit au dix-huitième siècle. Les superbes hôtels qu'i[l] avait bâtis à Paris, à la fin du règne de Louis XIV, le signa laient comme le plus habile architecte en ce genre, et aucun n[e] fut plus en vogue sous la régence, quand les fortunes rapide[s] qui se faisaient dans les opérations financières de la Compagni[e] des Indes et de la banque de Law réclamèrent la création pres que immédiate, pour les nouveaux enrichis, d'une foule de petit[s] hôtels et de petites maisons.

D'autres eurent leur bonne part de cette extension donnée sous la régence, aux travaux publics et privés. Alexandre Le blond, qui avait construit un hôtel pour la duchesse de Vendôm[e] dans la rue d'Enfer et l'hôtel de Clermont dans la rue de Va rennes, fut appelé en 1716 à Moscou, par le tsar Pierre Ier, qu[i] se souvenait d'avoir admiré ces deux hôtels, et devint premier architecte de la cour de Russie. Nicolas Dulin et Mollet, tous deux de l'Académie d'architecture, rivalisèrent avec Lassurance, leur collègue, qui était fort estimé, surtout pour la belle ordonnance des appartements qu'il distribuait et décorait dans les hôtels refaits à neuf ou seulement restaurés. Dulin avait ainsi transformé, de fond en comble, en 1718, les dépendances du palais Mazarin, l'ancien hôtel de Nevers, où, peu de temps après, fut transportée la bibliothèque du roi, et l'ancien hôtel Jabach, dans la rue Saint-Merry. Mollet, descendant du fameux jardinier d'Henri IV et de Louis XIII, avait élevé, aussi vers la même époque, les hôtels d'Humières et d'Évreux, qu'on mettait au rang des plus beaux de Paris.

Cette fièvre de bâtir datait de la démolition des remparts qui avaient environné la ville depuis si longtemps et qui furent remplacés, à partir de 1704, par la promenade des boulevards plantés d'arbres. Les boulevards du nord avaient été faits avec une grande rapidité, et prolongés, à l'ouest et à l'est, bien au delà des anciennes fortifications; ceux du midi, au contraire, ne s'exécutèrent que très lentement, mais le nouveau quartier Saint-Germain, où l'espace ne manquait nulle part au développement des grands hôtels de la noblesse, s'était couvert promptement des plus élégantes constructions, qui faisaient face à de délicieux jardins.

Le quartier du faubourg Saint-Honoré fut plus lent à se former, malgré le voisinage de la place Vendôme, qui devenait un des centres de la ville nouvelle; les superbes hôtels construits sur le côté gauche de la rue principale, qui s'étendait jusqu'à l'extrémité du faubourg et à l'entrée de la campagne, restèrent assez longtemps isolés les uns des autres, et leurs jardins semblaient se confondre avec les ombrages séculaires du cours la Reine. La rue de Richelieu et la rue Neuve-Saint-Augustin, aboutissant aux boulevards, étaient remplies d'hôtels somptueux avec cours et jardins. La butte Saint-Roch, sur laquelle on avait cessé de construire en 1680, offrait dès lors de belles rues bien alignées, dont les maisons en pierre de taille ne différaient guère des hôtels aristocratiques. Ceux-ci n'avaient déjà plus de place pour se déployer à leur aise, et le prix des terrains avait considérablement augmenté.

La création d'un nouveau quartier fut autorisée, en 1720, par ordonnance royale, entre les quartiers de la Ville-l'Évêque et de la Grange-Batelière, qui commençaient à se bâtir : on y ouvrit des rues, on y éleva, de loin en loin, un petit nombre d'hôtels ; mais ces constructions, de même que dans le faubourg Saint-Honoré, n'étaient pas contiguës et ne se rejoignaient que par des jardins et des terrains vagues.

L'art de la décoration des intérieurs était encore poussé plus loin que l'art de bâtir. Un architecte du temps, Pierre Patte, qui eut à cause de ses nombreux écrits une certaine réputation (fig. 100), dépeint avec un peu trop de complaisance les côtés pratiques de l'architecture Louis XV : « C'est, » dit-il, « l'art de la distribution des bâtiments ; rien ne nous a fait tant d'honneur que cette invention. Auparavant, on donnait tout à l'extérieur et à la magnificence ; les intérieurs étaient vastes et sans aucune commodité ; on ignorait l'art de se loger agréablement et pour soi. » De cette recherche des commodités domestiques naquit le confort moderne.

Les travaux les plus remarquables en ce genre furent exécutés, en 1720, dans les appartements du Palais-Royal, par Oppenord, architecte du duc d'Orléans. Gilles-Marie Oppenord (1672-1742) n'était pas, à vrai dire, un constructeur ; il se bornait à fournir des dessins aux entrepreneurs, et ces dessins, rapidement esquissés à la plume avec une variété inépuisable, avec une incontestable originalité, accusaient trop souvent les exagérations du style rocaille, tout en manifestant une imagination ingénieuse. La mode s'était prononcée en faveur de ce style, qui s'attacha jusqu'en 1750 à toutes les branches de l'art. Oppenord et Boffrand avaient bien des rivaux, dans un temps où les propriétaires d'hôtels se faisaient concurrence, en quelque sorte, pour avoir la meilleure, la plus confortable, la plus luxueuse ins-

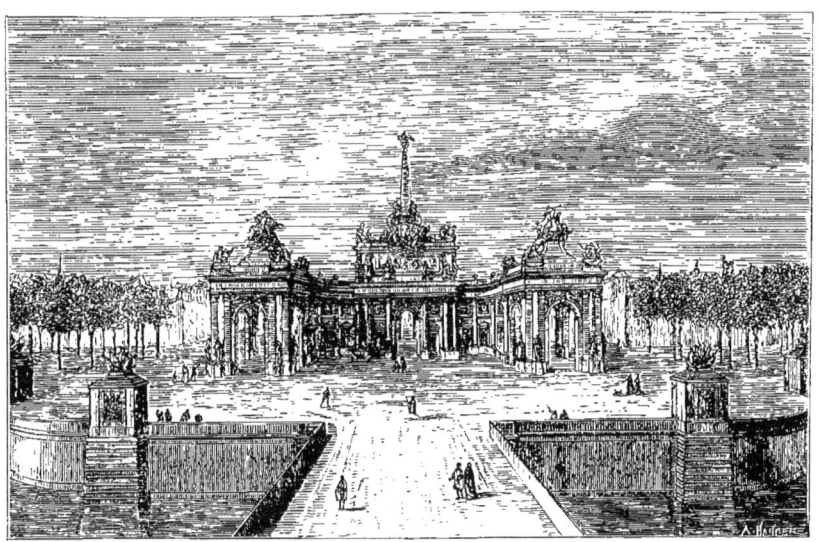

Fig. 100. — Projet composé par Boffrand, pour une décoration de la place Dauphine, où devait être élevée une statue du roi. (Tiré des *Monuments érigés en France à la gloire de Louis XV*, par Patte.)

tallation, sans regarder à la dépense : ce n'était rien que de consacrer 500,000 livres à l'ornementation d'un petit hôtel.

Il y avait aussi des petites maisons et des maisons de plaisance, où l'architecte décorateur se complaisait à faire des merveilles, qui n'étaient destinées qu'aux regards de quelques intimes du maître du logis. Antoine-Michel Carpentier (1709-1772) était un de ces architectes discrets qui se consacraient à des œuvres d'architecture presque mystérieuse. Ainsi l'on ne parlait que de la maison du financier Bouret et du petit château de la Boissière, construits et décorés par Carpentier, et bien peu de personnes avaient obtenu la faveur de les visiter. On s'explique pourquoi les architectes, après avoir eu la chance d'ordonner et de diriger de pareils travaux, dont ils pouvaient être fiers, cherchaient à les faire connaître par la gravure, et publiaient ou faisaient publier les plans, les élévations et les détails de leurs compositions architecturales et décoratives. Boffrand publia lui-même, en 1745, sous le titre de *Livre d'architecture*, la plupart de ses dessins (fig. 101).

Un de ses confrères à l'Académie d'architecture, Jean-François Blondel, neveu du fameux François Blondel (mort en 1686), se rendait justice en reconnaissant que son talent valait mieux cent fois en théorie qu'en pratique, et s'il s'abstint de donner à la construction un temps qu'il employait mieux à professer et à interpréter son art, il fit paraître les plus beaux livres d'architecture que le dix-huitième siècle s'honore d'avoir produits, entre autres son admirable *Architecture française* (1752 et suiv., 4 vol. in-fol.), qu'il n'acheva pas, malheureusement, et surtout son ouvrage favori : *De la Décoration des maisons de plaisance et de la décoration des édifices* (1737, 2 vol. in-4°).

L'Académie d'architecture, condamnée par le fait même de son institution à prendre toujours l'antiquité pour modèle, n'exerçait aucune action directrice sur l'art, si ce n'est par son exemple et par son enseignement. C'était au surintendant général des bâtiments du roi que cette direction ou plutôt ce contrôle était réservé exclusivement. Deux juridictions distinctes pouvaient être saisies de toutes les questions concernant l'architecture, c'est-à-dire le bâtiment : l'une avait son siège à Versailles et ne s'occupait que des affaires du contrôle des bâtiments du roi; l'autre, dont l'ancienneté remontait à plusieurs siècles, était établie, à

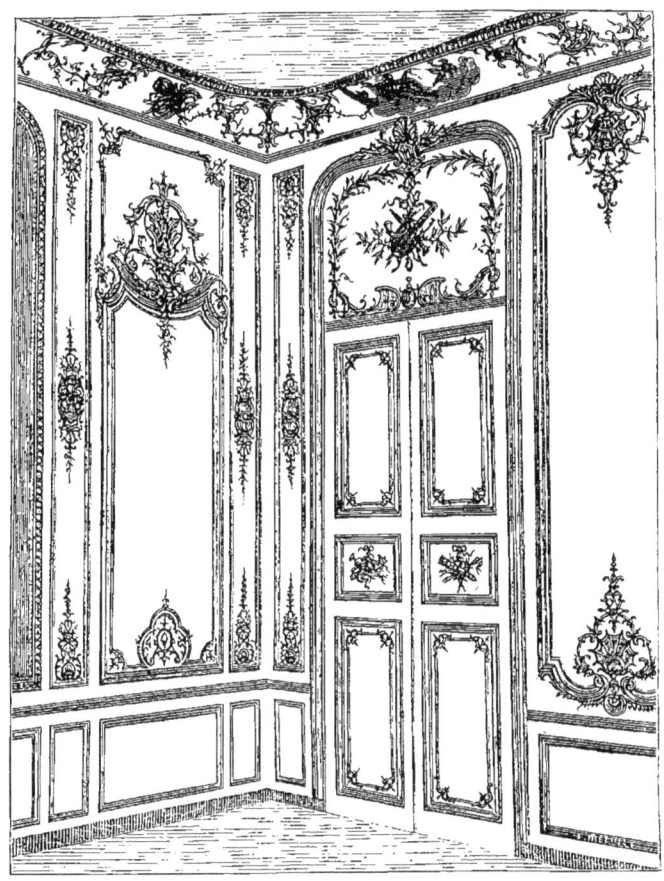

Fig. 101. — Salon de l'hôtel de Mayenne (depuis hôtel d Ormesson), situé à l'angle des rues Saint-Antoine et du Petit-Musc, décoré par G. Boffrand en 1709.

Paris, dans la cour du palais. Trois architectes, qui s'intitulaient conseillers du roi et maîtres généraux des bâtiments de Sa Majesté, connaissaient, comme juges, de toutes les contestations survenues entre les entrepreneurs et les ouvriers, et avaient, en outre, la police de la maçonnerie.

On a lieu de s'étonner que ce contrôle permanent des maîtres généraux des bâtiments du roi n'ait pas eu plus d'influence sur l'état presque honteux des édifices de Paris sous le règne de Louis XV, qui aimait l'architecture et qui avait, de même que Louis XIV, la manie de la truelle.

Voltaire, qu'on peut considérer souvent comme le porte-voix de l'opinion publique, ne cessait de réclamer des embellissements nécessaires dans la capitale, et de protester contre l'abandon et la souillure de nos monuments. « On passe devant le Louvre, » écrivait-il en 1749, « et on gémit de voir cette façade, monument de la grandeur de Louis XIV, du zèle de Colbert et du génie de Perrault, cachée par des bâtiments de Goths et de Vandales (fig. 102). Nous courons aux spectacles, et nous sommes indignés d'y entrer d'une manière si incommode et si dégoûtante, d'y être placés si mal à l'aise, de voir des salles si grossièrement construites, des théâtres si mal entendus, et d'en sortir avec plus d'embarras et de peine qu'on y est entré. Nous rougissons avec raison de voir les marchés, établis dans des rues étroites, étaler la malpropreté, répandre l'infection et causer des désordres continuels. Nous n'avons que des fontaines dans le grand genre, et il s'en faut bien qu'elles soient avantageusement placées; toutes les autres sont dignes d'un village; des quartiers immenses demandent des places publiques, et tandis que l'arc de triomphe de la porte Saint-Denis et la statue équestre d'Henri le Grand, ces deux ponts, ces deux quais superbes, ce Louvre, ces Tuileries, ces Champs-Élysées égalent ou surpassent la beauté de l'ancienne Rome, le centre de la ville, obscur, resserré, hideux, représente le temps de la plus honteuse barbarie. »

Ces plaintes si justes et si raisonnables, que Voltaire répétait sans cesse, restaient sans écho et sans effet. L'administration municipale ne songeait même pas à faire restaurer son admirable hôtel de ville, dont la façade était mutilée et délabrée; mais cette négligence fut peut-être un bonheur, car les architectes, qui

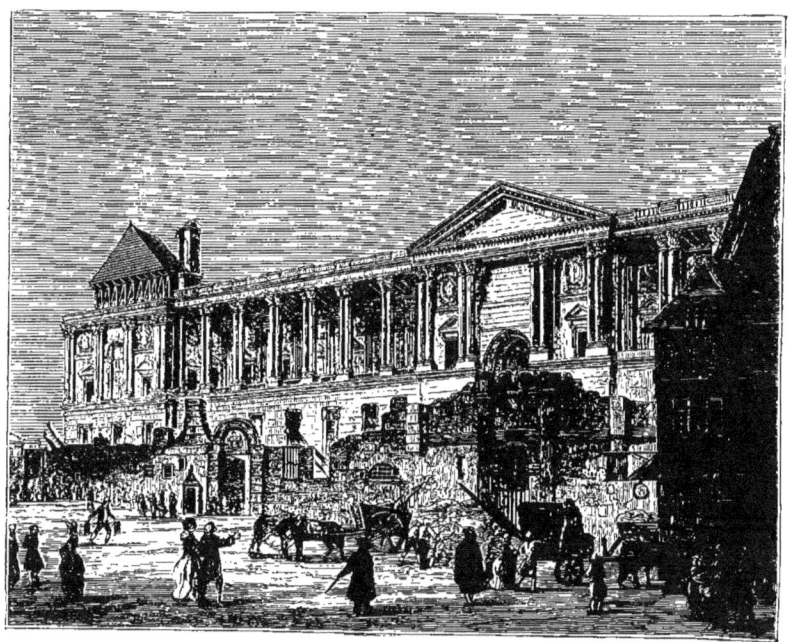

Fig. 102. — Colonnade du Louvre, vue prise de la rue des Poulies, vers 1738.

avaient en souverain mépris les monuments de la renaissance, n'eussent pas manqué de détruire complètement un édifice que les meilleurs juges d'alors condamnaient comme *gothique*. Il fut même question de construire un autre hôtel de ville sur le quai Malaquais (fig. 103).

On avait alors un profond dédain de tous ces vieux débris d'un autre temps, qui semblaient indignes de subsister en face des édifices modernes. C'était par insouciance ou par économie qu'on les laissait debout, en se promettant de les faire disparaître tôt ou tard. Personne, d'ailleurs, n'avait le respect des traditions et des souvenirs; tout ce qui restait du Paris de l'antiquité et du moyen âge disparaissait sous le badigeon et le recrépissage. Quant à l'isolement des constructions, pour leur assurer un point de vue, on n'y songeait même pas.

Sous la régence, sous le règne de Louis XV, l'architecture religieuse eut peu d'occasions de prouver, par des œuvres importantes, qu'elle se souvenait du rôle actif que lui avait donné le siècle précédent.

La construction de Saint-Sulpice, qu'on voulait faire la plus grande et la plus magnifique des églises de Paris, avait été souvent interrompue depuis l'année 1643, où elle fut commencée pour remplacer l'ancienne église trop petite et tombant en ruine : les architectes qui se succédèrent pendant ce long intervalle de temps modifiaient, chacun à sa guise, le plan primitif, et l'on pouvait se demander s'il en resterait quelque chose au bout d'un siècle et demi de changements et de tâtonnements. C'était l'argent qui faisait défaut, malgré les dons et les quêtes, malgré les loteries autorisées par le roi, pour subvenir aux frais énormes de ces travaux. On fut forcé de les suspendre à plusieurs reprises, faute de fonds; le chœur était achevé, ainsi que la croisée du chœur, sous la direction de Christophe Gamard et de Daniel Gittard; on avait bâti le premier ordre du grand portail et une partie de la nef principale quand survint par malheur une interruption de plus de vingt ans.

En 1718, Oppenord, cet architecte ornemaniste qui excellait à décorer les salons et les chambres d'un hôtel, fut chargé de fournir les dessins d'un portail latéral, que Gittard fils eut du

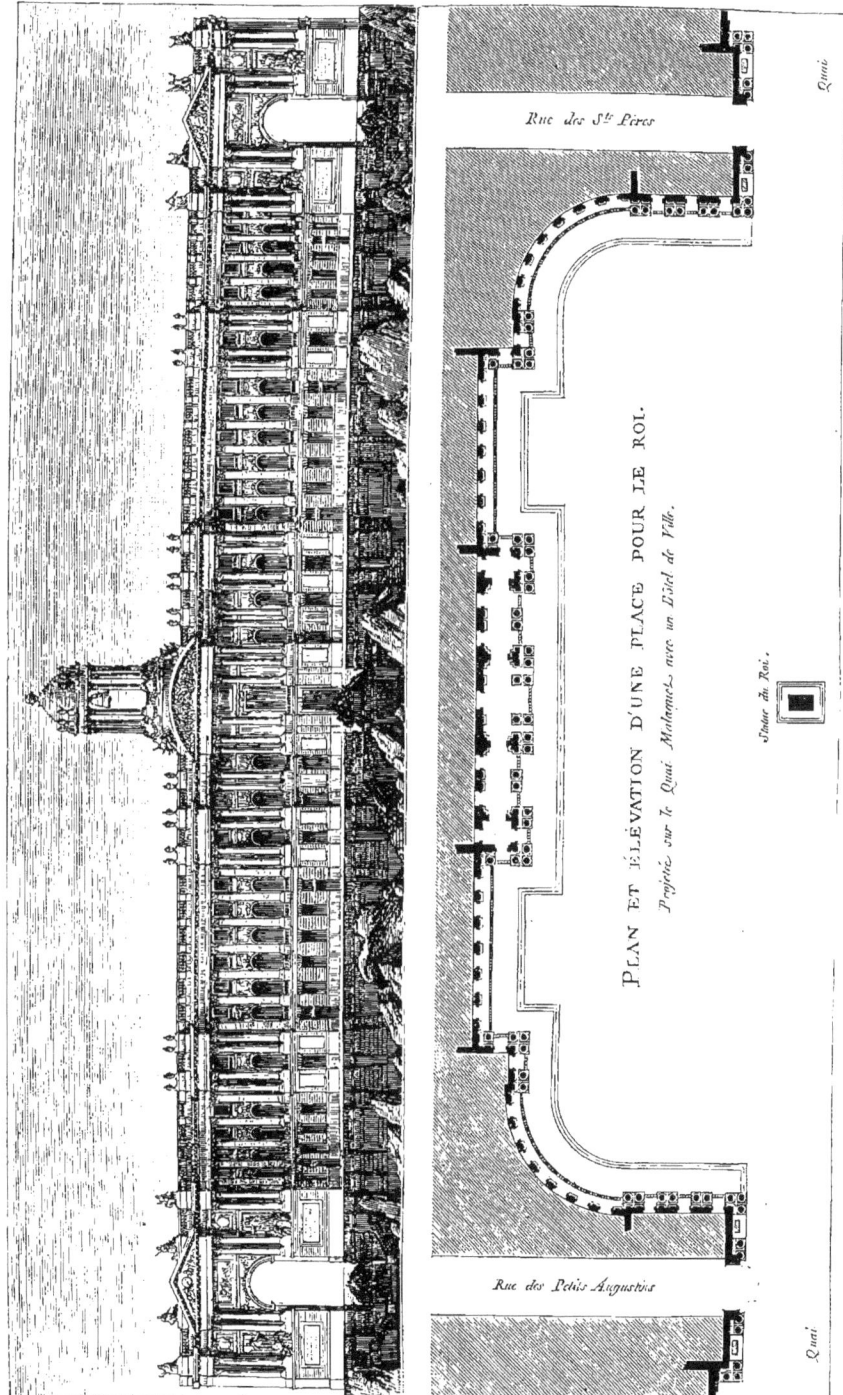

Fig. 103. — Projet d'un hôtel de ville sur le quai Malaquais, dû au sculpteur-architecte Slodtz, XVIIIᵉ siècle.

moins la liberté de mettre en rapport avec les constructions faites par son père. Le régent avait posé, le 5 décembre 1719, la première pierre de ce portail, qui devait être décoré de deux ordres de colonnes, l'un dorique et l'autre ionique. Oppenord composa aussi les dessins du second portail latéral, lequel fut élevé, à l'opposite du premier, en 1723 ; mais Gittard fils, qui dirigeait les travaux, se trouva là fort à propos pour donner plus de caractère à ce projet.

Jean Servandoni, architecte florentin, qui s'était fait recevoir membre de l'Académie de peinture avant d'être nommé architecte du roi, accepta la mission difficile de poursuivre et de terminer l'édification de Saint-Sulpice. Né en 1695, Servandoni avait passé sa jeunesse en Italie et en Portugal, où il s'était fait connaître surtout par son merveilleux talent de peintre décorateur. Il eut plus d'une occasion de mettre ce talent en évidence, sous le règne de Louis XV, dans plusieurs cérémonies et fêtes publiques qu'il fut chargé d'ordonner et de diriger (fig. 104). Contraste étrange ! ce furent ses ouvrages d'architecture dans l'église de Saint-Sulpice qui firent sa réputation, et aussi sa fortune. Par malheur, il était prodigue, dissipateur, insouciant, et il eut sept enfants. « Ce Servandoni, » disait de lui Diderot, « est un homme que tout l'or du Pérou n'enrichirait pas. C'est le Panurge de Rabelais, qui avait quinze mille moyens d'amasser, trente mille de dépenser. Grand machiniste, grand architecte, bon peintre, sublime décorateur, il n'y a aucun de ses talents qui ne lui ait valu des sommes immenses ; cependant, il n'a rien et n'aura jamais rien. »

Revenons à l'église. Servandoni présenta d'abord de nouveaux dessins, pour arrêter d'une manière définitive les plans de ce qui restait à faire dans tout l'édifice. La nef fut achevée en 1736, et le grand portail, auquel on travaillait depuis trois ans, ne tarda pas à être aussi terminé. On put admirer alors la beauté de ce portail, son caractère simple et grandiose, noble et imposant. Les deux tours, dont Servandoni avait également fourni les plans,

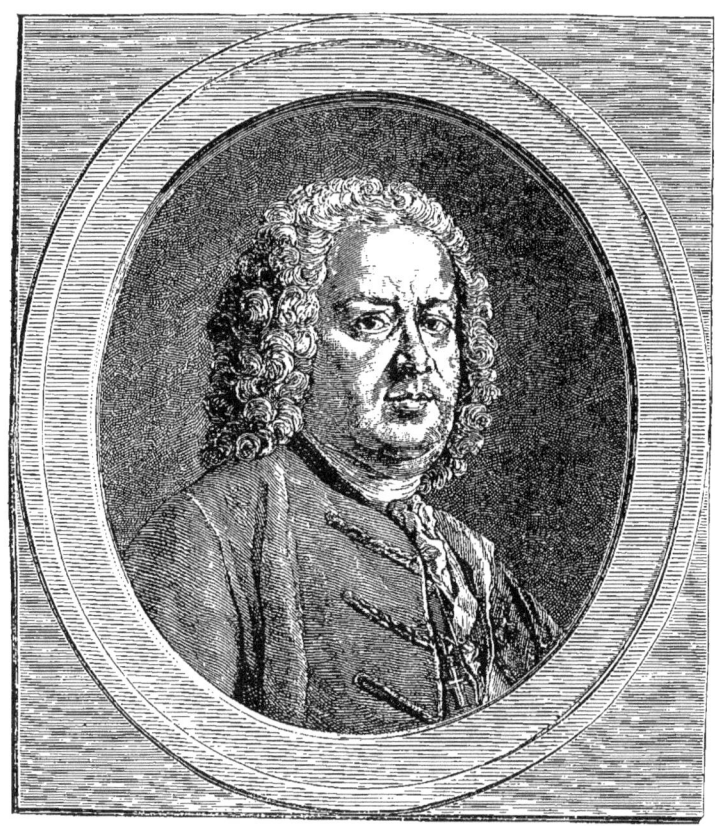

Fig. 104. — Servandoni; d'après le portrait de Colson, gravé par Miger. xviiie s.

parurent tellement indignes d'un si beau monument, qu'on eut l'idée de les refaire entièrement sur une autre donnée ; mais, par déférence pour Servandoni, on attendit sa mort (1766) pour démolir ces deux tours disparates et disgracieuses. Elles furent reconstruites par un détestable architecte nommé Maclaurin, qui réussit plus mal encore que Servandoni; celle du midi fut pourtant conservée, mais celle du nord, refaite par Chalgrin en 1777, semble être là pour mieux faire ressortir la lourdeur et le vilain aspect de sa voisine. Servandoni avait échoué dans la construction de ces tours, parce que ce genre d'architecture était à peu près inconnu chez les maîtres italiens qu'il avait étudiés; mais la chapelle de la Vierge, qu'il avait conçue dans un autre style, en témoignant de ses préférences pour l'effet théâtral, fut regardée comme le chef-d'œuvre de l'architecture décorative, et ne parut pas inférieure aux chapelles les plus riches et les plus élégantes de Rome.

C'est à Servandoni, c'est à son portail de Saint-Sulpice, qu'il faut attribuer le retour de l'art vers les principes du grand et du simple.

Cette espèce de renaissance, qui se prononça en 1752 et qui ne fit que s'affirmer depuis dans toutes les formes de l'art, était caractérisée par un genre à la fois noble et sévère, ennemi des lignes courbes ou tourmentées, et sacrifiant les recherches du détail à l'harmonie de l'ensemble. Ce genre n'était pas certainement fondé sur le véritable style grec, mais tout ce qui participait aux nouvelles tendances fut qualifié *à la grecque*. Mme de Pompadour, qui exerçait sur les artistes tant d'influence par elle-même, par son frère, le marquis de Marigny, et surtout par le crédit qu'elle avait auprès de Louis XV, avait été la première inspiratrice du nouveau style. On conçoit que l'architecture fut, de tous les arts, celui qui se prêta le plus naturellement à ce retour aux règles de l'école classique. Les cours de l'Académie d'architecture se ressentirent tout d'abord de cette heureuse rénovation, qui fut la fin du *borrominisme*.

L'Académie, d'ailleurs, n'avait pas oublié son origine et ses traditions, qui lui rappelaient la grande époque de l'architecture française, que Diderot a certainement caractérisée dans cet axiome fondamental : « Tout l'art de l'architecture est compris sous ces trois mots : *solidité* ou *sécurité, convenance* et *symétrie*. » Ces fils d'académicien qui se nommaient Pierre Bullet, Gittard fils, d'Orbay fils, de Cotte fils, Lassurance fils, etc., n'eurent qu'à

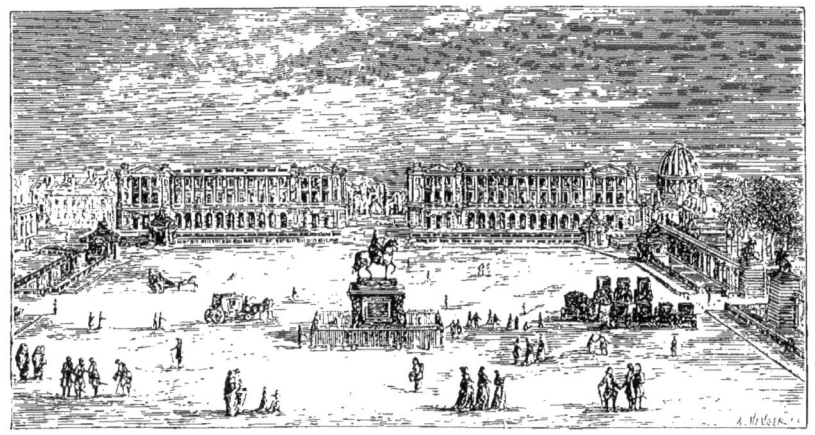

Fig. 105. — Place Louis XV, complétée sur les dessins de Jacques-Ange Gabriel, d'après une estampe du temps.

revenir en arrière sur les traces de leurs pères pour ramener l'architecture dans la voie du grand art français, qui garda pourtant, de son brillant passage à travers l'époque de Louis XV, une élégance un peu maniérée, que le règne de Louis XVI devait chercher à corriger, en aspirant toujours à la pureté des lignes et à la perfection de la forme.

Les deux grands architectes qui eurent la plus large part à cette résurrection de l'architecture française furent Jacques-Ange Gabriel et Soufflot.

Le premier n'eut qu'à continuer la brillante carrière de son père et de son aïeul, qui laissaient un nom illustre dans les annales de l'art. Son grand-père, Jacques Gabriel, architecte du roi, était mort en 1686, après avoir construit le château de Choisy et fourni les plans pour la construction du Pont-Royal, à Paris. Son père, qui se nommait aussi Jacques Gabriel, né en 1667, avait été également architecte du roi et, de plus, inspecteur général de ses bâtiments, jardins, arts et manufactures. Élève de Jules Hardouin-Mansart, dont il était parent, il fut chargé de travaux considérables pour l'embellissement de plusieurs grandes villes de France. C'est à lui qu'on doit les plans des places publiques de Nantes et de Bordeaux, de l'hôtel de ville de Rennes, de la salle et de la chapelle des états de Bourgogne, à Dijon : il mourut à Paris, en 1742, âgé de soixante-quinze ans.

Jacques-Ange Gabriel avait alors trente-deux ans, et depuis 1728 il était membre de l'Académie d'architecture, où il fut reçu dès l'âge de dix-huit ans. L'estime dont il jouissait déjà prouve qu'il l'avait méritée en s'associant aux travaux de son père. Il le continua après l'avoir perdu, et il hérita successivement de tous les titres et charges du défunt : il touchait, de ces différents chefs, plus de 20,000 livres de gages et pensions. Lorsque la reprise des travaux du Louvre fut décidée, en 1754, sous la pression de l'opinion publique, Gabriel se trouva chargé de la direction de ces travaux; non seulement il restaura la colonnade, dont toutes les pierres étaient fendues et éclatées, mais encore il suréleva les bâtiments de la cour adossés à cette colonnade, et construisit la façade sur la rue du Coq. Malheureusement l'argent manqua bientôt, et les travaux restèrent encore une fois suspendus. Il avait fait construire de 1752 à 1758, au Champ-de-Mars, les bâtiments immenses de l'École militaire, qui du moins furent achevés, et

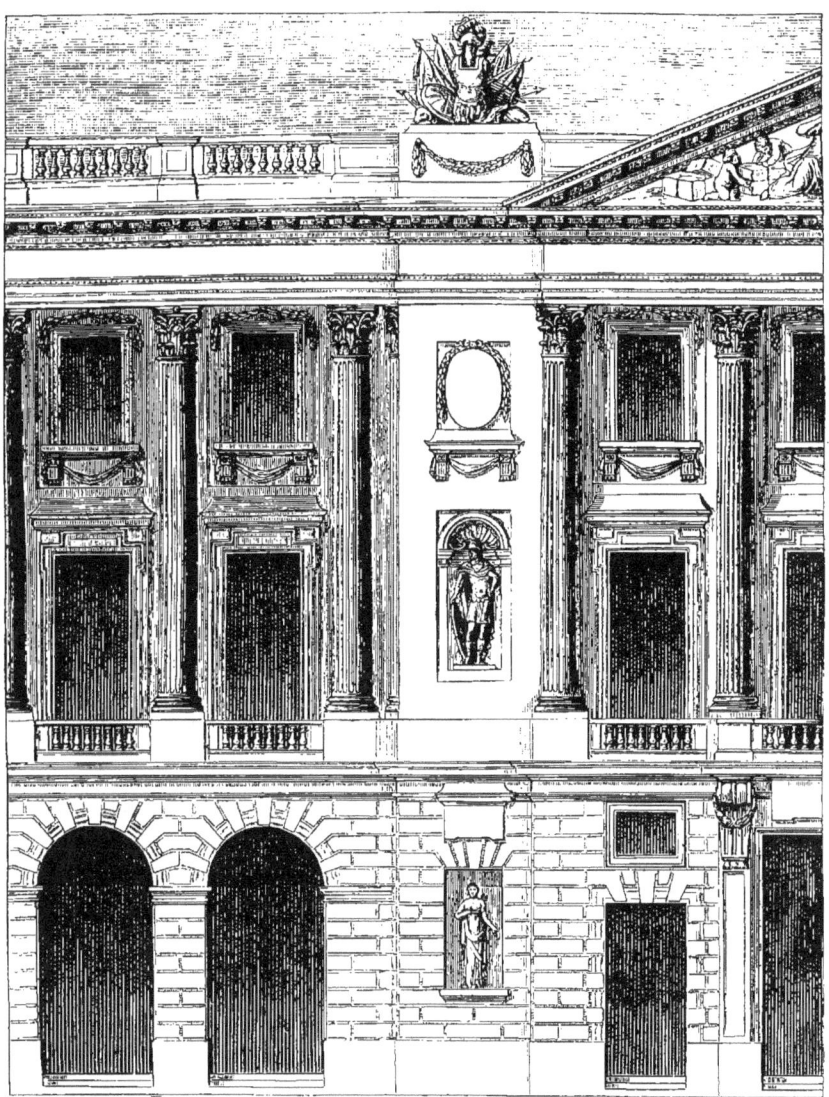

Fig. 106. — Portion de la façade des bâtiments du Garde-Meuble, par J.-A. Gabriel
(Tiré des *Monuments*, par Patte.)

dont la belle façade conserve encore son caractère majestueux.

Gabriel était infatigable, et son génie se manifestait avec la même originalité dans tous les genres de création : le roi lui avait demandé une salle de spectacle pour le palais de Versailles, et deux édifices monumentaux pour encadrer la place Louis XV (fig. 105), à l'entrée de la rue Royale, qui devait aboutir à une nouvelle église, dédiée à sainte Marie-Madeleine. Ces deux édifices, dont l'un était destiné au garde-meuble de la couronne (fig. 106), s'élevèrent comme par enchantement, en 1772, et reproduisirent, avec des proportions plus harmonieuses, la colonnade du Louvre. La salle de spectacle de Versailles fut regardée comme l'ouvrage le plus remarquable de Gabriel : « Disposition des plus heureuses, grandioses d'ensemble et de style, » dit Vaudoyer, « richesse et harmonie de détails, tout se trouve réuni pour faire de cette salle un incomparable chef-d'œuvre. » Le dernier ouvrage de Gabriel fut la reconstruction du château de Compiègne, et il sut encore triompher adroitement des difficultés presque insurmontables que présentait l'irrégularité du terrain. Il mourut en 1782, à l'apogée de sa réputation et de sa fortune.

Les édifices élevés par J.-A. Gabriel témoignaient de la pureté de son goût, de la grandeur et de l'élégance de ses conceptions, mais il était réservé à son collègue Soufflot de créer le monument le plus gigantesque et le plus magnifique du dix-huitième siècle.

Jacques-Germain Soufflot, né dans un village près d'Auxerre, en 1713, était par sa naissance destiné au commerce; sa vocation l'entraîna vers l'architecture. Dès qu'il eut acquis les éléments du dessin et des mathématiques, il fit le voyage de Rome pour commencer son éducation artistique, et ses progrès furent si rapides que l'ambassadeur de France obtint son admission dans l'Académie des pensionnaires de Rome. Trois ans plus tard, il fournit aux chartreux de Lyon un projet de

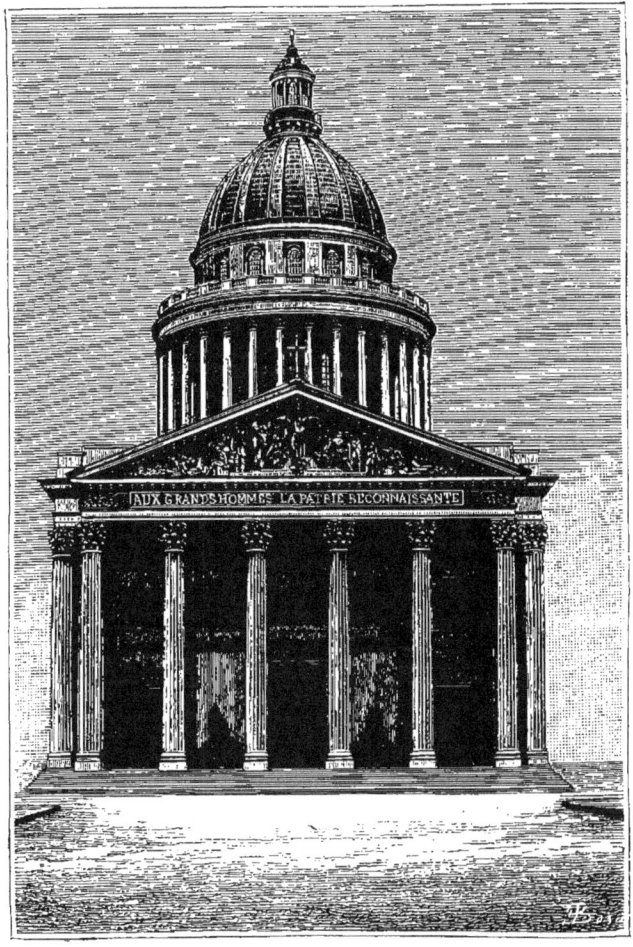

Fig. 107. — Façade de l'église Sainte-Geneviève (aujourd'hui le Panthéon).

coupole, qu'il regardait comme sa meilleure conception. Aussi, lors de son retour, fut-il retenu dans cette ville par des travaux importants, d'abord la *Loge du change* (1745), aujourd'hui temple protestant, puis la vaste et belle façade de l'hôtel-Dieu. En 1750, il accompagna en Italie le marquis de Marigny, directeur général des bâtiments, qui lui fit donner le contrôle des travaux de Paris. Quand on mit au concours la reconstruction de l'église de Sainte-Geneviève, Soufflot envoya de Rome un projet, qui fut adopté par acclamation, et l'exécution en commença en 1757.

Soufflot se proposait de réunir, dans le même monument, le frontispice à colonnes du Panthéon d'Agrippa et le dôme colossal de Saint-Pierre. « Sans doute, » dit M. Breton, « cet édifice, tour à tour église et panthéon consacré aux gloires de la France, ne répond pas complètement aux idées de notre temps sur le culte chrétien; mais Soufflot vivait au dix-huitième siècle, et il ne pouvait proposer un projet d'un style autre que celui qui régnait alors. Sachons-lui gré d'avoir su au moins retrouver une architecture plus pure, d'avoir dessiné cette façade si imposante malgré la largeur un peu exagérée des entre-colonnements, et qui offrit à Paris le premier exemple d'un portail formé d'un seul ordre égal à la hauteur du temple, et cette coupole à triple calotte que distingue de toutes les autres la colonnade qui l'entoure d'une élégante galerie. » Sept années furent employées aux fondations et à la consolidation du terrain; puis, les constructions montèrent rapidement, et le dôme, qui reposait tout entier, malgré son énorme poids, sur quatre colonnes, qui permettaient à l'œil d'embrasser tout l'intérieur de l'immense édifice, parut réaliser les projets audacieux de l'architecte (fig. 107).

Plusieurs critiques compétents, entre autres Pierre Patte, en 1770, avaient prédit que les bases du dôme ne suffiraient pas pour le porter, et qu'il faudrait tôt ou tard remplacer les colonnes de soutènement par des piliers pleins et massifs. On reconnut que le monument, qui avait à peu de distance l'aspect le plus solennel, présentait de loin dans son ensemble une silhouette disgracieuse et presque mesquine; le galbe du

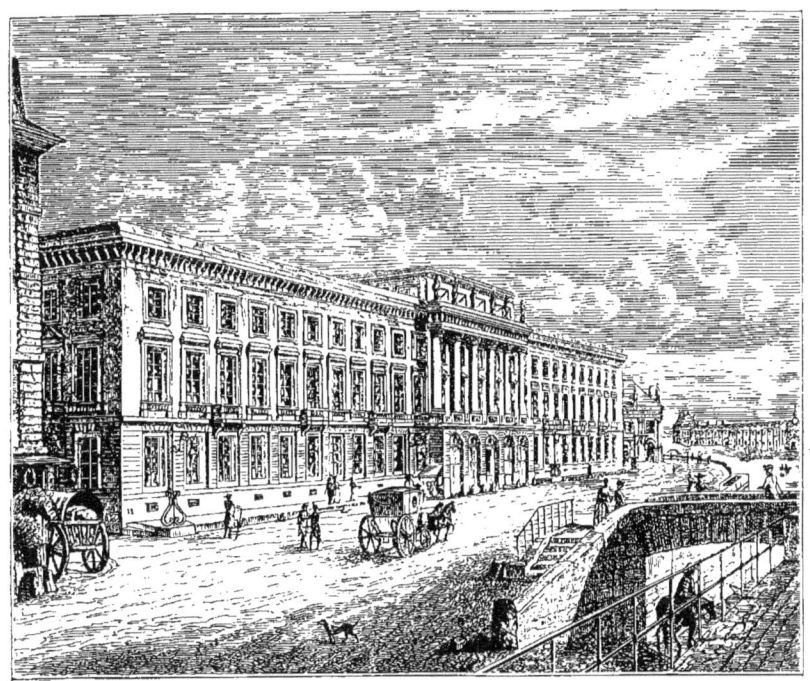

Fig. 108. — L'hôtel des Monnaies. xviiie siècle.

dôme était véritablement déformé et trivial. Soufflot, à qui les éloges et les récompenses ne furent pourtant pas épargnés, mourut de chagrin, en 1780, sans avoir vu entreprendre les travaux de consolidation, qui gâtèrent son œuvre, en lui enlevant ce qu'elle avait de hardi et d'extraordinaire. Citons encore, parmi ses moindres ouvrages, l'École de droit, l'ancienne sacristie de Notre-Dame et la fontaine de la rue de l'Arbre-Sec

Le dôme de Sainte-Geneviève était, à certains égards, comparable à celui de Saint-Pierre de Rome, et son emplacemen sur le sommet d'un monticule le fait paraître encore plus élevé qu'il ne l'est en réalité; il était bien supérieur aussi à la coupole assez élégante, mais infime, de la chapelle du collège Mazarin (aujourd'hui l'Institut) et au dôme pyramidal de l'Assomption mais cependant il n'avait peut-être pas la même ampleur e la même majesté que celui du Val-de-Grâce.

Paris pouvait donc opposer deux de ses dômes à ceux de la ville de Rome, sans trop de désavantage; il ne pouvait, au contraire, montrer aux regards les plus indulgents que deux fontaines, qui ne fussent pas trop indignes d'être mises en comparaison avec celles de cette antique cité : c'étaient le Château d'Eau de la place du Palais-Royal, construit par Robert de Cotte, et la fontaine de la rue de Grenelle, œuvre de Bouchardon, le seul monument de ce genre qui ait fait grand honneur à l'architecture du dix-huitième siècle.

Le gouvernement, épris alors, comme les particuliers, d'une passion dominante pour la bâtisse, se montrait disposé à multiplier les édifices publics et à faire reconstruire, sur de nouveaux plans, ceux qui ne répondaient plus aux besoins de leur destination. Le vieil hôtel de la Monnaie, situé dans la rue de ce nom, tombait en ruines. On résolut de le rebâtir sur l'emplacement de l'hôtel Conti, auprès du collège Mazarin, et les travaux commencèrent en 1768, sous la direction de Jacques-Denis Antoine (1733-1801), qui avait déjà fait des travaux considérables au Palais de justice, notamment l'escalier extérieur de cet édifice. Le plan général se composait de huit cours entourées de bâtiments, mais la cour d'honneur était bordée d'une galerie couverte, en colonnade; quant à la façade principale, qui faisait face au quai, elle se déployait sur une longueur de 60 toises, avec deux étages au-dessus du rez-de-chaussée, ayant un avant-corps central, dont l'entablement était soutenu par des colonnes ioniques (fig. 108). Le vestibule, le grand escalier et la

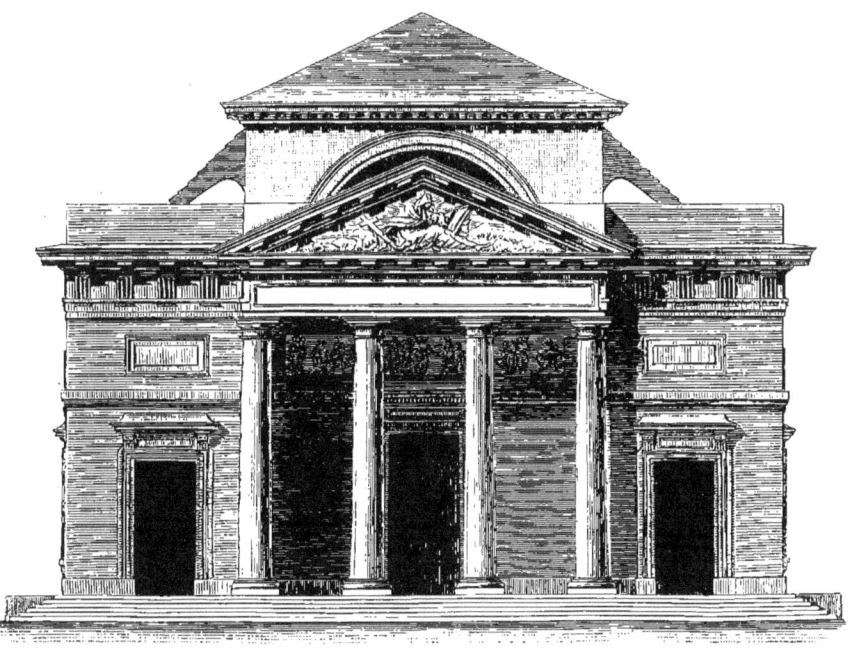

Fig. 109. — Portail de l'église de Saint-Philippe du Roule, construit par Chalgrin, en 1784.

cour d'honneur, étaient les seules parties de l'édifice où l'architecte eût fait largement usage des colonnes, qui allaient devenir l'accessoire obligé de tous les genres d'architecture.

On voit commencer simultanément le Collège de France, que J.-F. Chalgrin achève en moins de quatre ans (1773 à 1776); l'École de chirurgie et de médecine, que J. Gondouin termine dans le même espace de temps, et dont l'élégante façade, composée de colonnes ioniques, forme un péristyle ouvert, qui laisse voir une cour entourée de bâtiments peu élevés avec des toits à l'italienne; l'École des ponts et chaussées, située dans la rue de la Chaussée-d'Antin; l'École des mines, dans la rue d'Enfer, etc.

Les paroisses et les ordres religieux mettent à contribution l'assistance de l'État pour faire bâtir de nouvelles églises et pour favoriser l'achèvement de celles qui sont en voie de construction. Saint-Sulpice n'était pas encore achevé depuis cent vingt ans, et, malgré les sommes incalculables qu'on y avait dépensées, parfois avec assez peu de discernement, exigeait encore un surcroît de dépenses. Jean-François Chalgrin (1739-1811), gendre de Joseph Vernet, était le meilleur élève de Servandoni; il avait acquis le droit de continuer l'œuvre de son maître, en respectant l'unité de plan et d'ordonnance, qui pouvait faire de Saint-Sulpice le modèle de l'architecture religieuse moderne. Tous les travaux qu'il exécuta dans ce bel édifice, depuis 1777, témoignèrent de son zèle pour remettre en vigueur les principes de l'architecture classique. Il avait appliqué son système, qui inclinait à donner aux églises la forme exacte des temples grecs, dans la reconstruction de Saint-Philippe du Roule (fig. 109); le plan en était simple et beau; le portail rappelait, sur une très petite échelle, la façade du Parthénon, mais il dut faire des changements à son plan primitif, par suite du manque d'argent, ce qui prolongea les travaux de 1769 à 1784.

Les travaux de la nouvelle église de la Madeleine furent encore plus malheureux et plus interminables. Contant d'Ivry (1698-1777) avait été d'abord chargé de construire cette église, dont la façade devait faire la perspective de la place Louis XV, à l'extrémité de la rue Royale, bâtie par Gabriel. Élève du peintre Watteau et de l'architecte Dulin, il avait donné des garanties de son talent, en élevant les nouveaux pavillons du Palais-Royal et l'église du couvent de Panthemont, dans la rue de Grenelle. Les travaux de la Madeleine furent poussés avec mollesse. On peut croire que les plans de Contant d'Ivry avaient

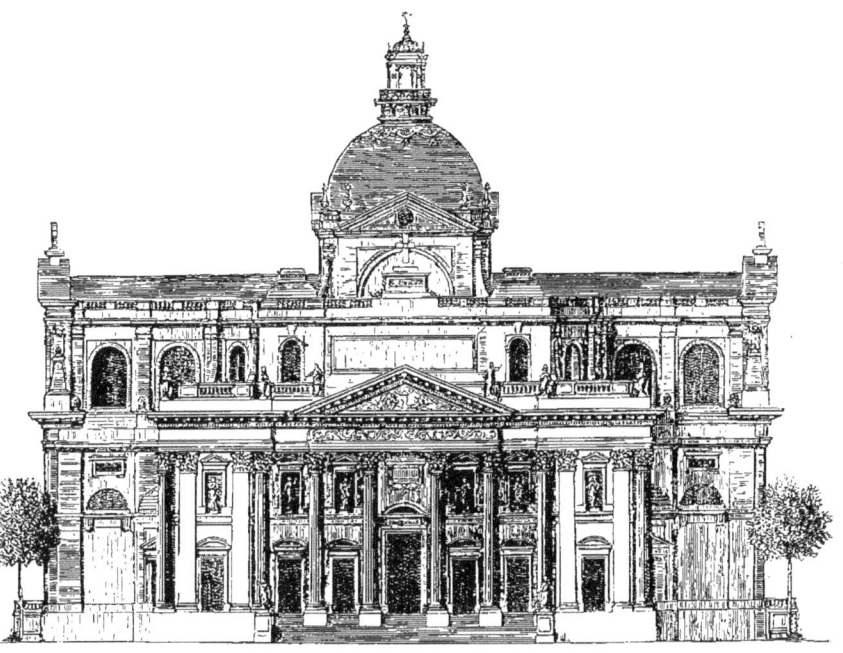

Fig 110. — Portail projeté de l'église de la Madeleine; d'après les plans de Contant d'Ivry. (Tiré des *Monuments*, par Patte.)

été sérieusement critiqués (fig. 110), car, aussitôt après sa mort, ils furent changés de tout point; mais son successeur, Guillaume Couture, qui n'avait pas laissé pierre sur pierre des premières constructions, allait bientôt, à son tour, voir abandonner celles qu'il avait faites et démolies coup sur coup, sans avoir pu arrêter un plan complet et définitif. Alexandre-Théodore Brongniart

(1739-1813) avait mieux réussi, en construisant, dans la rue Sainte-Croix, le couvent des Capucins.

L'architecture des temples de Pæstum nouvellement découverts dans la Calabre, et aussi celle des villes antiques de la Sicile, que l'abbé de Saint-Non avait fait connaître le premier en France, furent une révélation et une excitation pour tous les architectes qui se préoccupaient de l'imitation de l'art grec. Plusieurs s'approprièrent, avec beaucoup de goût, le style et les motifs de cette architecture, tandis que quelques-uns se laissèrent entraîner à des exagérations presque ridicules.

Tel fut ce bizarre Claude-Nicolas Ledoux (1736-1806), qui s'était fait remarquer par d'agréables travaux d'architecture privée, comme les hôtels d'Uzès, de Montesquiou et de Thelusson, lorsqu'il fut chargé, par le ministre Calonne, de bâtir les murs d'enceinte et les barrières de Paris. Ce ministre prodigue et fantasque avait choisi, pour cet immense travail, l'artiste le plus excentrique et le plus insouciant de la dépense. En effet, Ledoux construisit, en moins de trois ans (1784 à 1787), d'abord une haute et solide muraille destinée à enfermer Paris dans les limites de l'octroi, ce qui donna lieu, entre autres quolibets, à ce vers si connu :

Le mur murant Paris rend Paris murmurant;

puis une suite de barrières, ressemblant à des forts en pierre de taille et qui affectaient les formes de temples grecs, romains, étrusques, égyptiens, indiens, en mêlant tous les ordres et tous les caprices de l'architecture (fig. 111). Plusieurs de ces barrières, cependant, avaient un caractère très original, par exemple, les deux colonnes de la place du Trône et les deux pavillons de la barrière de Clichy. Le talent de Ledoux était incontestable, mais son mauvais goût l'était aussi. On ne lui donna pas le temps de finir cette coûteuse entreprise (elle fut payée 5o millions), et il dut se borner à faire graver les dessins des monuments qu'il n'avait pas encore exécutés.

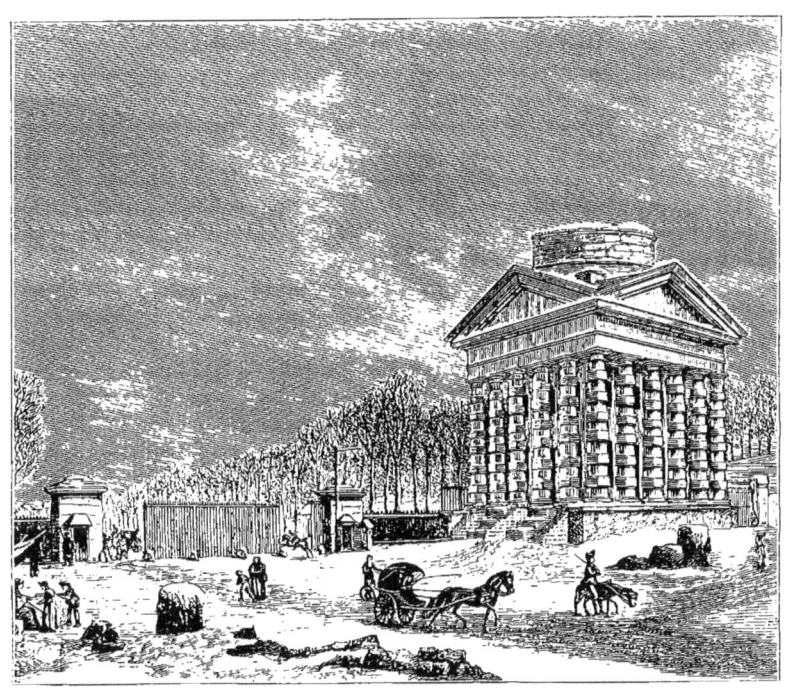

Fig. 111. — La barrière des Champs-Élysées, construite en 1786; d'après les dessins de Ledoux.

Ce qu'on admirait le plus dans les nouvelles barrières, c'était la coupe des pierres, que la science géométrique avait amenée à un degré de perfection extraordinaire. Depuis le *Traité de la coupe des pierres,* par J.-B. de Larue (1728), cet art avait fait bien des progrès, et Frezier, dans son volumineux *Traité de la stéréotomie* (1754), ne décrivait pas même tous les procédés dont l'architecture faisait usage. Les architectes ne se bornaient plus à faire des dessins représentant les plans et les élévations des édifices à construire; ils devaient être eux-mêmes constructeurs et, au besoin, ingénieurs (témoin Perronnet, qui construisit plusieurs beaux ponts à voûtes plates, entre autres le pont de Neuilly (fig. 112) et le pont de Louis XVI, à Paris; ils devaient connaître et employer les moyens nouveaux que la science avait mis à leur disposition, et dont un des plus remarquables consistait dans les premiers emplois de la charpente en fer substituée au bois.

La construction des théâtres était, à cette époque, l'objet des études de l'art architectural.

Depuis un siècle, on avait des salles de spectacle appropriées à toutes les exigences des divers genres dramatiques; ces salles étaient vastes, commodes, magnifiques même, mais elles se trouvaient comprises, en général, dans des bâtiments construits en bois et en plâtre, peu solides, exposés à toutes les chances d'incendie; l'extérieur en était toujours peu convenable, et l'on n'avait rien fait pour donner aux issues, aux escaliers, aux corridors, à tous les dégagements, l'espace nécessaire à leur destination. Il n'y avait que la salle du palais des Tuileries qui conservât une installation digne de son usage. La salle de spectacle du château de Versailles, reconstruite par J.-A. Gabriel, était la seule offrant quelques-unes des améliorations modernes. Louis fut le véritable créateur de cette architecture.

Victor Louis, né en 1735, avait obtenu un premier grand prix hors rang. A son retour de Rome, il alla en province, à Nancy et à Lunéville, à Besançon et à Dunkerque, diriger successivement des travaux importants, qui lui valurent assez de

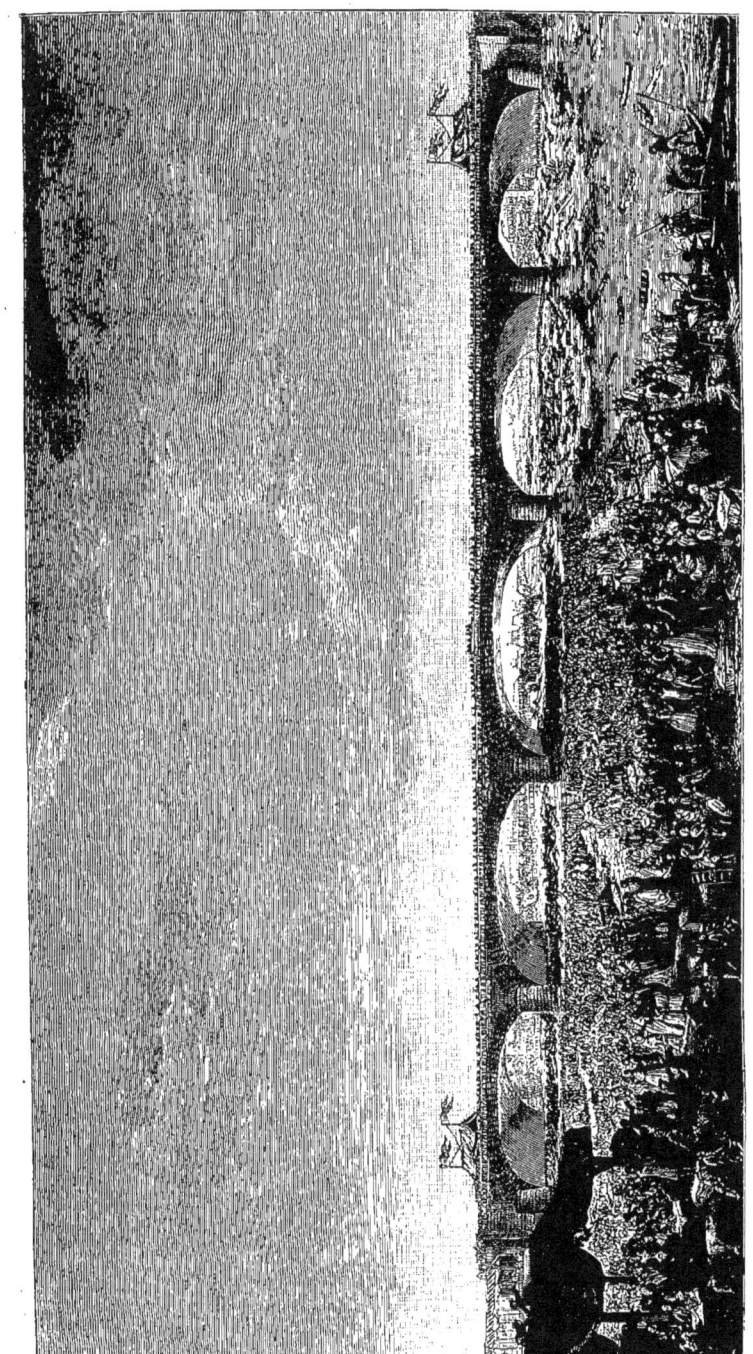

Fig. 112. — Décintrement du pont de Neuilly, construit par Perronnet (22 septembre 1772).

notoriété pour être appelé à Bordeaux, quand la municipalité de cette ville eut résolu d'y faire construire un grand théâtre. Les plans de Louis furent acceptés, et il les exécuta en moins de sept années, de sorte que l'inauguration de cette nouvelle salle eut lieu en 1780; la dépense totale s'était élevée à 2,436,000 livres. Ce théâtre pouvait être considéré comme supérieur à tous les théâtres existants : situation excellente, isolement complet, grandes dimensions, beau style d'architecture, façade magnifique, intérieur parfaitement distribué, entrée grandiose, il réunissait tous les avantages d'une construction entièrement neuve. Le vestibule et l'escalier principal, ainsi que la colonnade extérieure, méritèrent surtout les suffrages des vrais connaisseurs. La ville de Bordeaux demanda d'autres projets d'embellissement à Louis, et lui confia le soin de construire les plus beaux hôtels des rues nouvelles à l'entour du théâtre.

En même temps, il était mandé à Paris, pour y faire deux théâtres et les galeries du Palais-Royal. Le duc d'Orléans cédait au conseil de certains entrepreneurs, qui lui proposaient de construire dans le jardin du palais, qui servait de promenade publique, une longue suite de bâtiments, avec terrasses à l'italienne, formant un immense parallélogramme, en réservant pour le commerce les galeries couvertes qui occuperaient le rez-de-chaussée. Louis reçut la mission de les élever, dans le plus bref délai, entre trois rues nouvelles qui desserviraient les nouvelles constructions, commencées en 1782 et interrompues deux ans après, lorsqu'on eut achevé de bâtir trois côtés de ce parallélogramme, qui reproduisait à peu près l'aspect magique des *Procuratie nuove* de la place Saint-Marc, de Venise; mais, au lieu d'une place, on avait un superbe jardin. La belle symétrie de ces vastes corps de logis, l'heureuse disposition du plan général, le style élégant des façades, compensaient jusqu'à un certain point les défauts des galeries, qu'on trouvait trop basses et trop étroites. Louis éleva aussi, en 1784, la salle actuelle du Théâtre-Français, dans laquelle il appliqua pour la première fois le principe des assemblages de charpente en fer (fig. 113). Dépouillé, par suite de procès

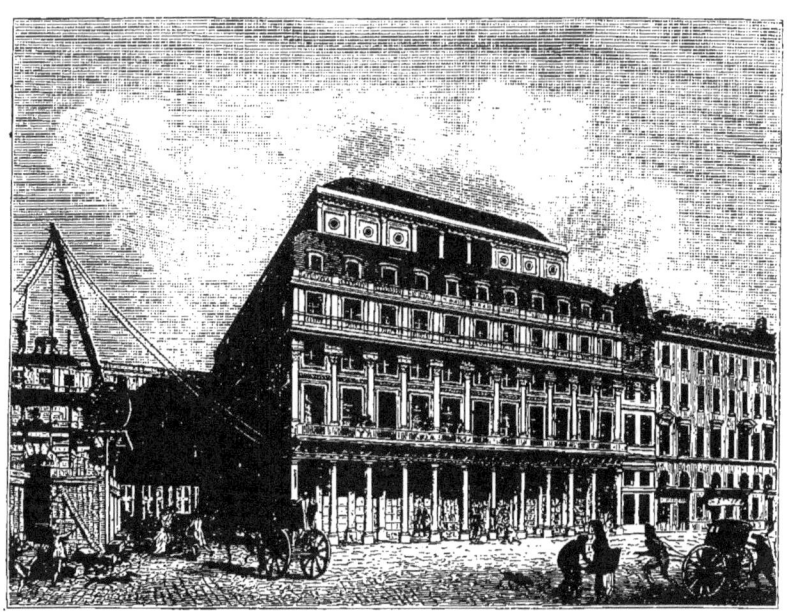

Fig. 113. — Le Théâtre-Français, à Paris, construit et ouvert en 1784.

et de mauvaises spéculations, de la grande fortune qu'il avait acquise, ce malheureux artiste s'éteignit sous le premier Empire, sans que l'on sache au juste le lieu de son décès.

Nicolas Lenoir (1727-1810), élève de Blondel, avait essayé d'imiter la salle de Bordeaux, en 1781, lorsqu'il eut à bâtir, en trois mois, à la porte Saint-Martin, un théâtre provisoire pour l'Académie royale de musique, qu'un incendie avait fait émigrer loin du Palais-Royal. Un autre théâtre se construisait alors, à Paris, sur l'emplacement de l'ancien hôtel de Condé, près du Luxembourg. Charles de Wailly (1729-98), élève de Blondel et de Servandoni, avait donné les plans de ce théâtre, qui devait être isolé et entouré de rues régulières. Marie-Joseph Peyre

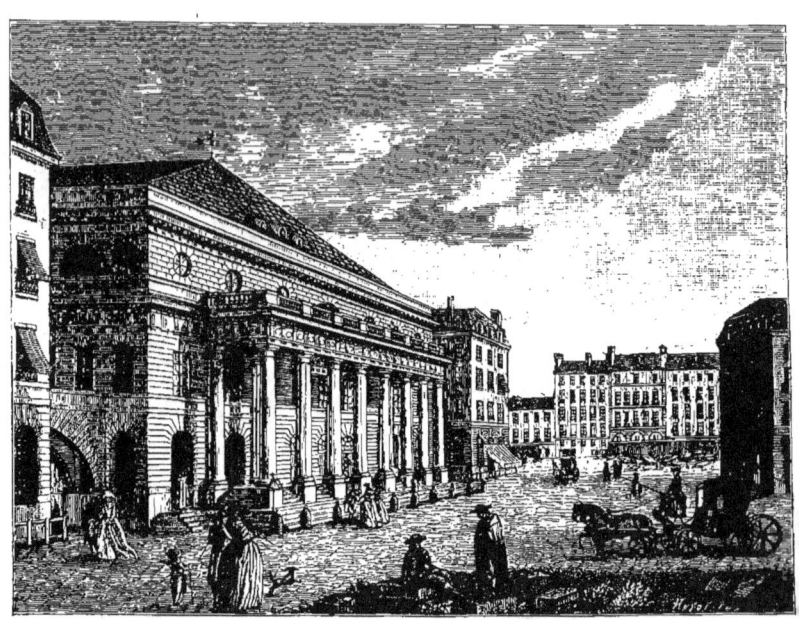

Fig. 114. — Le théâtre de l'Odéon, alors Comédie-Française, avant l'incendie de 1799. D'après un dessin de Lallemand, gravé par Née, en 1788.

(1730-85) était associé à de Wailly dans la direction de ces travaux, que le gouvernement avait ordonné d'exécuter rapidement pour y établir la Comédie-Française. Ce nouveau théâtre, terminé et ouvert en 1782, était d'une architecture noble et austère, qui affectait de rappeler les formes des anciens théâtres grecs; il n'a pas changé depuis de caractère, même après deux incendies, en gardant son titre d'*Odéon* (fig. 114).

La France était devenue, en quelque sorte, un immense chantier de construction; dans toutes les villes on bâtissait, comme à Paris, avec une espèce de fureur. « La maçonnerie a refait un tiers de la capitale depuis vingt-cinq ans, » écrivait Mercier en 1782, dans son *Tableau de Paris*. « On a spéculé sur les terrains; on a appelé des régiments de Limousins, et l'on a vu s'élever des montagnes de pierre taillée. C'est la maçonnerie et l'architecture qui triomphent; les jardins et les cours ont disparu; on ne voit plus que hautes maisons qui s'enchaînent l'une à l'autre. L'architecture a cherché des formes nouvelles, et ce caractère d'élégance et de bizarrerie, qu'on a imprimé aux bijoux, on l'applique aux bâtiments modernes. »

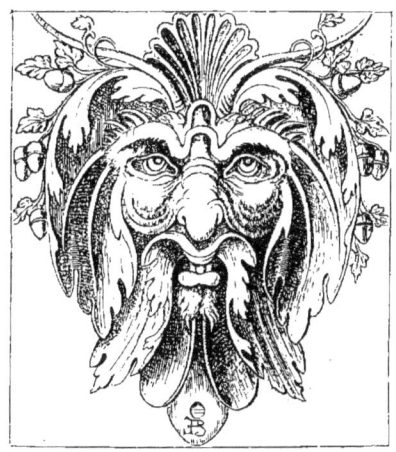

Fig. 115. — Mascaron du xviiie siècle.

LA SCULPTURE.

I.

MOYEN AGE.

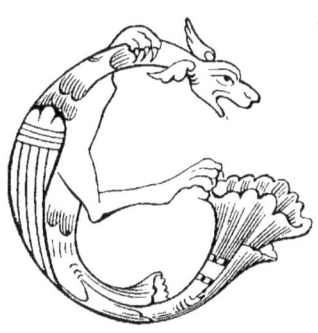

'EST un fait incontestable que l'époque où l'empereur Constantin fit triompher le christianisme marqua une sorte de réveil dans le mouvement des arts décoratifs, dont les vues furent alors exclusivement tournées vers la glorification du nouveau culte.

Construire de nombreuses basiliques, les décorer avec magnificence, faire traduire par le ciseau, d'une manière palpable, le spiritualisme évangélique, tel fut l'objet des soins du monarque. L'or et l'argent étaient d'autant moins épargnés, que le marbre fut trouvé trop vulgaire pour représenter les personnes divines. A Constantinople, la basilique élevée par Constantin représentait, d'un côté de l'abside, le Christ, assis, entouré de ses douze apôtres; de l'autre côté, il était représenté, également assis sur un trône, accompagné de quatre anges qui portaient, incrustées en guise d'yeux, des pierres d'Alabanda. Toutes ces figures, de grandeur naturelle, étaient d'argent repoussé, et pesaient chacune depuis 90 jusqu'à 110 livres. Dans la même église, un dais, représentant des apôtres et des chérubins, à reliefs d'argent poli, pesait plus de 2,000 livres.

Mais ces magnificences étaient encore effacées par celles de la fontaine de porphyre où Constantin avait reçu le baptême des mains du pape Sylvestre. La partie où s'écoulait l'eau était garnie

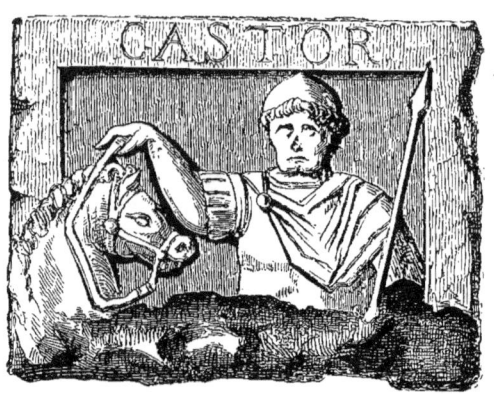

Fig. 116. — Autel de Castor (sculpture gallo-romaine), découvert en 1711, sous le chœur de Notre-Dame de Paris.

d'argent massif dans une étendue de cinq pieds, ce qui avait exigé l'emploi de 3,000 livres de ce précieux métal. Au centre, des colonnes d'or soutenaient une lampe d'or de 52 livres, où brûlaient, pendant les fêtes de Pâques, 200 livres d'huile parfumée. Un agneau d'or massif, du poids de 30 livres, versait l'eau dans la fontaine. A droite, le Sauveur, grand comme nature, pesant 170 livres; à gauche, saint Jean-Baptiste, de même taille, et sept biches d'argent, placées autour du monument, et versant de l'eau dans un bassin, s'harmonisaient, par leur dimension et leur matière, avec les autres figures.

Nous ne voudrions pas affirmer que ces ouvrages, pompeusement catalogués par Anastase le Bibliothécaire, répondissent, par la pureté et l'élévation du style, à la richesse des matières employées; car nous savons, d'autre part, que, pour servir les volontés du puissant empereur, des artistes se trouvèrent, qui, par de simples substitutions de tête, d'attribut ou d'inscription, faisaient sans scrupule d'un Jupiter un Dieu le Père, et une

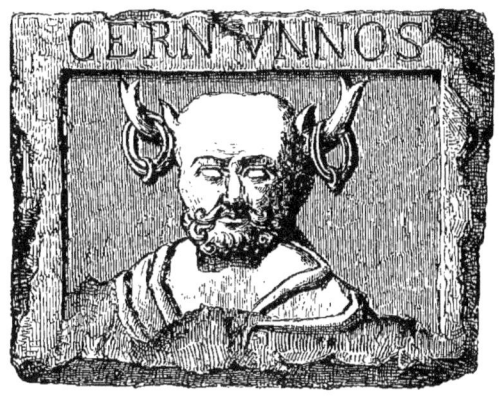

Fig. 117. — Autel de Cernunnos (sculpture gallo-romaine), découvert en 1711.

Vierge d'une déesse quelconque. On n'avait pas encore dépeuplé les grandes villes de cette foule innombrable de statues qui les ornaient, et ce n'était que dans les provinces éloignées de la métropole que les images des faux dieux avaient été enfouies sous les débris de leurs temples renversés (fig. 116 et 117).

En Grèce plus qu'ailleurs, et par la Grèce nous entendons aussi Constantinople, la statuaire conserva, sous Constantin et ses premiers successeurs, une certaine puissance que nous pourrions appeler originelle; le dessin garda de belles formes, et dans l'ordonnance des sujets on vit longtemps appliqués comme d'instinct les principes des anciens. Si l'on n'étudiait plus la nature, au moins était-on entouré de modèles excellents, qui étaient des guides en quelque sorte impérieux.

Parmi les chefs barbares qui avaient envahi l'empire des Césars et qui s'étaient assis sur leur trône, à Rome, quelques-uns, à un moment donné, se déclarèrent, sinon les protecteurs des beaux-arts, alors tombés dans l'inertie, au moins les conservateurs des monuments de la belle époque de l'art grec et romain. On ne brisait plus les statues, on ne mutilait plus les inscriptions et les bas-reliefs, on respectait, ou plutôt on laissait debout les arcs de triomphe (fig. 118), les palais et les théâtres; mais une sorte de torpeur avait envahi le monde artistique, et il ne suffisait pas de quelques sympathiques manifestations pour ranimer son âme engourdie.

Toutefois, si la grande sculpture, l'art qui anime le marbre et le bronze, stationnait ou rétrogradait, la petite sculpture, que nous appellerons *domestique,* avait du moins quelque activité. Il était de coutume alors, par exemple, que les grands personnages s'envoyassent en présents des diptyques d'ivoire, sur la table extérieure desquels on sculptait de petits bas-reliefs rappelant une circonstance mémorable. Les monarques, à leur avènement, gratifiaient d'un pareil diptyque les gouverneurs de province, les évêques, et ces derniers, pour témoigner du bon accord de l'autorité civile avec l'autorité religieuse, plaçaient le diptyque sur l'autel (fig. 119). Un mariage, un baptême, un succès quelconque, devenaient l'occasion d'autant de diptyques. Pendant deux siècles, les artistes ne vécurent que de ce genre de travail. Il fallait des événements extraordinaires pour qu'un monument de véritable sculpture vînt à surgir.

Au sixième siècle, on citait comme remarquables les cathédrales de Rome, de Trèves, de Metz, de Lyon, de Rhodez, d'Arles, de Bourges, les abbayes de Saint-Médard de Soissons, de Saint-Ouen de Rouen, de Saint-Martin de Tours ; et cependant les murailles de ces édifices n'étaient encore que de la pierre, sans

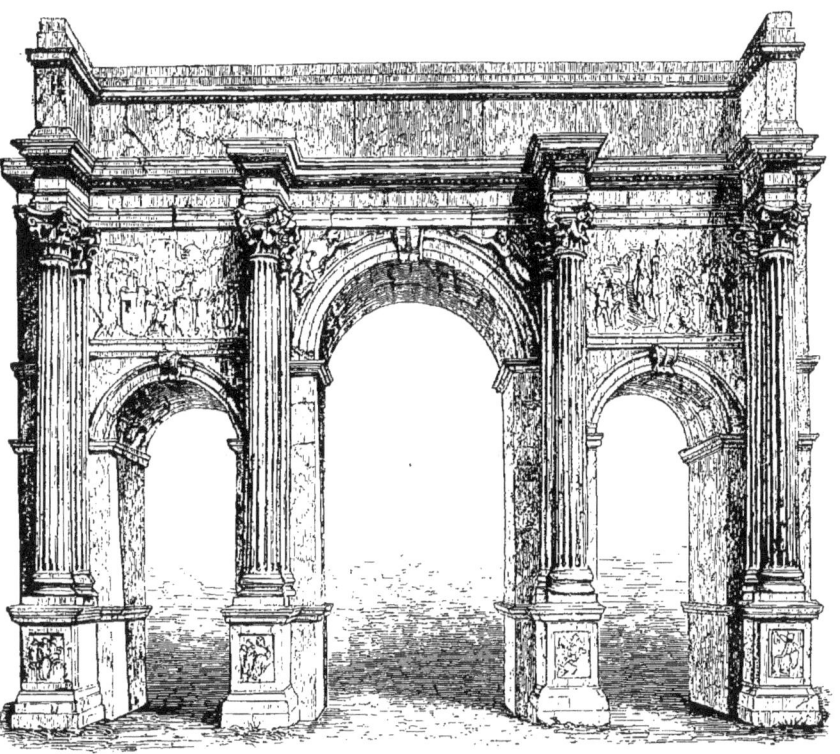

Fig. 118. — Restitution d'un arc de triomphe romain, avec des bas-reliefs.

ornements, sans sculptures. Pour devenir pierres vivantes, elles attendaient un autre âge. Toute l'ornementation s'appliquait exclusivement à l'autel, à la cuve baptismale. Les tombeaux des grands personnages même offraient la simplicité la plus rudimentaire (fig. 120).

La vieille Gaule, malgré ses désastres, gardait encore, sur certains points de son territoire, des hommes, ou plutôt quelques réunions d'hommes, au cœur desquels le culte de l'art restait vivant. C'était, en Provence, autour des archevêques d'Arles; en Austrasie, près du trône de Brunehaut; en Bourgogne, à la cour du roi Gontran. Les noms et la plupart des œuvres de ces artistes sont aujourd'hui perdus. Du reste, au point de vue de l'exécution, rien n'est plus vulgaire, plus négligé; mais comme invention, il y a dans ces débris une sorte d'originalité. Des fragments qui subsistent à Autun, à Lyon, à Auxerre, à Dijon, dans le Soissonnais et surtout dans le midi, indiquent ces tendances.

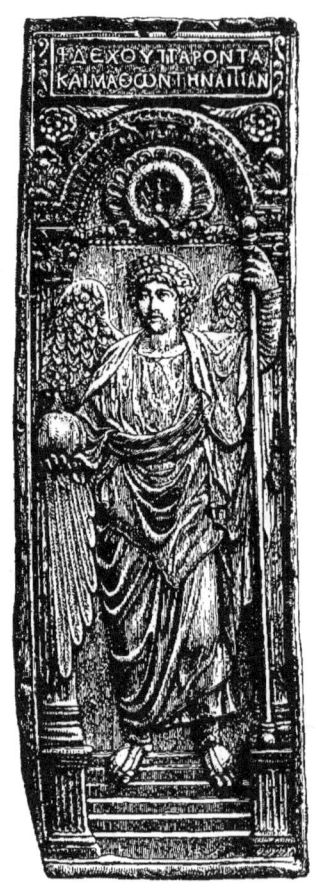

Fig. 119. — Saint Michel. Feuille de diptyque en ivoire, représentant l'Archange dépositaire de la puissance des empereurs byzantins. VIe siècle.

Lorsque l'art grec, dégénéré, tombé dans le domaine de l'orfèvrerie, ne jetait plus en Europe que de pâles lueurs; lorsque, au lieu de statues en marbre, on se contentait, pour représenter les sujets religieux ou profanes, de simples médaillons de bronze, d'or ou d'argent, généralement encastrés sur des châsses ou suspendus aux murailles, par delà les mers naissait l'art byzantin, mélange de réminiscences helléniques et de sentiments chrétiens.

Au huitième siècle, époque du soulèvement des iconoclastes contre les images, la sculpture byzantine avait acquis un caractère bien déterminé : sécheresse de contours, maigreur de formes, allongement de proportions, mais grand luxe de costumes, expression de résignation malheureuse et d'opulente grandeur. Toutefois encore la statuaire monumentale de cette époque a presque disparu, et nous resterions à peu près sans documents précis sur

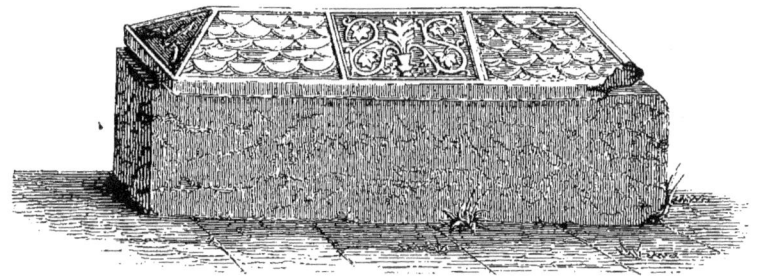

Fig. 120. — Tombe, en pierre, d'un des premiers abbés de Saint-Germain des Prés, à Paris.

l'état de l'art pendant plusieurs siècles, si de nombreux diptyques ne venaient suppléer à cette pénurie.

On a divisé ces monuments en quatre catégories : diptyques destinés à recevoir le nom des nouveaux baptisés; diptyques où s'inscrivaient les noms des bienfaiteurs de l'Église, des souverains, des papes; diptyques à la gloire des saints et des martyrs; diptyques consacrés à conserver la mémoire des fidèles morts dans le sein de la foi (fig. 121). La table externe de ces petits meubles représentait le plus souvent des scènes de l'Évangile, et l'on y voyait notamment figurer Jésus, jeune, imberbe, la figure auréolée d'un nimbe sans croix. Plus les images étaient condamnées, plus ceux qui les respectaient tâchaient d'en perpétuer l'usage. Les artistes grecs, ne trouvant plus à vivre dans leur pays, passèrent alors si nombreux en Italie, que les papes Paul Ier, Adrien Ier, Pascal Ier, construisirent des monastères pour les re-

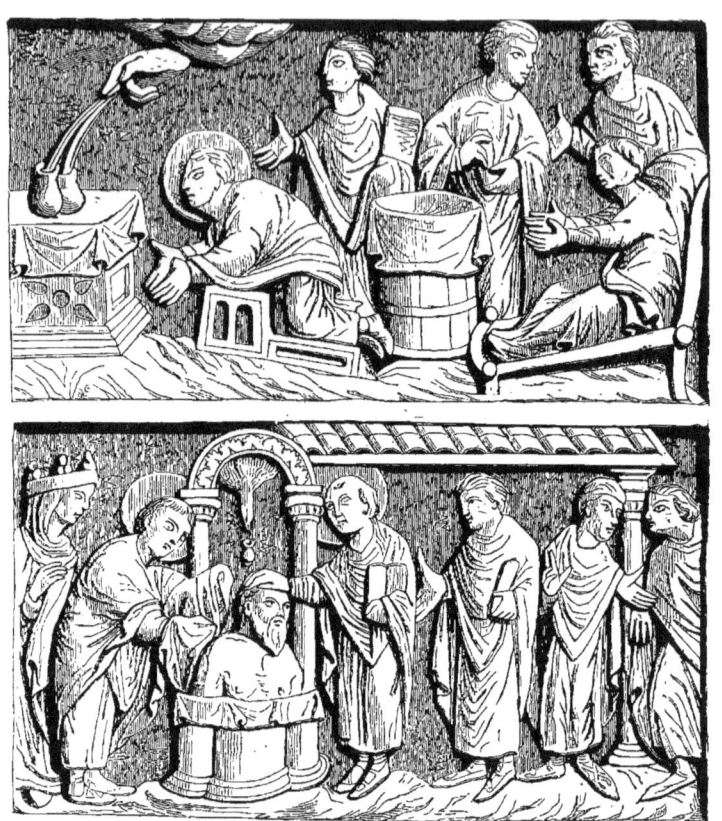

Fig. 121. — Parties d'un diptyque en ivoire sculpté, représentant la guérison d'un malade par saint Remi, et le baptême de Clovis.

cevoir. Grâce à l'influence de cette immigration, l'art, qui en Occident végétait indécis entre la création timide et l'imitation maladroite, dut prendre presque aussitôt un caractère propre, qui fut le caractère byzantin, c'est-à-dire une manière ferme, nette, et généralement empreinte d'une imposante noblesse. Cette manière eut d'autant plus de succès, qu'elle se manifestait par les œu-

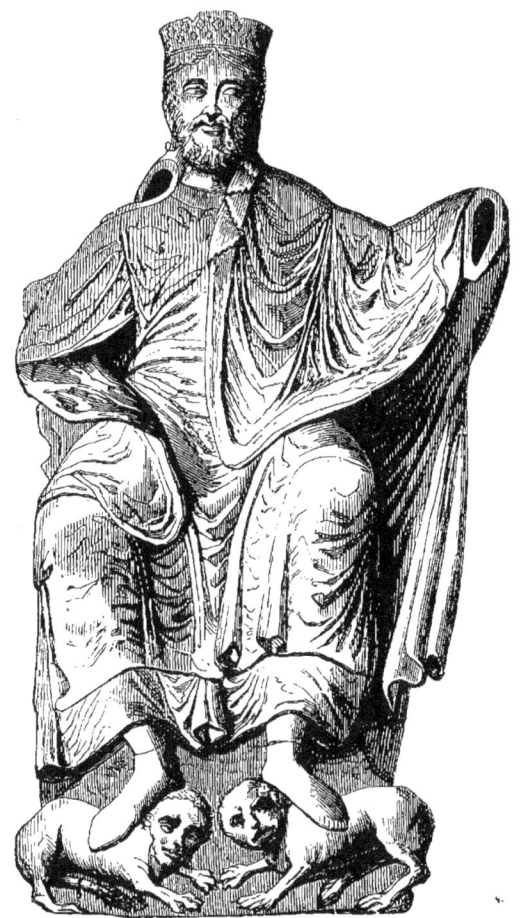

Fig. 122. — Bas-relief de l'église abbatiale de Saint-Denis, représentant l'ancienne statue de Dagobert Ier, détruite au IXe siècle.

vres d'artistes éminents; que Charlemagne lui-même la patronnait, comme convenant à la magnificence de ses vues, et enfin, que la richesse d'ornementation dont elle aimait à s'accompagner devait la rendre agréable au vulgaire.

Les maisons royales d'Aix-la-Chapelle de Goddinga, d'Attiniacum, la Theodonis-Villa (Gœttingue, Attigny), de Thionville; les monastères de Saint-Arnoul, de Trèves, de Saint-Gall, de Salzbourg et de Prüm, se ressentirent de l'impression salutaire que Charlemagne exerça sur tous les arts. On voyait encore, avant la Révolution, dans ces diverses localités, de précieux débris remontant au huitième siècle; ils attestent que, outre l'influence byzantine, tout empreinte d'un naïf sentiment chrétien, la sculpture se rattachait encore, par l'influence lombarde, à quelques bonnes traditions de l'antiquité.

De cet ensemble de principes résultaient des œuvres ayant un caractère remarquable. La fondation des abbayes de Saint-Michel (Lorraine), de l'Isle-Barbe (près de Lyon), d'Ambournay et de Romans; celle de plusieurs grands monastères de l'Alsace, du Soissonnais, de la Bretagne, de la Normandie, de la Provence, du Languedoc, de l'Aquitaine; la construction des grandes basiliques de Metz, de Toul, de Verdun, de Reims, d'Autun, etc.; les réparations qui s'effectuaient aux abbayes de Bèze, de Saint-Gall, de Saint-Bénigne de Dijon, de Remiremont, de Saint-Arnoul-lès-Metz, de Luxeuil, avaient assez d'importance pour occuper une infinité d'artistes, architectes et sculpteurs, qui, semblables au moine Gundelandus, abbé de Lauresheim, tenaient le compas et le maillet avec non moins d'autorité que la crosse. Rien n'égalait la splendeur de certains monastères, véritables foyers d'intelligence, où les beaux-arts réunis s'entr'aidaient les uns les autres, dirigés par un maître qui lui-même avait le sentiment des créations élevées (fig. 122).

Néanmoins, la petite sculpture et la ciselure constituaient le

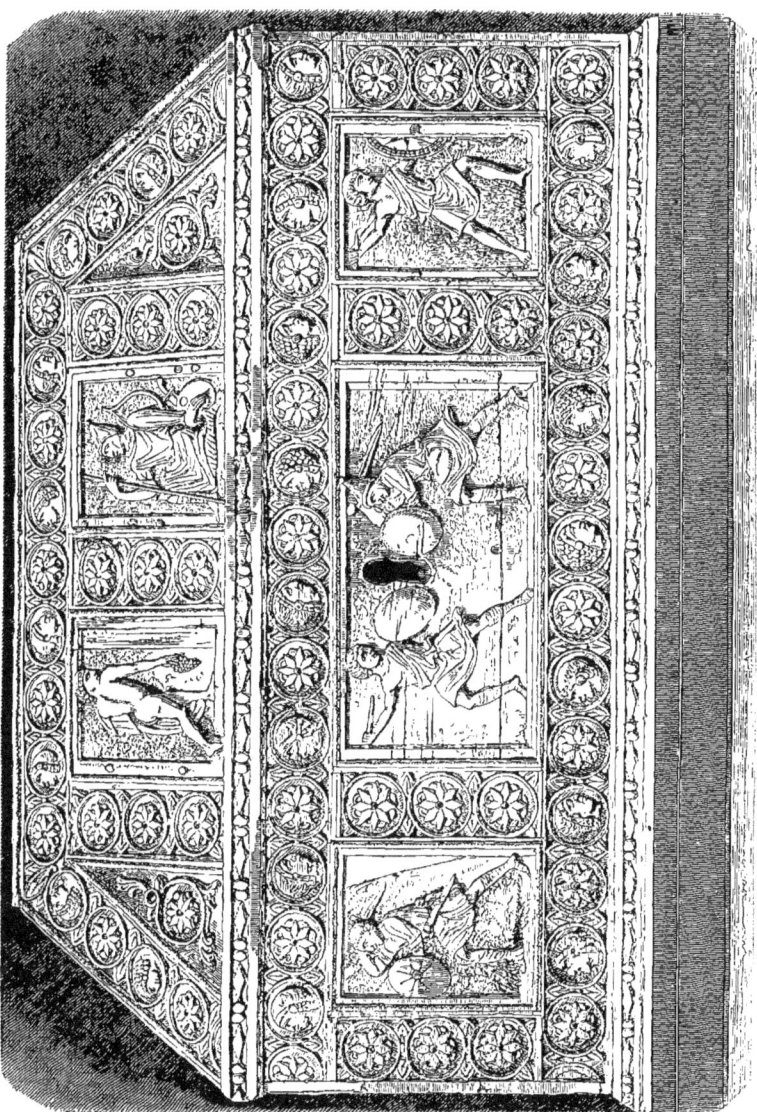

Fig. 123. — Coffret en ivoire, du xᵉ siècle.

faire principal des artistes carolingiens (fig. 123). Pour l'exécution de la grande sculpture, on était retenu par la crainte des iconoclastes, qui s'agitaient encore. Leurs faux principes s'étaient d'ailleurs répandus dans les Gaules et y paralysaient l'élan des artistes. On ne fut pas moins arrêté, après la mort de Charlemagne, par les guerres civiles et les invasions, qui, à tout propos, venaient suspendre ou ruiner les travaux d'architecture. Il n'y eut plus, pendant quelque temps, d'artistes ni de moines ; tout le monde devint soldat, et le péril commun rendit quelque énergie à nos ancêtres découragés.

Quand les invasions eurent à peu près cessé en Europe, les désastres qu'elles avaient causés servirent en quelque sorte aux progrès de l'architecture et de la sculpture. D'abord naquit un système complet de constructions nouvelles, nées du besoin qu'on avait de nouveaux édifices appropriés au culte : l'Église, ayant mille désastres à réparer, éleva ou restaura quantité de monastères ou de basiliques, qui prirent une physionomie franchement accusée. C'était l'époque des écoles d'architecture qu'on nomme avec raison *monastiques;* Cluny et Cîteaux députèrent sur différents points en France, en Italie et ailleurs leurs moines architectes et sculpteurs, qui produisirent ces chefs-d'œuvre dont on admire encore les restes. Les élèves de Cîteaux, plus sobres d'ornementation, plus sévères dans leurs lignes, reprochaient à ceux de Cluny, par la bouche de saint Bernard, l'excessive somptuosité de leurs édifices religieux. Pontigny nous a conservé sa basilique, modèle des églises cisterciennes, et Vezelay nous rappelle la belle époque des architectes de Cluny. Ces deux monuments, presque contemporains et occupant la même zone architectonique, nous permettent de comparer les œuvres des deux écoles.

Bientôt les productions de Cluny devinrent le type des sculptures exécutées à cette époque. On multiplia le crucifix en ronde-bosse,

LA SCULPTURE.   189

dont l'introduction dans la statuaire monumentale ne s'était opérée que sous le pontificat de Léon III. On mit en opposition, dans les arcatures des portails, les élus et les réprouvés (fig. 124), on célébra par toutes sortes de productions artistiques le culte de la Vierge. La sculpture enfin s'étala partout avec un luxe extraordinaire; rien n'échappa, pour ainsi dire, à son abondante végétation : ambons, sièges, voûtes, cuves baptismales (fig. 125), colonnes, corniches,

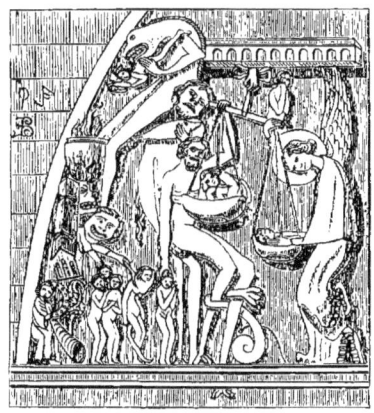

Fig. 124. — La pesée des âmes. Portail d'Autun. xie siècle.

clochetons, gargouilles, témoignèrent qu'enfin la sculpture était réconciliée avec la pierre. Presque toutes les figures d'alors étaient représentées vêtues à la romaine, avec la tunique courte et la chlamyde agrafée sur l'épaule; c'était encore là, au reste, le costume de la cour, le seul qui convînt, par conséquent, à la représentation plastique des grands personnages du christianisme.

Nous sommes arrivés à la belle époque romane.

Il est digne de remarque que les monuments antérieurs à cet âge, comme aussi ceux qui appartiennent à la fin de la période romane, ne portent généralement ni date ni nom d'auteur; à peine cinq ou six des principaux artistes ou directeurs de travaux de cette époque sont-ils indiqués par les écrivains : Tutilon, moine de Saint-Gall, qui, poète, sculpteur et peintre, décora de ses œuvres les basiliques de Mayence et de Metz; Hugues, abbé de Montier-en-Der; Austée, abbé de Saint-Arnould, diocèse de Metz; Morard, qui, secondé par le roi Robert, rebâtit, vers la fin du dixième siècle, la vieille basilique de Saint-Germain des Prés,

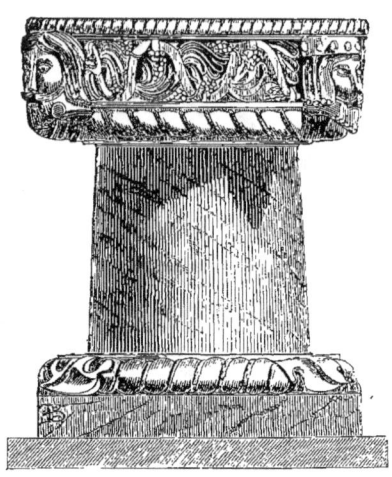

Fig. 125. — Cuve baptismale de l'église de Chéreng (Nord). xi⁰ siècle.

à Paris; enfin, Guillaume, abbé de Saint-Bénigne de Dijon, qui prit sous sa direction quarante monastères, et devint chef d'école d'art aussi bien que chef religieux. Les portails des églises d'Avallon, de Nantua, de Vermanton, exécutés à cette époque, attestèrent la sévérité d'un goût perfectionné, et l'on peut dire que cet abbé Guillaume, qui, pendant de longues années, dirigea une foule d'artistes devenus chefs d'école à leur tour, a aussi puissamment influé sur l'art français que Nicolas de Pise sur l'art toscan, au siècle suivant.

Bien qu'elle embrassât un rayon fort étendu, l'école bourguignonne ne laissait pas d'avoir sur le vieux sol gaulois d'habiles et laborieuses rivales : le pays Messin, la Lorraine, l'Alsace, la Champagne, la Normandie, l'Ile-de-France, enfin les divers centres du Midi comptent autant de groupes d'artistes qui impriment à leurs travaux autant de caractères particuliers.

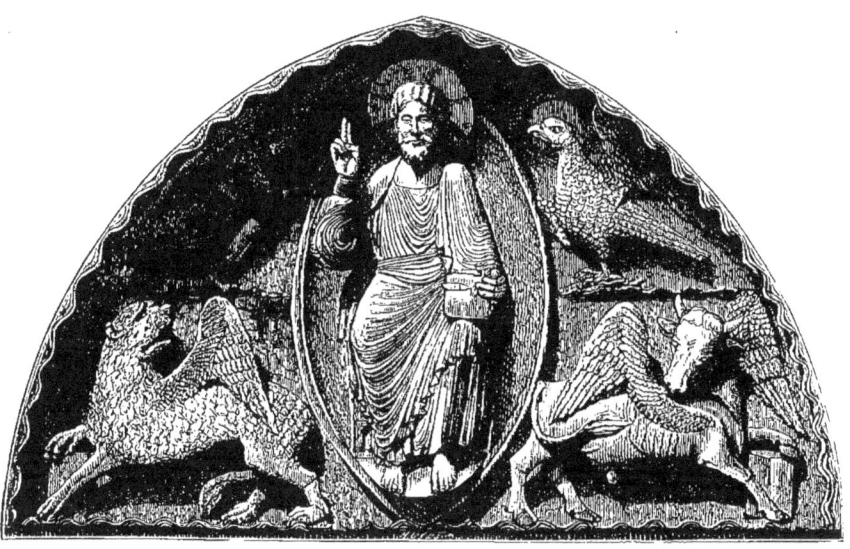

Fig. 126. — Le Christ docteur. Tympan du portail principal de la cathédrale de Chartres. xiie siècle.

En Italie, Pierre Orseolo, doge de Venise, ayant conçu le projet de reconstruire la basilique de Saint-Marc (976), se vit obligé de faire venir des artistes de Constantinople.

Un temps d'arrêt s'était opéré alors dans ces contrées, comme par toute la chrétienté, lorsqu'à l'approche de l'an 1000 les populations avaient été jetées sous la terreur chimérique de la fin du monde; mais, cette période passée, on s'était remis ardemment à l'œuvre, et les plus remarquables monuments d'architecture romane surgirent de tous côtés en Europe.

C'est alors que les artistes bourguignons érigent et ornementent, entre autres églises et monastères, l'abbaye de Cluny, dont l'abside est composée d'une hardie coupole, supportée par six colonnes de 30 pieds en marbre cipolin et pentélique, avec chapiteaux, corniches et frises, sculptés, peints et rehaussés de bronze. En Lorraine, on travaille aux cathédrales de Toul, de Verdun et à l'abbaye de Saint-Viton. Dans le diocèse de Metz, les célèbres abbés de Saint-Trudon, Gontran et Adélard, couvrent la Hesbaye de constructions nouvelles. « Adélard », dit un chroniqueur, « dirigea l'érection de quatorze églises, et ses dépenses étaient telles qu'à peine le trésor impérial aurait pu y suffire. » En Alsace, s'élèvent à la fois la cathédrale de Strasbourg et les deux églises de Colmar et de Schelestadt; en Suisse, la cathédrale de Bâle; et ces magnifiques édifices sont encore debout, pour montrer la vigueur, la naïveté majestueuse avec laquelle la sculpture d'alors savait rendre sa pensée et faire, en quelque sorte, acte de foi en s'associant à l'architecture.

C'est dans le même siècle que Fulbert, évêque de Chartres, dirige les travaux de reconstruction de son église, dont chacun peut encore admirer la splendeur (fig. 126). L'art ne se distingue pas moins dans la décoration de quelques parties ajoutées alors à des monuments déjà existants : les portails des églises de Laon, de Châteaudun, de Saint-Ayoult de Provins, œuvres grandioses des premières années du douzième siècle, ne le cèdent qu'à la splendide ornementation extérieure de l'abbaye de Saint-Denis (fig. 127 et 128), exécutée entre 1137 et 1180. L'abbé Suger, qui fut un artiste éminent, ne désigne aucun des statuaires auxquels échut ce travail important. Nous ne connaissons pas davantage les auteurs des statues de Dagobert et de la reine Nanthilde, sa femme; non plus que ceux d'une grande croix d'or, dont le pied fut enrichi de bas-reliefs, et dont le Christ offrait, dit Suger, « une expression véritablement divine ».

Les noms des sculpteurs de l'église cathédrale de Paris se dérobent également presque tous à notre admiration. On di-

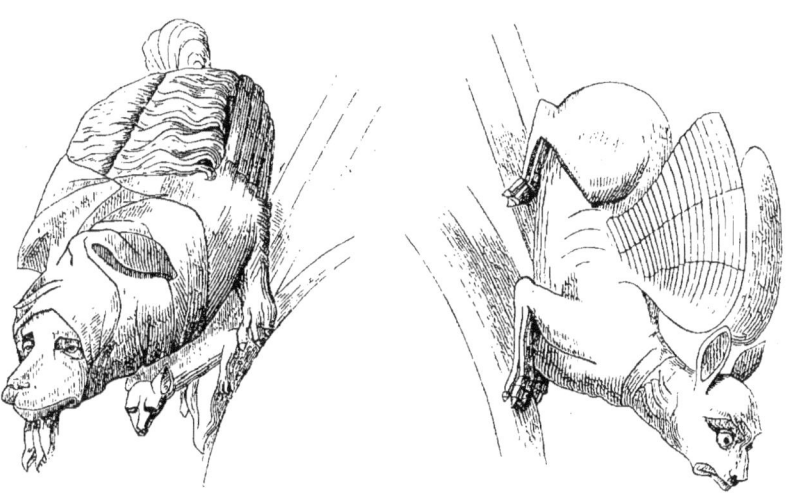

Fig. 127. — Paresse et gloutonnerie, monstre hybride.

Fig. 128. — Pusillanimité, lièvre à ailes fantastiques.

Sculptures symboliques aux tourelles de l'église abbatiale de Saint-Denis.

rait qu'une foule inspirée, dans une communauté de pensée et d'action, est venue là composer son œuvre : ceux-ci taillant en marbre le sarcophage de Philippe de France; ceux-là peuplant de hautes figures et d'une longue galerie de sujets bibliques le jubé et l'abside; d'autres garnissant la façade et le pourtour de ces personnages si divers, qui semblent néanmoins réunis tous dans l'expression des mêmes sentiments et des mêmes croyances.

Au douzième siècle, les artistes bourguignons continuent leurs merveilleux travaux : le tombeau d'Hugues, abbé de Cluny; le portail du moutier Saint-Jean, celui de l'église Saint-Lazare d'Autun, la nef et le portail septentrional de Notre-Dame de Semur, sont de cette école et de cette époque.

L'école champenoise élève au comte Henri Ier, dans l'église de Saint-Étienne de Troyes, une tombe entourée de 44 colonnes en bronze doré, surmontées d'une table d'argent où sont couchées les statues, en bronze doré, du comte et d'un de ses fils. Des bas-reliefs de bronze et d'argent, représentant la Sainte Famille, la cour céleste, des anges, des prophètes, environnaient ce monument. Triomphe de la statuaire métallique, le tombeau du comte Henri surpassait alors tous les tombeaux de France, comme la cathédrale de Reims allait surpasser les autres cathédraless.

En Normandie, même élan, même zèle, même entente de l'art; et là du moins nous trouvons quelques noms : Othon, constructeur de la cathédrale de Séez; Garnier, de Fécamp; Anquetil, de Petit-Ville, etc. D'ailleurs, les maçons et tailleurs de pierre (*sculpteurs*) formaient à cette époque une nombreuse et puissante corporation.

Dans le Midi, Asquilinus, abbé de Moissac, près Montauban, décora de statues excellentes le cloître et le portail de son église, et suspendit aux côtés de l'abside un Christ en croix si habilement sculpté, qu'on le croyait émané d'une main divine (*ut non humano, sed divino artificio facta*). En Auvergne, en Provence, dans le Languedoc, bien d'autres grands morceaux de sculpture furent exécutés. Mais l'œuvre capitale, qui rassemble les différents styles des écoles méridionales, est cette fameuse église de Saint-Trophime d'Arles, dont le portail, où l'ampleur et la grâce du style grec s'allient à la pure simplicité chrétienne, fait remonter l'imagination aux plus belles époques de l'art (fig. 129).

LA SCULPTURE.

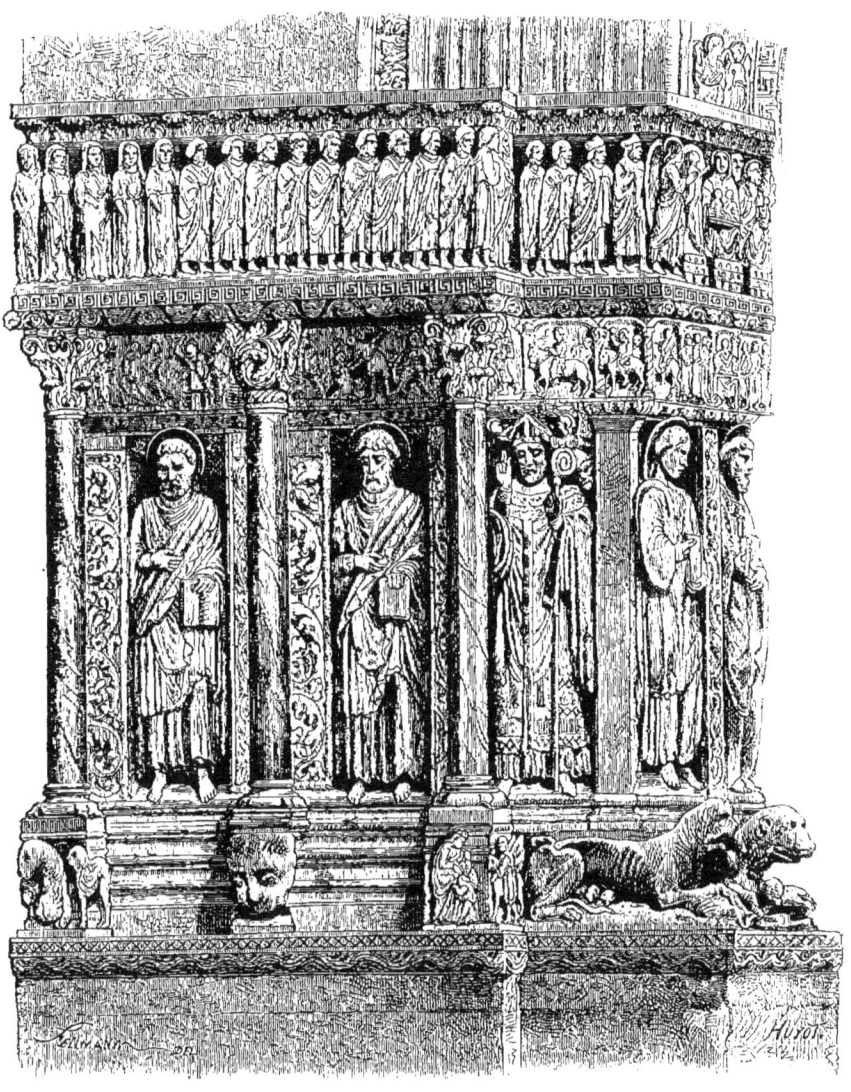

Fig. 129. — Détail du portail de Saint-Trophime d'Arles. xiie siècle.

Vers la fin du onzième et le commencement du douzième siècle, les ateliers de sculpture du pays messin et de la Lorraine étaient en pleine activité. Plusieurs incendies ayant dévoré des églises magnifiques, notamment celle de Verdun, la population tout entière aidait de ses deniers et de ses bras à la réédification de ces édifices : croisade artistique, en tête de laquelle marchaient plusieurs évêques et abbés, à la fois pasteurs d'hommes et grands artistes.

En Alsace, l'art se résume dans la magnifique cathédrale de Strasbourg, sorte de défi jeté aux artistes d'outre-Rhin, qui n'ont pu, même à Cologne, porter un édifice à une si prodigieuse hauteur, ni l'orner d'une multitude aussi variée de statues. Bien qu'elle appartienne surtout au treizième siècle, on peut la prendre, dès la fin du onzième, comme point de départ des innombrables travaux qu'exécutait une compagnie de francs-maçons, qui ont marqué de leurs signatures hiéroglyphiques les pierres de ce monument, ainsi que toutes celles qu'ils ont taillées dans la vallée du Rhin, depuis Dusseldorf jusqu'aux Alpes.

On serait d'ailleurs tenté de croire que l'Allemagne n'était pas encore sans subir l'influence de cette école; car, parmi les monuments contemporains, plus d'un atteste d'une manière sensible les effets du voisinage alsacien.

L'art flamand est alors caractérisé par l'église de Sainte-Gudule, à Bruxelles, dont le style est surtout riche d'emprunts faits aux églises des rives du Rhin, de la Moselle, de la Sarre et de la haute Meuse.

Si nous jetons maintenant un coup d'œil d'ensemble sur la statuaire française, germanique et flamande, nous y reconnaîtrons, quelle que soit la prédominance de telle ou telle école, un type original particulier : bustes allongés, figures calmes, recueillies, pénitentes, raideur dans les poses, immobilité extatique, plutôt qu'élan et animation ; draperies serrées, mouillées à petits plis, franges ou rubans perlés, rehaussés de pierreries encastillées (fig. 130). Nous voyons se dresser les statues à grandes proportions, se multiplier les personnages sur les tombeaux, se dessiner les longs bas-reliefs ; l'art grec disparaît, sa théorie savante se laisse dominer par le sentiment chrétien, la pensée l'emporte sur la forme ; le symbolisme s'est fait jour.

A dater des dernières années du douzième siècle, les moines ne dirigent plus les arts ; ils sont débordés par une société d'artistes laïques, qui ont rompu avec les traditions byzantines. « Dans les églises du onzième et du douzième siècle, » dit M. Viollet-Leduc, « la statuaire ne reproduit guère que des sujets empruntés aux légendes de saint Antoine, de saint Benoît, de sainte Madeleine, ou même de personnages moins considérables. Pour les portails, on reproduisait les grandes scènes du Jugement dernier. On faisait les honneurs du lieu saint aux personnes divines et aux apôtres, mais partout ailleurs les scènes de l'Ancien ou du Nouveau Testament ne prenaient qu'une petite place. » Entre 1180 et 1230, l'iconographie des cathédrales revêt un caractère

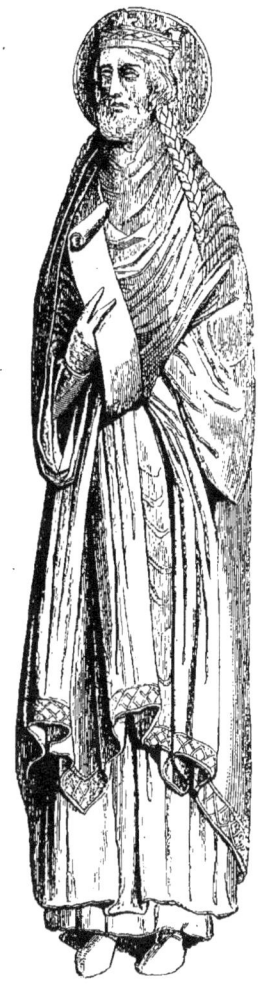

Fig. 130. — Statue dite de Clovis Ier, autrefois au porche de Saint-Germain des Prés, à Paris. XIIe siècle.

différent. « Les sujets empruntés aux légendes disparaissent presque entièrement. La sculpture va chercher ses inspirations dans l'Ancien et le Nouveau Testament; puis elle adopte un système sans précédent, elle devient une encyclopédie représentée. » A côté de scènes purement religieuses, on voit figurer l'histoire de la création, la lutte des vertus et des vices, des êtres symboliques, la terre, la mer, les productions du sol, les arts libéraux. Parmi les vertus ou *béatitudes* apparaît, comme à Chartres, la Liberté.

A l'approche du treizième siècle, qui allait être le grand siècle de l'architecture et de la sculpture chrétiennes, les artistes ne tournaient donc plus leurs regards, comme ils l'avaient fait souvent jusqu'alors, vers Byzance; ils descendaient en eux-mêmes, et s'il leur survenait quelque hésitation, ils trouvaient autour d'eux des modèles à imiter, des traditions à suivre, des maîtres à écouter. L'art existait par lui-même, et les diverses écoles, affranchies de la tutelle monastique, s'affirmaient chaque jour d'une façon plus nette, plus puissante. Au premier rang se tient celle de l'Ile-de-France, la plus pure, la plus élevée, la plus avide d'idéal; celle de Champagne la suit de près, puis l'école picarde.

Ce n'est pas ici le lieu d'établir de minutieuses comparaisons entre les manières, entre les styles; la seule énumération des nombreux monuments qu'enfanta cette fervente époque pourrait devenir fastidieuse. Fervente époque, avons-nous dit, et non sans raison, car alors tout un monde d'artistes, ornemanistes et imagiers, se vouait aux plus délicats, aux plus merveilleux travaux de sculpture (fig. 231). A ce sujet, rappelons une observation de l'éminent écrivain que nous avons déjà cité et qui a consacré sa vie entière à l'étude du moyen âge : « On parle beaucoup,

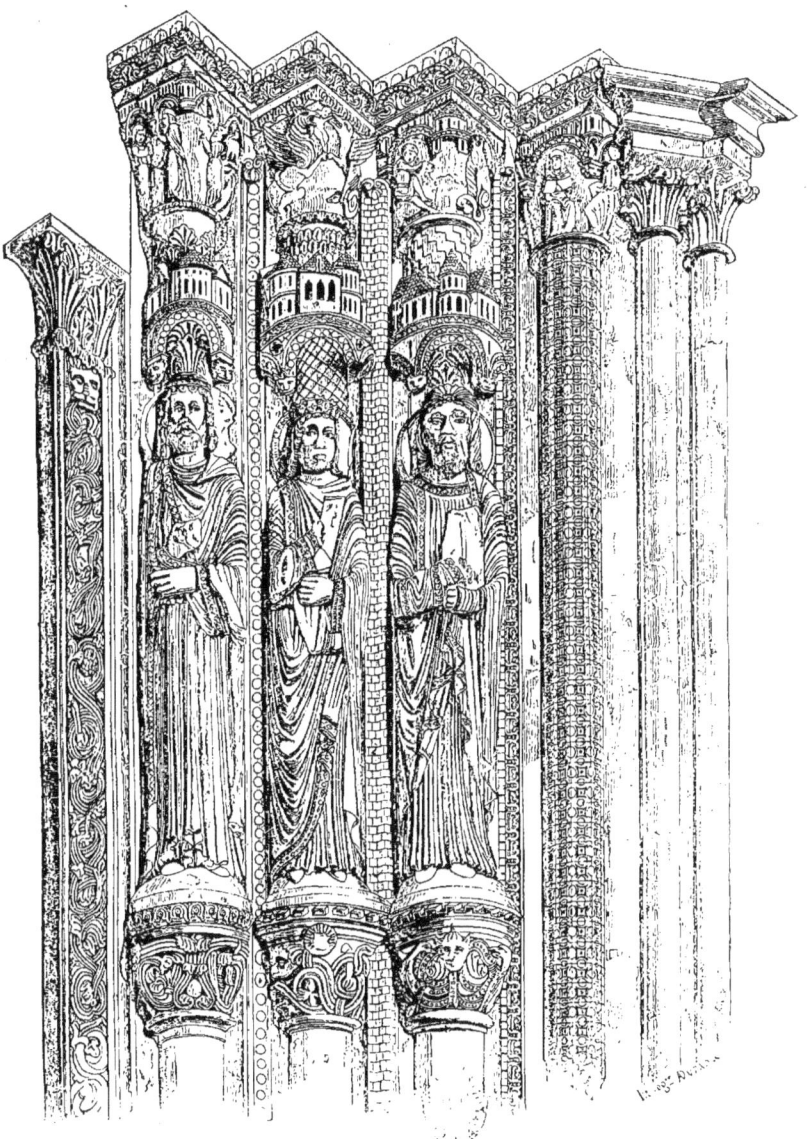

Fig. 131. — Statues du porche méridional de la cathédrale de Bourges. XIIe siècle.

lorsqu'il est question de cette statuaire du treizième siècle, de ce qu'on appelle le sentiment religieux, et l'on est assez disposé à croire que ces nouveaux artistes étaient des personnages vivant dans les cloîtres et tout attachés aux pratiques religieuses. Mais sans prétendre qu'ils fussent des croyants tièdes, il serait assez étrange cependant que ce sentiment religieux se fût manifesté au moment où les arts ne furent plus guère pratiqués que par des laïques et sur ces cathédrales pour la construction desquelles les évêques se gardaient bien de s'adresser aux établissements religieux. Tant que les arts ne furent pratiqués que par des moines, la tradition dominait, et la tradition n'était en réalité qu'une inspiration plus ou moins rapprochée de l'art byzantin. La pensée était, pour ainsi dire, dogmatisée. Mais lorsque l'art franchit les limites du cloître pour entrer dans l'atelier du laïque, celui-ci s'en saisit comme d'un moyen d'exprimer ses aspirations longtemps contenues, ses désirs et ses espérances. »

On serait mal venu aujourd'hui à soutenir, ainsi qu'on le faisait naguère, qu'avant le seizième siècle l'art était en enfance et n'avait abouti qu'à produire des essais barbares et grossiers, tandis qu'il était réservé à l'heureuse Italie de nous dessiller les yeux. Si l'on veut s'assurer des grandes qualités de la statuaire au temps de saint Louis, qu'on aille voir les basiliques de Paris, de Reims, de Chartres ou d'Amiens (fig. 132), qui contiennent, outre les statues colossales, des figures taillées par milliers dans la pierre. En effet, la fécondité de nos sculpteurs à cette époque tient du prodige : après tant de guerres et de dévastations de toutes sortes, il nous en reste encore plus de preuves que ne pourraient fournir d'exemples l'Italie, l'Allemagne, l'Angleterre et l'Espagne réunies.

Ce sont les préventions qu'une instruction purement classique

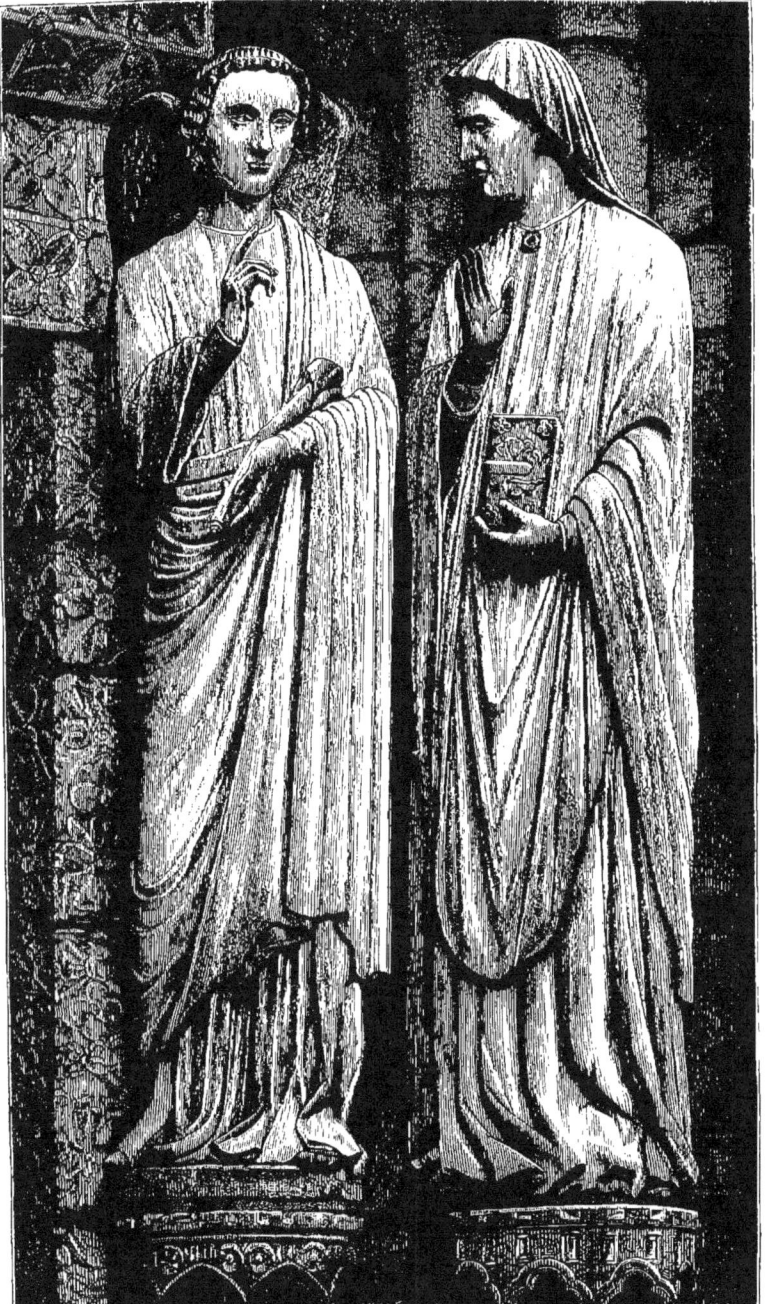

Fig. 132. — L'ange Gabriel et la Vierge Sculpture de la cathédrale d'Amiens. XIIe siècle.

a suggérées aux artistes modernes, qui les empêchent de reconnaître, dans la multitude des œuvres de l'époque ogivale, les marques d'une puissante originalité. Le type du beau chez leurs auteurs, pour différer de celui des Grecs, n'en est pas moins réel et vivant; leurs yeux n'étaient jamais fermés à l'étude de la nature. Ont-ils à reproduire une des personnes divines, ils cherchent leur idéal dans ce qui les entoure et le rendent souvent avec une délicatesse et un bonheur rares. La Vierge du portail nord de Notre-Dame de Paris respire l'intelligence et une fermeté tempérée par la finesse des traits; c'est, comme on l'a dit, une physionomie toute française.

« Le type de la tête du Christ d'Amiens (fig. 133), » dit à ce sujet M. Viollet-Leduc, « mérite toute l'attention des statuaires. Cette sculpture est traitée comme le sont les têtes grecques dites éginétiques : même simplicité de modelé, même pureté de contours, même exécution large et fine à la fois. Ce sont bien là les traits du Dieu fait homme : mélange de douceur et de fermeté, gravité sans tristesse. » Les anges ont cette sérénité brillante qu'on prête aux êtres supérieurs à l'humanité, et cela sans la fadeur ou mignardise des époques postérieures.

Quant aux personnages humains, dont la foule est si variée, les sculpteurs savaient accommoder les mouvements, les gestes, l'attitude, au caractère et à l'action de chacun. Ils possédaient à un degré remarquable le sentiment dramatique, comme il est facile de l'établir par maint exemple : la mort de la Vierge, au-dessus de la porte centrale de Notre-Dame, à Senlis; les nombreuses scènes qui garnissent les voussures de la cathédrale de Paris (fig. 134); les bas-reliefs des porches de celle de Chartres, etc.

Préoccupés avant tout de la destination de leurs figures et

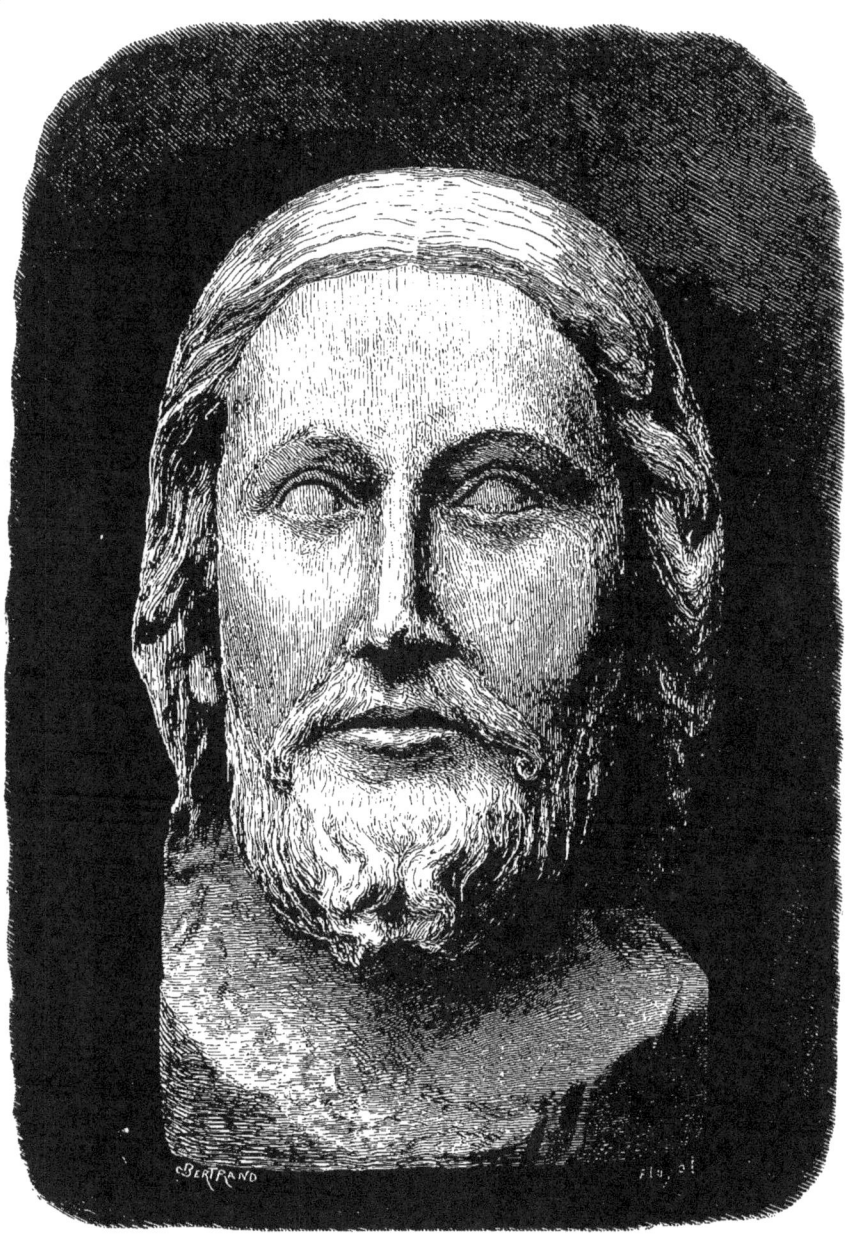

Fig. 133. — Le *Beau Dieu d'Amiens*, statue du Christ, au portail de la cathédrale d'Amiens
XIIIᵉ siècle.

de l'effet qu'elles devaient produire, nos artistes « se permettaient des irrégularités ou des exagérations que la mise en place justifie pleinement ». Entre l'architecte et le sculpteur il existait une alliance entière, à tel point qu'il serait bien difficile d'in-

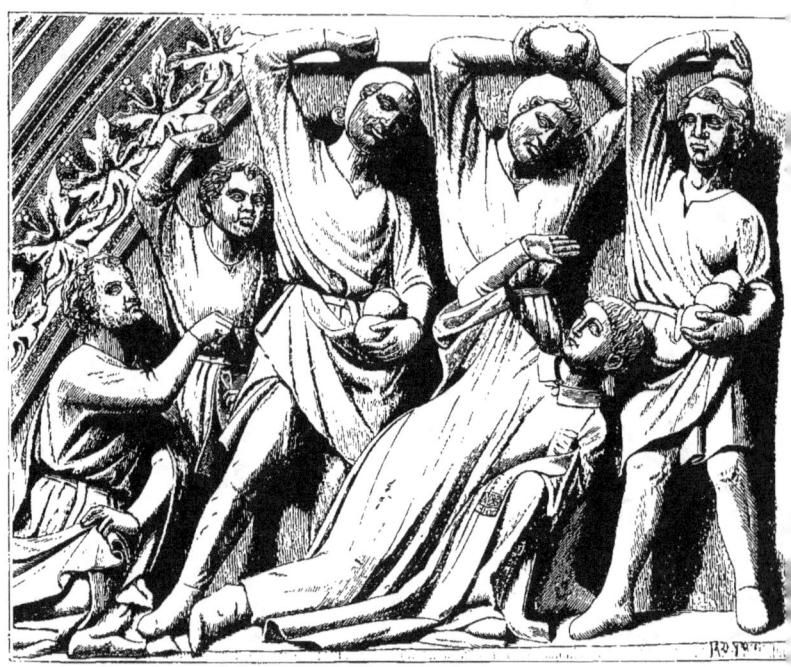

Fig. 134. — Lapidation de saint Étienne, tympan de la porte de Notre-Dame de Paris, sculpture du xiiie siècle.

diquer où finit l'un quelquefois et où commence l'autre. Cette alliance fut resserrée au treizième siècle par la sculpture d'ornement, qui, délaissant les traditions byzantines, recourut à la flore des bois et des champs pour trouver de nouveaux motifs. Les chapiteaux, ainsi que tous les ornements courants, présentent une infinie variété de décoration (fig. 134 et 135).

A côté de la flore, les animaux, si fréquents dans la période romane et qui reprirent faveur avec la période ogivale, forment une faune ayant une physionomie bien caractérisée. Tantôt réels, tantôt fantastiques, ils sont toujours traités avec une grande énergie. On leur attribuait, dans les bestiaires et fabliaux du temps, des qualités symboliques, telles que la force au lion, la charité au pélican; mais, non contents de cette interprétation, les sculpteurs en firent des monstres, des êtres hybrides, moitié hommes moi-

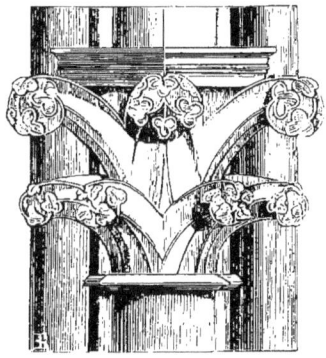

Fig. 135. — Chapiteau dans la nef (chapelle haute de l'archevêché de Reims). xiiie s.

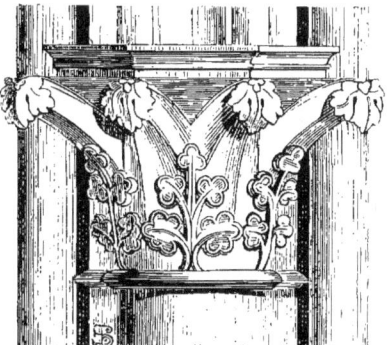

Fig. 136. — Chapiteau dans l'abside (archevêché de France.) xiiie siècle.

tié bêtes, soit débauche d'imagination, soit esprit de satire, et en couvrirent les édifices religieux (fig. 136 et 137).

Nous emprunterons à M. Viollet-Leduc des détails curieux sur la manière dont ils travaillaient les ornements : « Un maître faisait une feuille, un crochet, un motif enfin, destiné à être répété sur chaque morceau; puis des ouvriers copiaient librement ce type. Lorsqu'il s'agissait de pièces exceptionnelles, telles que de grands chapiteaux, ou des gargouilles, ou des compositions un peu compliquées, prenant une certaine importance, elles étaient confiées à ces maîtres tailleurs d'images. Beaucoup de sculptures de l'époque romane étaient faites sur le tas, c'est-à-dire après un ravalement; ce qui est indiqué par des joints passant tou à travers les ornements et parfois même les figures. Mais le corporations laïques repoussèrent cette méthode. Chaque ouvrie finissait l'objet qui lui était confié. Jamais un tailleur de pierr ou un tailleur d'images ne montait sur le tas; il travaillait su son chantier, terminait la pièce, qui était enlevée par le bardeu

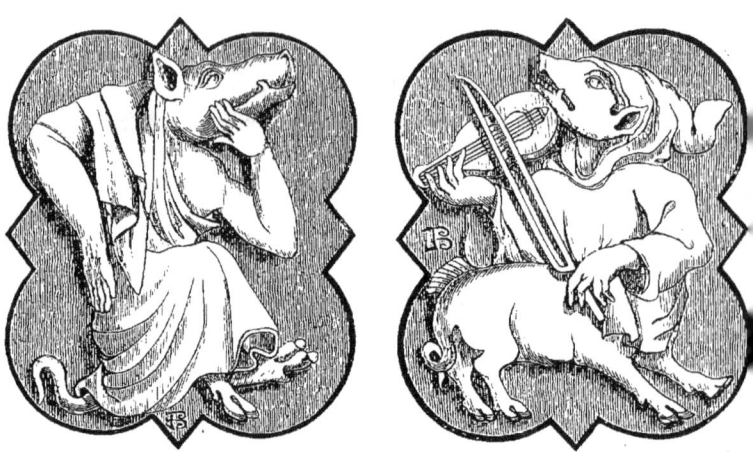

Fig. 137 et 138. — Bas-reliefs du portail des Libraires, à la cathédrale de Rouen. XIII° s

et posée par le maçon, qui seul se tenait sur les échafauds.
Trois séries d'ouvriers étaient façonnés au travail de l'orne mentation : « Il y avait les tailleurs de pierre ordinaires, tâ cherons qui, sur le tracé de l'appareilleur, taillaient les pierre à parement simple; des ouvriers plus habiles faisaient les pro fils avec moulures; puis venaient les tailleurs d'images, qui tail laient et sculptaient les pièces. » On a la preuve de cette façon de procéder par les marques des tâcherons (fig. 139 à 141) e par la nature de la taille, qui diffère selon les cas.

Du reste, les imagiers possédaient, indépendamment de la tradition orale, des méthodes pratiques qui les empêchaient de tomber dans les erreurs grossières. On en a publié une en 1858, avec figures à l'appui : « Ci commence li force des traits de portraiture si que li ars de iométrie les ensaigne por legierement ovrer. » L'auteur, un Picard, nommé Villard de Honnecourt,

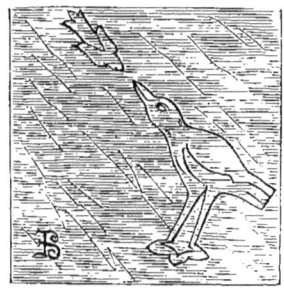

Fig. 139. — Marque de tâcheron sur l'abside extérieure de l'église de Neufchâtel.

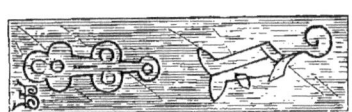 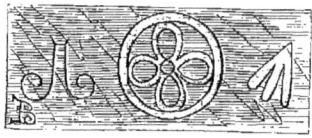

Fig. 140 et 141. — Marques de tâcherons. Église de Neufchâtel.

vivait au milieu du treizième siècle; « il indique l'emploi de procédés mécaniques propres à faciliter la composition et le dessin des figures, et même des ornements ».

La sculpture italienne (fig. 142), selon la remarque d'Émeric David, s'était élevée jusqu'au sublime, en ne cherchant que l'imitation exacte et naïve de la nature. Ce fut par les mêmes procédés que la sculpture française rivalisa toujours avec la sculpture transalpine; mais, pour atteindre au but, elle suivit des routes différentes. En Italie, l'art s'éleva vers l'idéalisme par une étude attentive des formes grecques, tandis que, de ce côté-ci des Alpes, la forme fut, sinon sacrifiée, du moins négligée, quand

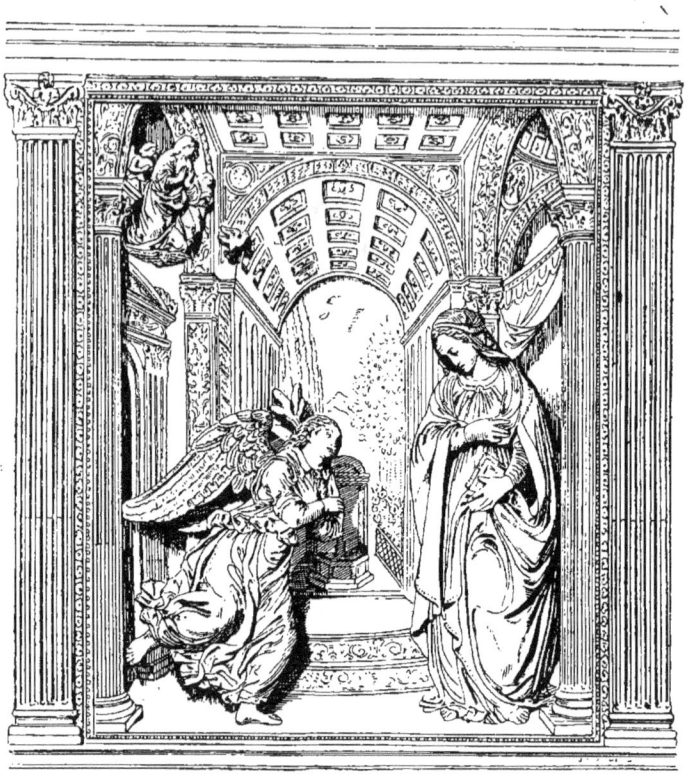

Fig. 142. — L'Annonciation, fragment du retable de Benedetto de Majano. Église de Monte-Oliveto. xve siècle.

le sentiment l'exigea. L'art français eut pour l'orthodoxie de la pensée chrétienne plus de respect; il n'introduisit pas dans le sanctuaire telle idée profane que lui eussent inspirée les marbres de la Grèce.

Malheureusement pour la gloire particulière de nos artistes, les chroniqueurs se sont à peine occupés d'enregistrer leurs noms. Il a fallu, pour en découvrir quelques-uns, les recherches pénibles des érudits modernes, tandis que plusieurs, et des plus remarquables, dignes sans doute d'être comparés aux plus grands artistes de l'Italie, sont et resteront inconnus (fig. 143). Cette

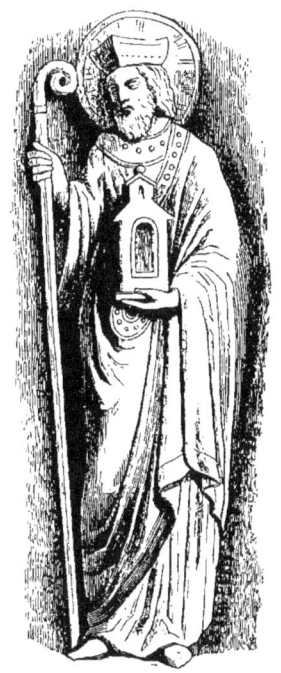

Fig. 143. — Statuette de saint Avit, à l'église Notre-Dame de Corbeil, démolie en 1820.

rareté de noms est bien moins due à un sentiment d'humilité qu'à l'esprit de corps; architectes, peintres, sculpteurs, tous se dévouaient à l'œuvre collective, soucieux avant tout de produire un ensemble harmonieux et complet.

Ainsi que nous l'avons vu, l'on multiplia sans mesure les statues à l'extérieur des églises. « On ne se contenta plus, comme on l'avait fait au siècle précédent, » dit M. de Caumont, « de

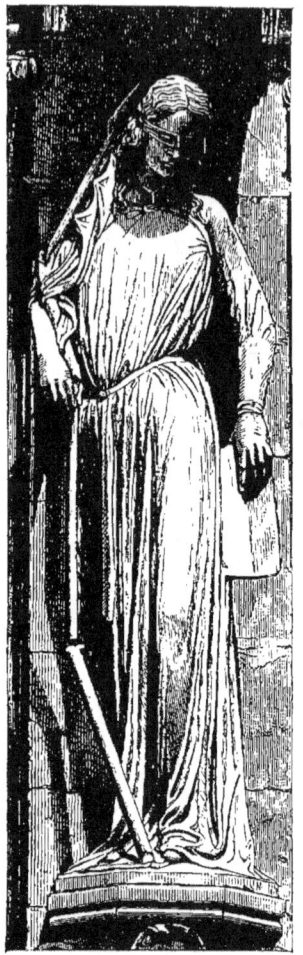
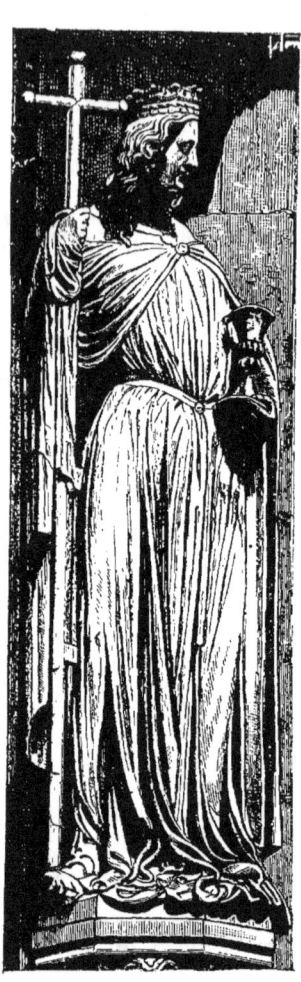

Fig. 144. — La Synagogue découronnée.   Fig. 145. — L'Église triomphante.
Statues de la cathédrale de Strasbourg, attribuées à Sabine de Steinbach. xiiie siècle.

les placer sur les parois latérales des portes; elles occupèrent les niches pratiquées au haut des contreforts et les nombreuses ar-

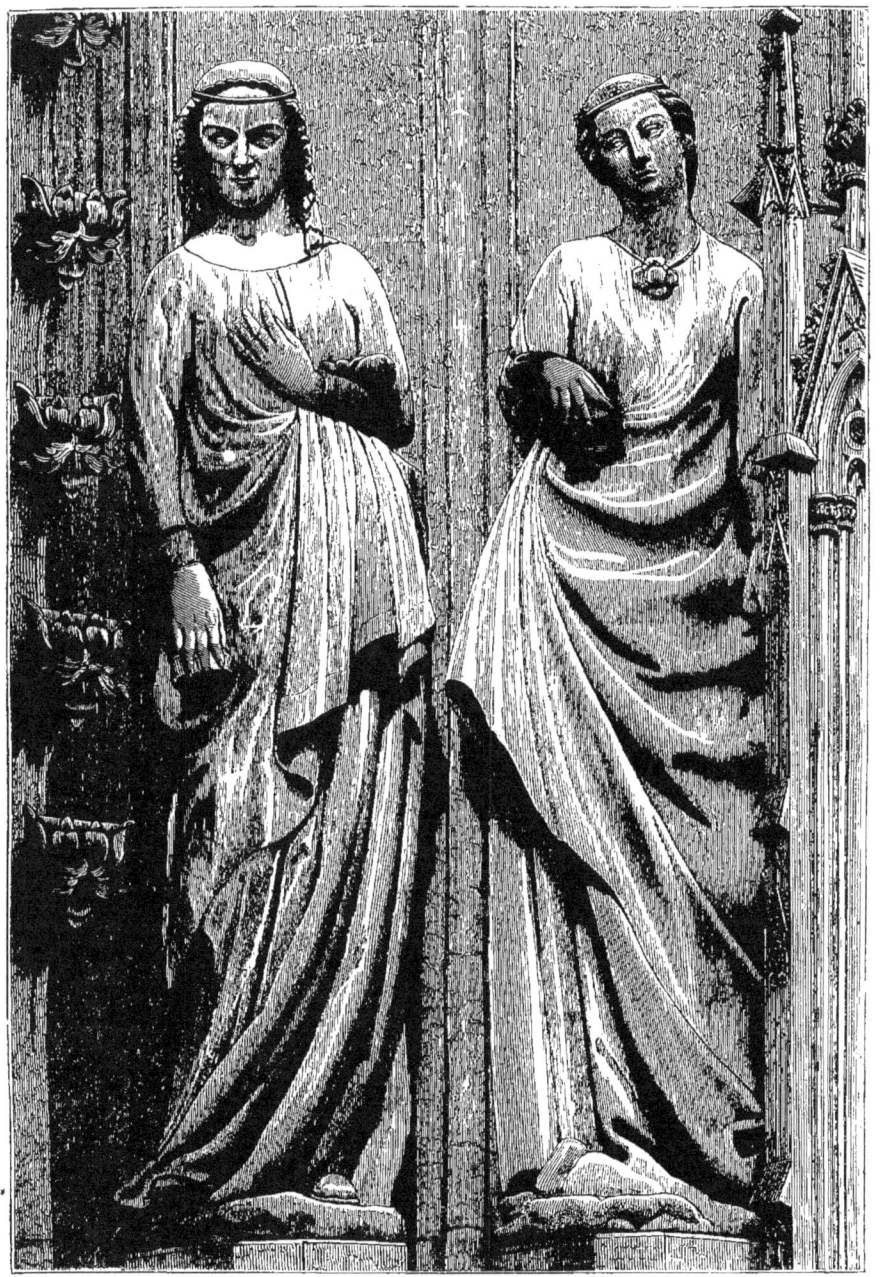

Fig. 146. — Les Vierges folles de l'Évangile, statues de la cathédrale de Strasbourg. XIIIe siècle.

catures qui forment des galeries à la partie supérieure des façades. » L'iconographie chrétienne, notamment, devint si riche et si compliquée, qu'il faudrait un ouvrage spécial pour se familiariser avec les allégories de nos artistes. Parmi celles qui ont été le plus souvent répétées, nous citerons l'arbre de Jessé, généalogie de la race de David; les trois archanges, Michel, Gabriel et Raphaël; l'Église et la Synagogue (fig. 144 et 145), ou la nouvelle loi opposée à l'ancienne; les patriarches, les prophètes, les sibylles, les apôtres, les vertus et les vices, les paraboles de l'Évangile.

Après les écoles de la France du Nord, celle d'Alsace jetait un vif éclat, qui rayonnait sur toute la vallée du Rhin. De Bâle jusqu'à Mayence on élevait des édifices chargés de sculptures. A Strasbourg, Erwin de Steinbach, mort en 1318, fut l'architecte de l'admirable cathédrale, en même temps que l'organisateur des corporations du bâtiment en franc-maçonnerie. C'est à sa fille Sabine qu'on doit les belles statues de l'Église et de la Synagogue et peut-être aussi celles des Vierges folles (fig. 146), qui décorent l'intérieur du monument.

Dans beaucoup de villes, les tailleurs d'images et les peintres, les *huchiers*, les *bahutiers* ou sculpteurs en bois, en corne, en ivoire, se trouvaient réunis sous la même bannière. En Allemagne, en Belgique, il existait aussi des confréries, des *hanses*, des *guildes*, qui avaient avec celles d'Alsace des rapports directs, et qui prenaient pour guides des artistes français reconnus capables, comme par exemple Volbert et Gérard, architectes sculpteurs, attachés en même temps à la construction de l'église des Saints-Apôtres de Cologne. Après Steinbach, l'école rhénane tomba dans l'exagération et la manière.

Pendant le quatorzième siècle, c'est à peine si l'on ose faire

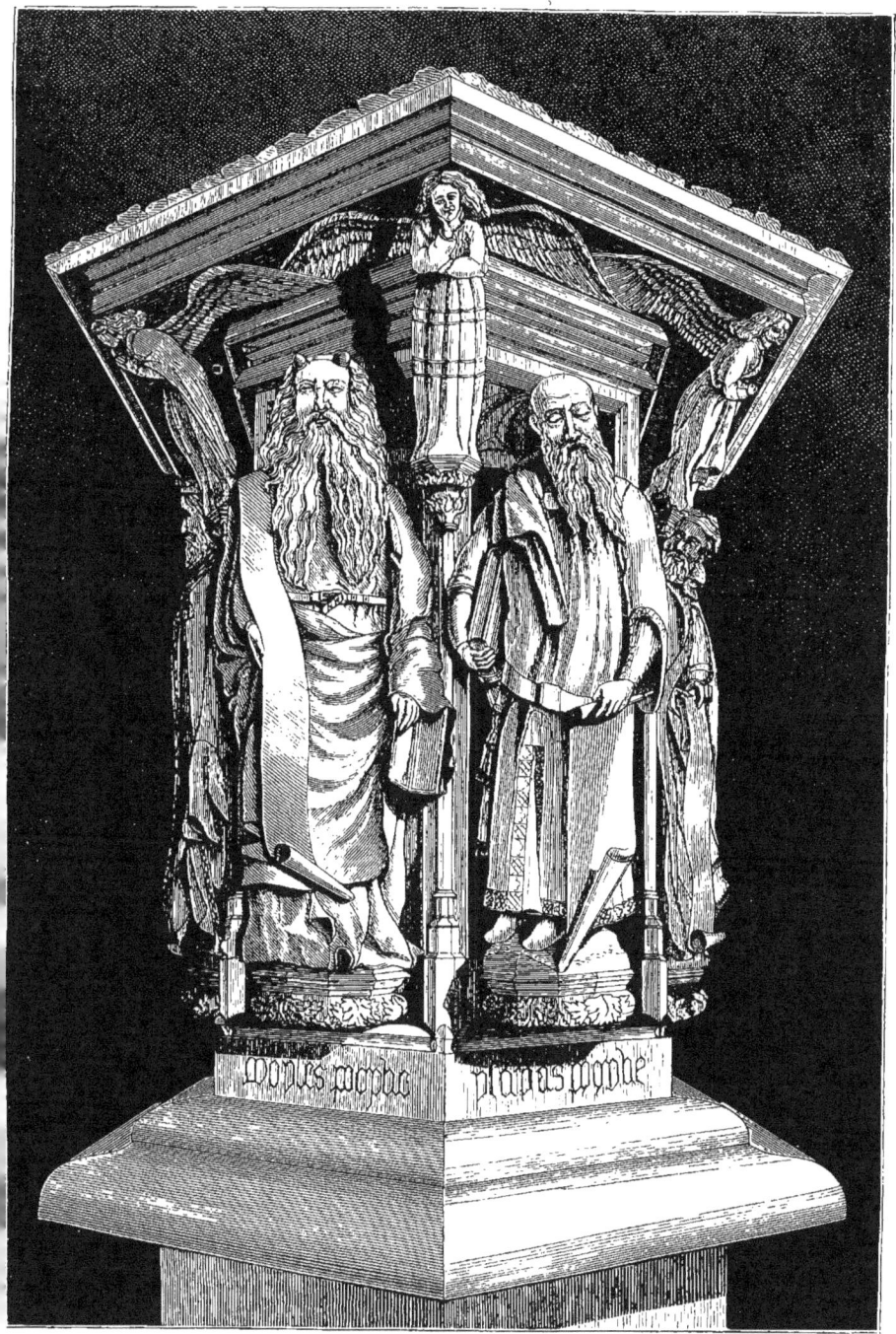

Fig. 147. — Le Puits de Moïse, par Claude Sluyter, à la Chartreuse de Dijon. xvᵉ siècle.

un choix dans la multitude de monuments merveilleux qui s'élèvent ou s'achèvent, et qui, d'ailleurs, peuvent être considérés comme les dernières manifestations de l'art ogival proprement dit. Il faut désigner, cependant, les sculptures polychromes de Chartres; de Saint-Remy, à Reims; de Saint-Martin, à Laon; de Saint-Yves, à Braisne-sur-Vesle; de Saint-Jean des Vignes, à Soissons; des Chartreux, à Dijon. Dans cette ville ducale, nous rencontrons, en 1357, un sculpteur célèbre, Guy le Maçon; à Bourges, vers le même temps, Aguillon, de Droues; à Montpellier, entre 1331 et 1360, les deux Alaman, Jean et Henri; à Troyes, Denisot et Drouin, de Mantes, etc. Hors de France, en 1343, Matthias, d'Arras, jette les fondements de la cathédrale de Prague, que doit continuer et achever un autre artiste français, Pierre de Boulogne.

Les calamités qui affligèrent notre pays durant cette époque ne firent que ralentir le travail des différentes écoles; car on le voit reprendre un nouvel essor sous le règne réparateur de Charles V. Les princes de sa famille héritèrent de son goût éclairé pour les arts. Plusieurs châteaux furent bâtis ou réparés, et la sculpture qui reste encore à ceux de Pierrefonds et de la Ferté-Milon se recommande par la largeur du style. Les nombreuses statues tombales qui sont à Saint-Denis ou ailleurs, bien que déjà empreintes d'affectation, peuvent être citées comme des œuvres supérieures. L'ornementation, toujours abondante, atteint à un haut degré de perfection, témoin les parties de la Sainte-Chapelle qui datent de Charles VII.

Au quinzième siècle, les formes prismatiques ou anguleuses dominent dans l'architecture, et la ressemblance qu'elles avaient avec les flammes a fait donner à cette décadence du style ogival le nom de *style flamboyant*. Dans la statuaire, l'exécution matérielle est remarquable ; elle accuse une étude attentive de la nature, une recherche naïve du réalisme, mais parfois aussi de la sécheresse et un penchant à la prétention. Un artiste d'origine hollandaise, Claude Sluyter, termina en 1402 *le Puits de Moïse* (fig. 145), à la Chartreuse de Dijon. Au centre d'un puits s'élève un piédestal hexagone, à chaque face duquel est adossée la statue d'un prophète. Les figures, séparées par des colonnettes, sont surmontées chacune d'un ange.

Un peu plus tard, Thury exécutait les mausolées de Charles VI et d'Isabeau de Bavière. Dans le pays messin s'illustraient, à l'exemple de Pierre Perrat, mort en 1400, ingénieur et sculpteur à la fois, Henri de Ranconval et son fils Jean. En Champagne brillait Jean de Vitry, auteur des stalles de l'église de Saint-Claude (Jura) ; dans le Berry, Jacques Gendre, *maître maçon* et *imagier* de l'hôtel de ville de Bourges, etc. Pierre Brucy, de Bruxelles, exerçait son art à Toulouse ; le génie des artistes alsaciens respirait dans les magnifiques sculptures de Thann, de Kaisersberg et de Dusenbach.

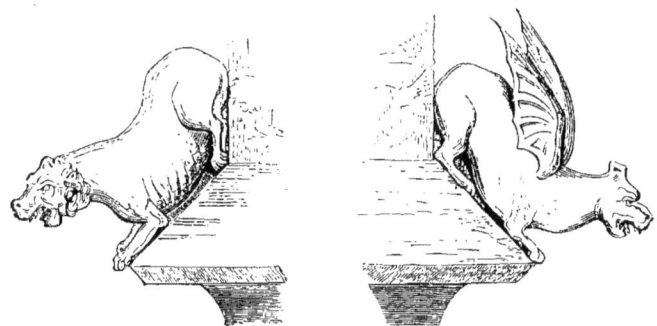

Fig. 148. — Gargouilles du Palais de justice de Rouen. xv⁰ s.

II.

LA RENAISSANCE.

Avec le quinzième siècle s'éteignent, dans la statuaire comme dans toute autre branche de l'art, le sentiment historique et la foi.

On proteste contre le moyen âge, on veut réhabiliter la beauté des formes et revenir à l'antique; jusqu'alors on avait eu rarement recours à l'usage des nudités, et l'on dissimulait les lignes du corps sous la draperie des vêtements; désormais, on fit tout le contraire. Aux légendes des saints, aux personnages de la Bible, aux symboles mystiques, on substitua la mythologie grecque, les aventures des dieux et des héros. De chrétien qu'il était l'art devint païen et consacra son génie à reproduire jusque dans le sanctuaire des églises une époque à jamais évanouie. Cette révolution ne s'opéra point tout d'un coup : nos artistes résistèrent aux modes d'Italie, et c'est seulement de François Ier qu'on peut dater la renaissance française.

Les sculpteurs qui étaient venus chercher fortune à la cour de Charles VIII et de Louis XII travaillèrent exclusivement pour l'aristocratie et ornèrent à l'envi les demeures royales et seigneuriales (fig. 149), qu'on élevait ou qu'on restaurait de toutes parts, comme les châteaux d'Amboise et de Gaillon, avec un fougueux engouement de l'art italien. Mais ils ne firent aucun tort aux artistes français, qui restaient seuls chargés de la statuaire religieuse, et dont les travaux subirent à peine l'influence de cette importation étrangère. Benvenuto Cellini lui-même n'eut pas d'action sur les fortes écoles de Tours, de Troyes, de Metz, de Dijon et d'Angers : sa réputation et ses œuvres ne sortirent pas, pour ainsi dire, des limites de la cour de France, et ne laissèrent de trace brillante que dans l'école à demi-italienne de Fontainebleau.

Parmi les œuvres d'art qui caractérisent avec le plus d'éclat la période transitoire entre le style ogival et la renaissance, signalons d'abord le jubé de la Madeleine, à Troyes, qui offre un ensemble merveilleux de fleurs, d'animaux et de statues. La sculpture sur bois produisit des chefs-d'œuvre. A Rouen, à Beauvais, à Amiens, à Évreux, d'humbles artisans trouvèrent dans les stalles (fig. 150 et 151), chaires à prêcher et autres boiseries, ample matière à exercer leur talent. La plupart des métiers sont représentés dans les stalles de Rouen,

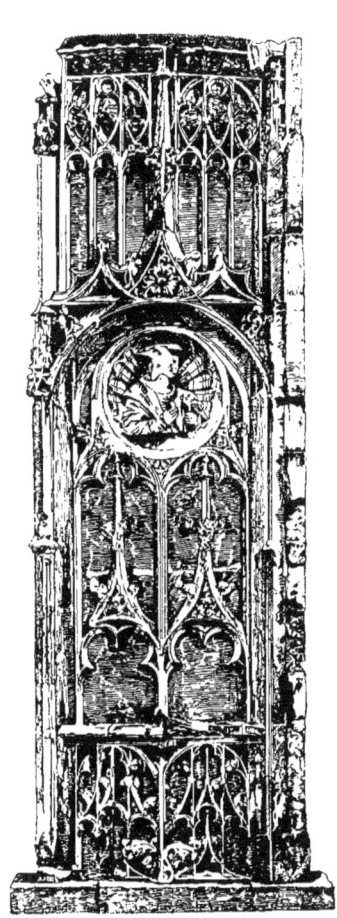

Fig. 149. — Ornements provenant de l'ancien hôtel de la Trémoille. (École des Beaux-Arts, à Paris.)

ce qui porte à croire que les diverses corporations de la ville contribuèrent aux dépenses du travail.

Le mausolée du cardinal Georges d'Amboise, qui employa une partie de ses immenses revenus à encourager les arts, fut édifié entre 1520 et 1525. On a gardé les noms des principaux tailleurs d'images qui y furent occupés : Pierre Desaubaulx, Renaud Therouin, Jean Chaillou, Matthieu Laignel, tous Normands. Le style de ce monument est encore celui de la

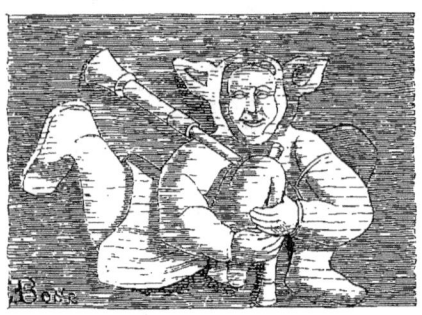 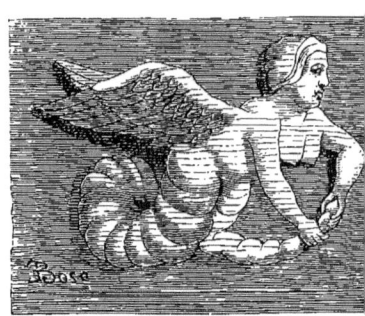

Fig. 150. — Stalle en bois, au palais de justice de Rouen. XVIᵉ s.

Fig. 151. — Stalle en bois à la cathédrale de Rouen. XVIᵉ s.

fin du quinzième siècle. De la même origine relève l'église de Brou, près Bourg en Bresse, élevée, de 1513 à 1532, aux frais de Marguerite d'Autriche, gouvernante des Pays-Bas; et c'est au ciseau d'un maître flamand, Conrad Meyt, « consommé tailleur d'images, » que l'on doit les admirables statues des tombeaux et les délicieuses sculptures qui s'épanouissent en ornements de tous genres dans ce royal sanctuaire.

Il n'avait rien emprunté non plus à l'art italien, l'auteur du *Tombeau de François II* (fig. 152), Michel Colombe, mort en 1512, dont le nom demeura ignoré jusqu'au dix-huitième siècle. En 1507, la duchesse Anne, femme de Louis XII, résolut

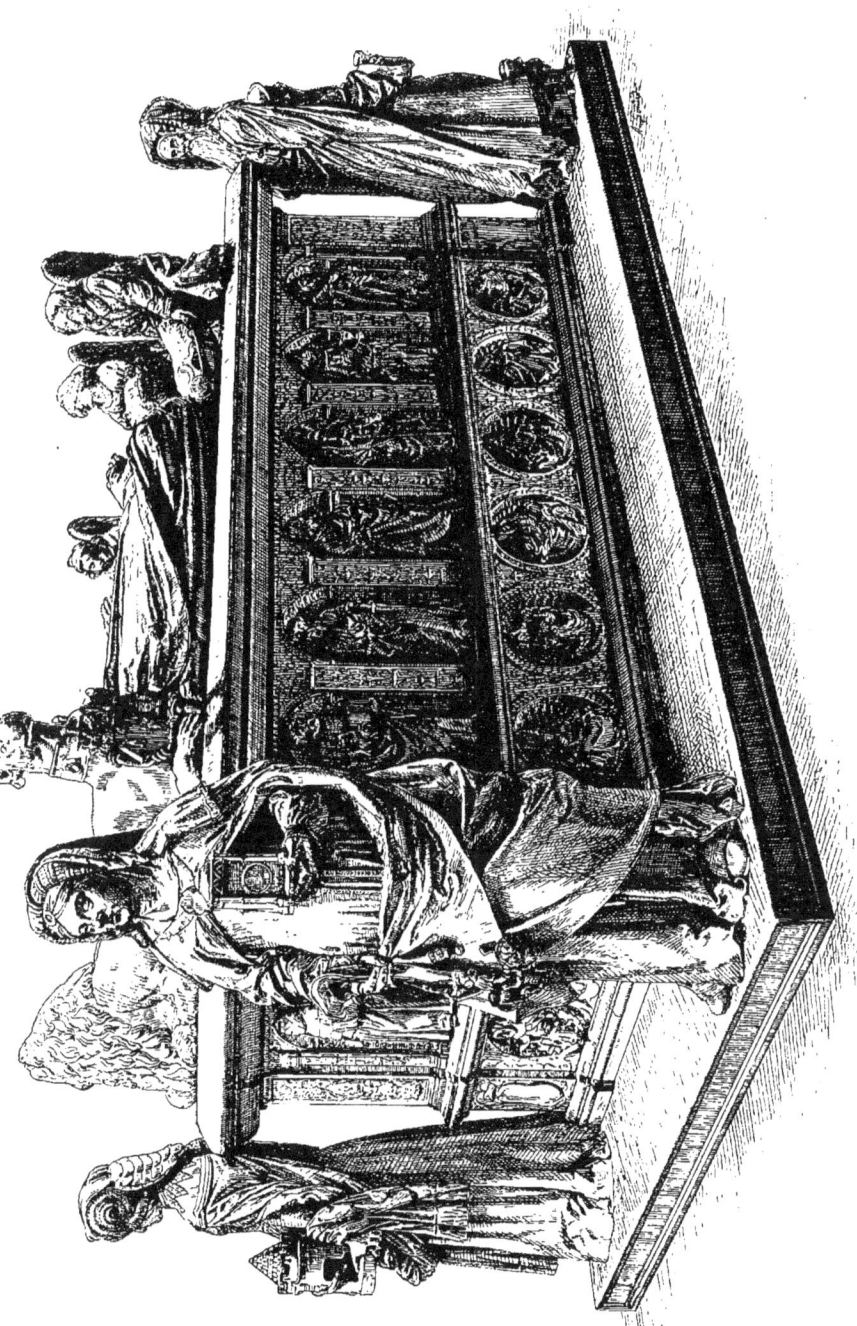

Fig. 152. — Tombeau de François II, duc de Bretagne, par Michel Colombe. Cathédrale de Nantes. XVIᵉ siècle.

de consacrer par un riche mausolée la mémoire de son père, dernier duc de Bretagne; elle en confia l'exécution à Colombe, sculpteur alors renommé, Breton de naissance. Mais il ne paraît point qu'il ait fait lui-même tout le tombeau : d'après certains documents qui semblent authentiques, il était le chef d'une des plus fameuses compagnies d'imagiers de l'époque : après avoir modelé l'ensemble du monument et dessiné les principales statues, il quitta Nantes, laissant à ses collaborateurs le soin de finir son œuvre. Le musée du Louvre possède de lui quelques autres ouvrages.

Longtemps encore il y eut donc une école française; elle conserva son caractère propre, ses qualités et ses défauts génériques, que représentent si bien les bas-reliefs de l'hôtel de Bourgtheroulde, à Rouen (fig. 153).

Dès le règne de François Ier, se détachèrent, de tous les foyers de nos écoles, plusieurs artistes, soit élèves, soit déjà maîtres, qui allèrent au delà des Alpes chercher de nouvelles inspirations : le Languedocien Bachelier, les deux Lorrains Simon et Léger Richier, l'Alsacien Valentin Busch, Jacques d'Angoulême, Philibert Delorme, Pierre Lescot, Jean Bologne, furent de ce nombre. Ce dernier, né à Douai (1524-1608), fut un chef d'école. Si des Italiens, tels que le Primatice, le Rosso et Paul Ponce, ont déployé leurs talents dans nos palais de Fontainebleau et du Louvre, nous avons pris une éclatante revanche en la personne de notre compatriote Jean Bologne qui, pendant sa vie entière, a enrichi l'Italie d'ouvrages aussi nombreux qu'importants.

François Ier fit des efforts incroyables pour naturaliser l'art italien en France. « A cet égard, » fait remarquer un critique, « les bonnes intentions de ce prince ne furent pas complètement favorisées par les circonstances; car presque tous les étrangers qu'il parvint à fixer près de lui, et dont par conséquent le génie et les travaux ont eu chez nous le plus d'influence, étaient plus ou moins engoués du style maniéré de Michel-Ange et de Jules Romain. Aussi les œuvres de la renais-

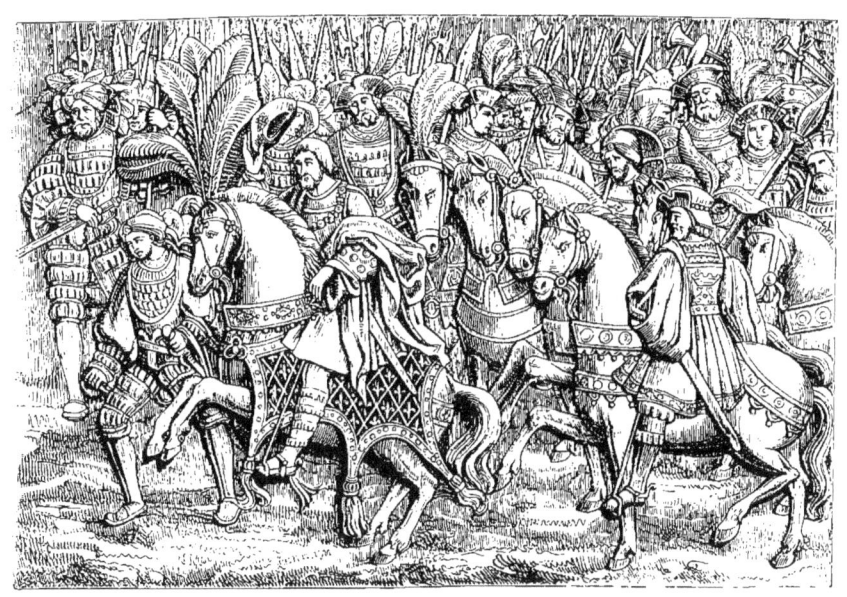

Fig. 153. — Le roi François Ier à la tête des seigneurs de sa cour. D'après un bas-relief de l'hôtel de Bourgtheroulde, à Rouen. xvie siècle.

sance française ne sont-elles pas exemptes de manière et d'affectation, défauts que l'on a toujours reprochés à notre école, et dont il faudrait peut-être rechercher l'origine là où nous l'indiquons. »

C'est alors qu'apparaissent Jean Cousin, Jean Goujon, Germain Pilon, Léger Richier, François Marchand, Pierre Bontemps, ces maîtres de la statuaire nationale au seizième siècle.

Nous ne reviendrons pas sur ce que nous avons dit ailleurs de Jean Cousin (1), si remarquable par l'excellence et la variété de ses talents. Au premier rang de ses ouvrages en sculpture, en partie perdus, on place le *Tombeau de l'amiral Chabot* (fig. 154), en albâtre, érigé dans l'église des Célestins de Paris et qui figure aujourd'hui au Louvre. L'amiral, vêtu de son armure,

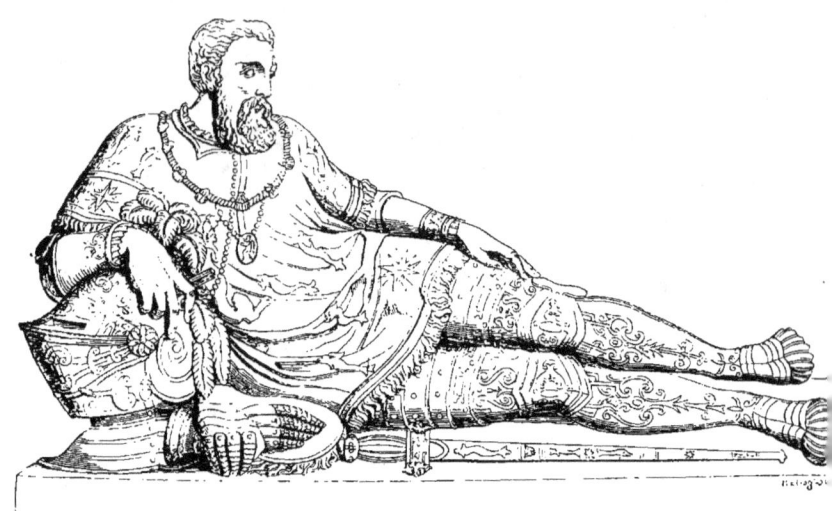

Fig. 154. — Statue en albâtre de Philippe de Chabot, amiral de France, par Jean Cousin, autrefois dans l'église des Célestins, et aujourd'hui au musée du Louvre.

est à demi couché, le bras droit appuyé sur son casque; la stature annonce la force physique, et l'expression respire l'énergie morale. Quelque temps auparavant, Cousin avait exécuté, par l'ordre de Diane de Poitiers, le *Tombeau de Louis de Brezé*, son époux, mort en 1531. Ce monument, tout en marbre, est à la cathédrale de Rouen : orné de colonnes et de neuf figures,

(1) Voy., dans la collection de *l'Ancienne France*, le volume consacré aux *Arts et métiers*, pp. 251 à 258.

il se compose de deux ordres d'architecture superposés, dans le goût italien. On sait que le même sculpteur travailla aux admi-

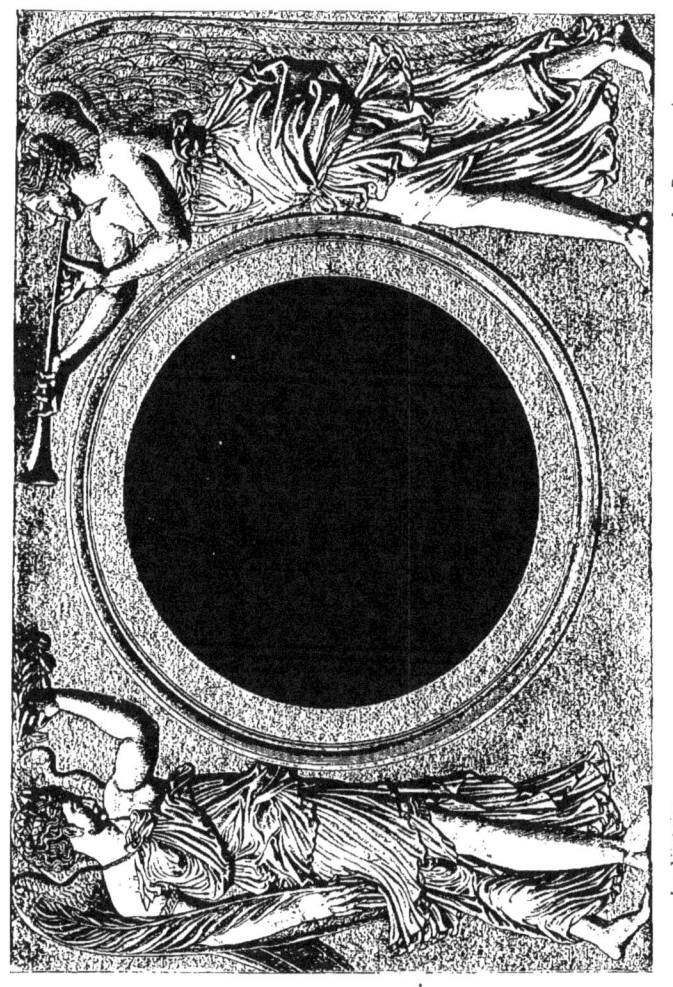

Fig. 155. — Bas-reliefs; dessus de porte dans la cour du Louvre, face orientale, par Jean Goujon. xvi⁵ s.

rables ornements qui furent prodigués en profusion au château de Chambord.

A côté des étrangers, l'école française se maintient, et parmi ceux-là même qui goûtent le charme de l'art italien, plus d'un sait rester original.

Jean Goujon, par exemple, montra un talent élégant et fin, une grâce exquise dans les attitudes et le mouvement, une combinaison d'effets qui s'accuse surtout dans le bas-relief, et l'art d'accommoder ses figures au plan des édifices. A la suite d'une traduction de Vitruve, dont il avait dessiné les planches, il recommande « aux studieux », dans un petit écrit de sa main, la culture des sciences, sans l'aide desquelles « les hommes ne peuvent faire œuvres dont ils puissent acquérir grande louange ». Après avoir travaillé à Saint-Maclou de Rouen, on le trouve occupé au jubé de Saint-Germain l'Auxerrois (1542); puis le connétable de Montmorency l'emploie à Écouen, et il est enfin attaché à la décoration du Louvre (fig. 155). Bien qu'une tradition le fasse périr victime de la Saint-Barthélemy, des documents récents établissent qu'il avait quitté la France en 1562 pour aller se fixer à Bologne; il est probablement mort en Italie avant 1568.

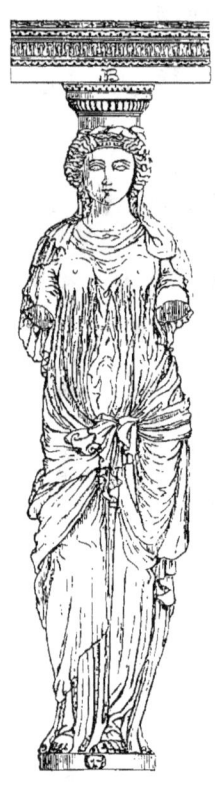

Fig. 156. — Cariatide du Louvre, par Jean Goujon. XVI⁰ siècle.

Ses plus beaux ouvrages sont la *Diane*, les *Cariatides* de la Salle des gardes, au Louvre (fig. 156), et les *Nymphes* de la fontaine des Innocents. La grande statue de Diane, couchée, s'appuyant sur le cou d'un cerf et tenant un arc dans la main gauche, formait jadis le couronnement d'une des fontaines du château d'Anet; elle a passé

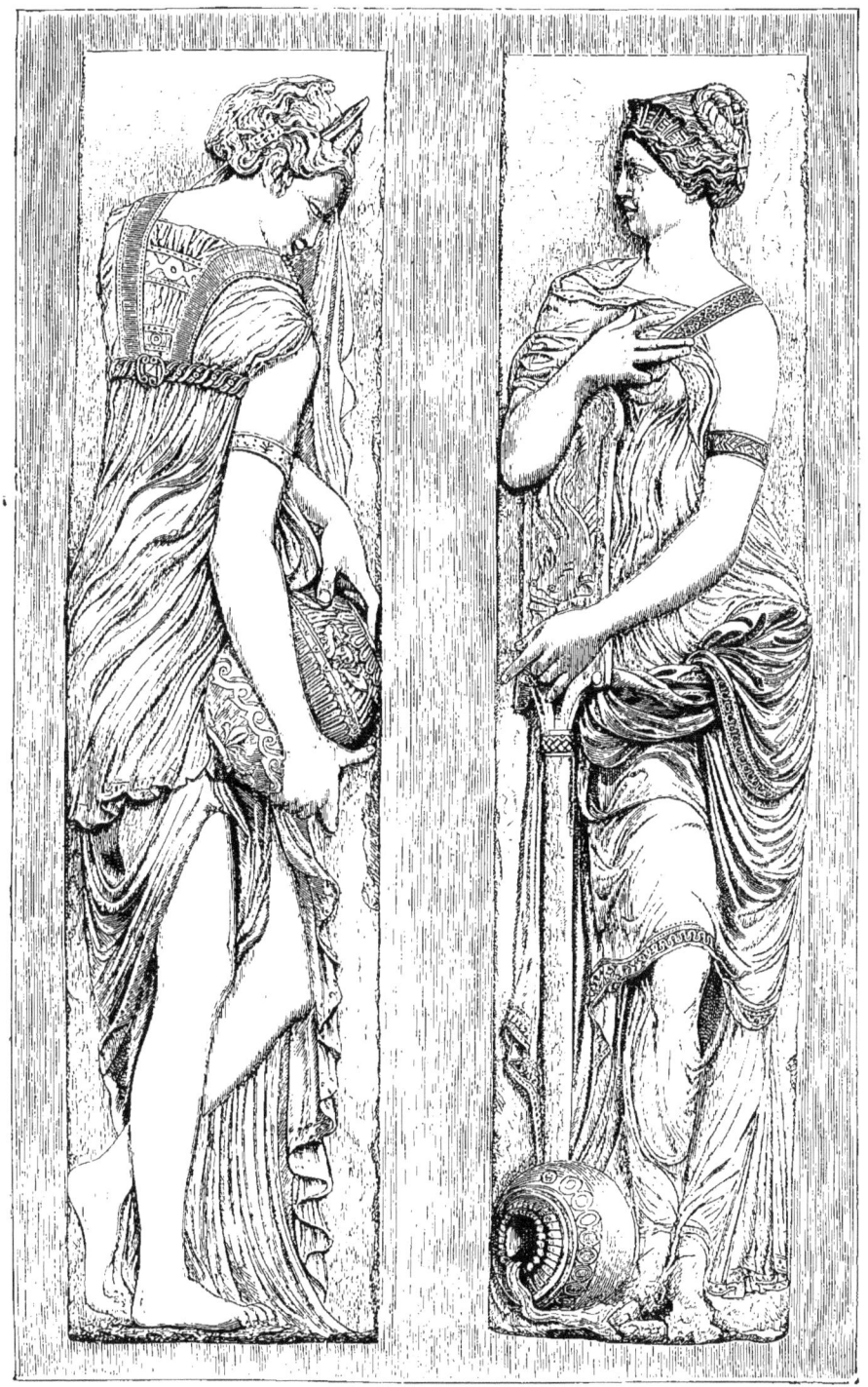

Fig. 157. — Nymphes de la fontaine des Innocents, sculpture de Jean Goujon. xvie siècle.

longtemps (mais c'est encore une fausse tradition) pour être un portrait de la duchesse de Valentinois (Diane de Poitiers), la constante protectrice de l'artiste.

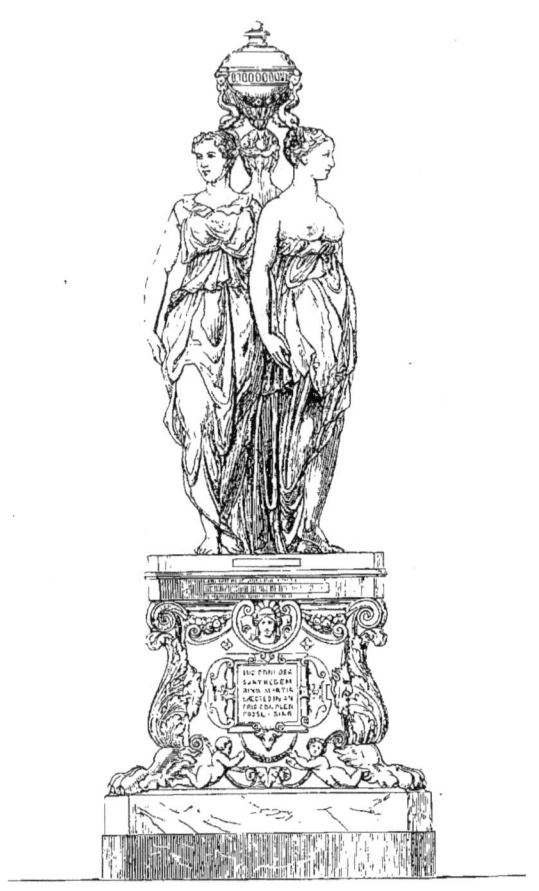

Fig. 158. — Les Trois Grâces, par Germain Pilon. Musée du Louvre. xvie siècle.

- Le petit monument de la fontaine des Innocents, qui date de 1550, a popularisé la gloire de Jean Goujon ; l'architecture est de Pierre Lescot. « Une harmonie parfaite, » dit Clément, « règne

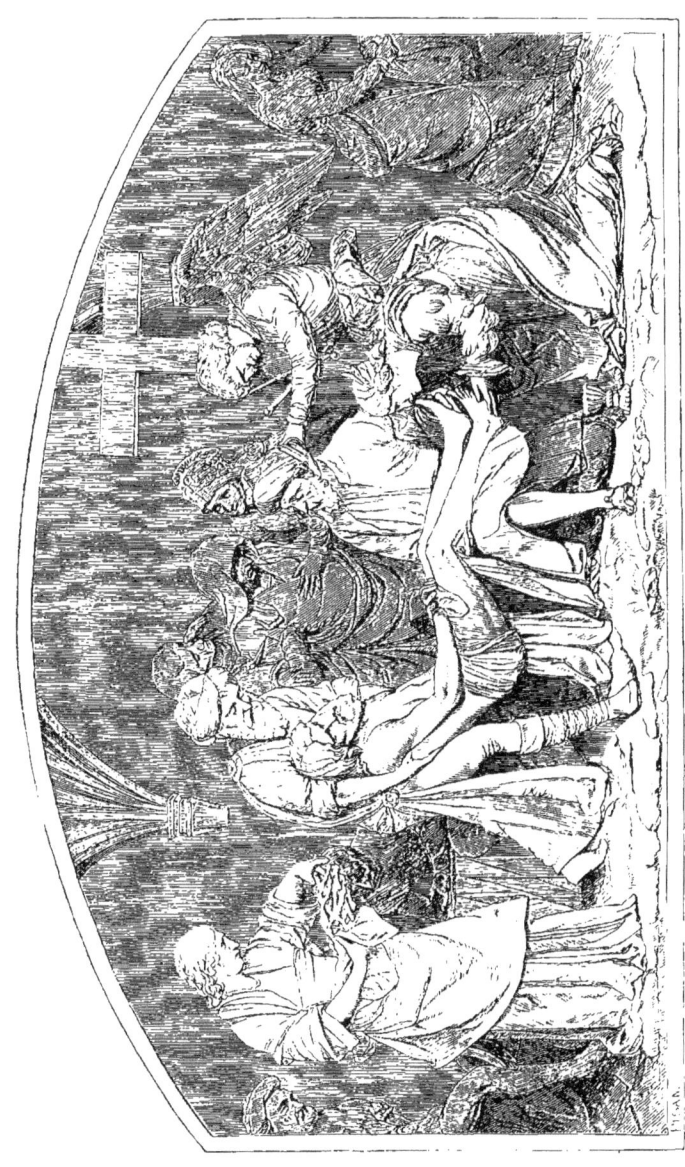

Fig. 159. — Saint-Sépulcre de l'église de Saint-Étienne, à Saint-Mihiel (Meuse), par L. Richier, xvi⁰ siècle.

dans les proportions et aussi entre l'ensemble et les détails. Dans des espaces restreints, Goujon a su placer un assez grand nombre de figures; les nymphes qui sont debout entre les pilastres portent avec grâce de légères draperies (fig. 157); le Triomphe de Vénus, couchée sur les eaux, entourée d'amours folâtres et de dauphins, occupe le soubassement. On ne se lasse pas d'admirer le talent que le maître a dû déployer pour rendre tout l'effet de sa composition avec si peu de saillie; il y a là une entente merveilleuse de la lumière et de l'ombre, et une science dans le rendu des raccourcis dont on est émerveillé. »

En outre, on conserve encore de Goujon, dans la salle qui porte son nom au musée du Louvre : une *Descente de croix,* groupe de huit personnages; les quatre *Évangélistes;* trois groupes de *Naïades et Tritons,* bas-reliefs en pierre.

Le style de Germain Pilon rappelle celui de Jean Goujon, bien qu'il ait fait preuve de plus de force et de souplesse à la fois. Natif du Maine, il travailla principalement à Paris, où il mourut en 1590. Il était sculpteur de Charles IX, qui l'avait logé à l'hôtel de Nesle. Sa fécondité était extrême, et il exécuta comme en se jouant une foule de morceaux de marbre, de pierre, de bronze, de bois, de terre cuite. Sous la direction de Philibert Delorme, il prit part à la décoration du tombeau de François Ier, à Saint-Denis, et s'acquitta de sa tâche de telle façon qu'il fut entièrement chargé des sculptures du tombeau d'Henri II (1560); il le surmonta du groupe célèbre des *Trois Grâces* (aujourd'hui au Louvre), taillé dans un seul bloc de marbre, et qui supportait une urne en bronze doré contenant le cœur du roi. C'est le chef-d'œuvre de l'artiste (fig. 158).

On doit également une mention à ses quatre *Vertus cardinales,* à ses bustes royaux et à la statue en bronze du chancelier de Birague.

Germain Pilon a donné à ses œuvres moins de tournure antique que Jean Goujon. « Il varie sa manière avec une grande intelligence et une extrême habileté, » dit Émeric David. « Élégant, on pourrait dire coquet et quelquefois un peu maniéré dans les draperies de femme, il se montre savant et fier dans les figures historiques. Le groupe des *Trois Grâces* et les statues de *François I*ᵉʳ et d'*Henri II* nous font voir en lui deux hommes différents : on est surpris de rencontrer d'une part des formes si grandioses, un caractère si mâle, après avoir admiré de l'autre tant d'esprit et de gentillesse. »

Un émule de ces grands statuaires, le Lorrain Léger Richier, fit preuve d'un talent vigoureux. Élève de Michel-Ange, il s'efforça avant tout de rendre l'expression et la vie ; c'est un imagier énergique et sincère, que n'a point effleuré le paganisme de la renaissance. Toute sa carrière s'écoula dans sa province natale, et l'on croit qu'elle ne se prolongea point au delà de 1570. Il est l'auteur d'un des plus beaux sépulcres que l'on connaisse, celui qu'il acheva en 1550 pour l'église de Saint-Étienne (fig. 159). Ce qui en fait l'originalité puissante, c'est l'alliance de la naïveté à la science du dessin et à l'habileté d'exécution. A Bar-le-Duc, dans l'église de Saint-Pierre, on voit de lui une image de la Mort, mi-squelette et mi-cadavre, d'une effroyable réalité.

III.

LA SCULPTURE DEPUIS HENRI IV JUSQU'A LOUIS XIV.

Sous la Ligue, les sculpteurs, qui étaient si nombreux naguère, disparurent tout à fait; on comprend qu'il n'était plus question de sculpture à cette époque de trouble et de misère.

L'école des statuaires de Fontainebleau s'était dispersée; les Italiens, ne touchant plus leurs gages, avaient quitté les ateliers royaux pour rentrer dans leur patrie; quelques-uns, comme Bianchini, restaient en France, à la solde des riches financiers leurs compatriotes, que la Ligue n'empêchait pas de faire de bonnes affaires, en prêtant de l'argent à gros intérêts. Mais il ne sortait plus d'artistes de l'école de Cambrai, qui avait produit Jean Bologne et son élève Francheville, alors établis à Florence, auprès du grand-duc Cosme II de Médicis. L'école d'Hugues Sambin, à Dijon, et celle de Juste, de Tours, n'existaient plus, depuis la mort de leurs derniers maîtres. Henri IV, qui assiégeait Paris, n'était point en état d'entretenir des sculpteurs à sa solde, et n'avait pas même le temps de poser pour faire modeler son buste.

Dès qu'il fut rentré dans sa capitale (mars 1594), il songea aussitôt à reprendre les grands travaux des bâtiments, qu'on regardait comme le privilège et l'apanage de la royauté. Les sculpteurs reparurent alors avec les architectes; il y eut d'abord des bustes et des tombeaux pour les morts illustres, qui n'avaient pu être honorés ainsi pendant la période désastreuse des guerres civiles. Les financiers italiens Sébastien Zamet et Scipion Sardini furent les premiers à décorer leurs somptueux hôtels, et le roi, qui avait proclamé une ère de paix et de prospérité en ordonnant de continuer la construction de la galerie du Louvre, témoigna par là combien il aimait les œuvres de pierre.

On peut dire que les premiers sculpteurs employés dans les bâtiments du roi furent Boileau, Charles Morel et Jean Sejourné, pour le Louvre, et Jacquet, de Grenoble, pour le château de Fontainebleau. En parlant de la galerie du Louvre, qui se prolonge jusqu'au pavillon Lesdiguières, l'auteur des *Antiquités de Paris*, Sauval, dit qu'elle est « trop riche et trop historiée, et néanmoins que les ornements dont elle est rehaussée méritent l'estime des habiles gens ». Cette première partie de la galerie fut achevée avant l'année 1599; quant à la seconde qui se relie au pavillon de Flore, construit à la même époque, elle ne fut terminée qu'au commencement de 1605 : la décoration y a été plus ménagée, mais les ornements des chapiteaux sont dignes de la plus belle époque du seizième siècle. « Tous admirent la composition de ces chapiteaux, » rapporte le même écrivain; « les quatre premiers sont garnis de feuilles de persil; les quatre autres de feuilles d'olive, courbées et roulées par Boileau et par Charles Morel, avec un amour et une noblesse que personne ne remarque dans les chapiteaux modernes. »

L'hôtel de ville de Paris, qui s'acheva rapidement de 1605 à 1608, avait été mis entre les mains d'un autre habile ornemaniste, qui se surpassa dans la décoration de l'édifice : « La délicatesse des ornements qui y sont sculptés, » dit Sauval, « les rosons des rampes de l'escalier, si fouillés et si finis qu'ils semblent être suspendus en l'air, ouvrage du Toulousain, sont des choses que les curieux admirent. »

Mais la grande sculpture était représentée, en ce temps-là, par Pierre de Francheville (1553-1615), que le roi avait rappelé en France, dès 1601 ; par Simon Guillain (1581-1658), de l'école de Cambrai, lequel était allé aussi en Italie pendant la Ligue; par le vieux Barthélemy Prieur, qui avait exécuté, en 1567, le superbe tombeau du connétable Anne de Montmorency, et par son contemporain Pierre Biard, à la fois sculpteur et architecte, qui mourut deux ans avant lui, en 1609.

Francheville avait pris dans l'atelier de Jean Bologne le caractère de l'école florentine, à laquelle on reprochait des poses maniérées et peu naturelles; il rachetait ces défauts par un dessin vigoureux et une excellente exécution. Il est surtout connu par les quatre figures d'esclaves enchaînés qui entouraient la statue équestre d'Henri IV, sur le Pont-Neuf; mais on doit signaler plutôt son admirable statue en pied du même prince, laquelle se trouve maintenant au château de Pau, une des plus parfaites et des plus ressemblantes qu'on ait faites d'après nature. Dans une des salles du musée du Louvre, à laquelle le nom de Francheville a été donné, l'on a placé, en outre des captifs, une grande figure d'*Orphée* jouant du violon et un *David vainqueur,* morceau charmant d'une gracieuse et savante étude (fig. 160). Les œuvres italiennes de cet artiste ont, à Florence et à Pise, autant de réputation que si l'auteur était toscan.

Barthélemy Prieur, mort en 1611, fit aussi une bonne statue du roi Henri IV en marbre, et beaucoup d'autres statues, également en marbre, destinées à orner des tombeaux. Sauval n'assigne pourtant à cet artiste qu'un rang secondaire dans la sculpture.

Deux artistes de premier ordre, fort âgés à cette époque, Pierre et François Lheureux, qui avaient travaillé ensemble au tombeau

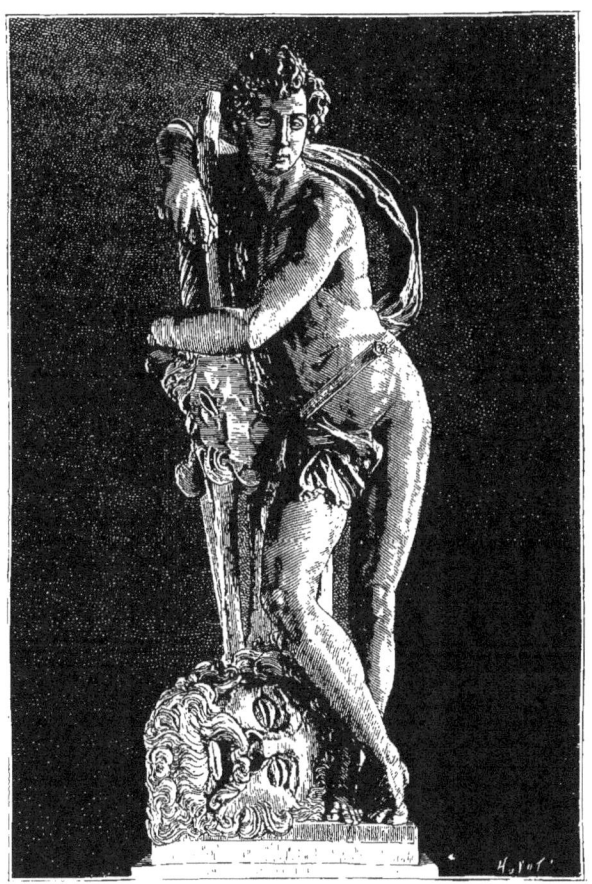

Fig. 160. — David, statue de Pierre de Francheville. xviie siècle. (Musée du Louvre.)

d'Henri II et à l'ornementation de l'ancien Louvre, travaillaient encore, sous Henri IV, à la charmante frise dite *marine*, qui se déroule entre la galerie de Charles IX et le pavillon de Lesdiguières. On reconnaît dans cette frise, composée d'une suite de petits sujets mythologiques, la finesse de dessin et de taille, la grâce délicate, les contours à la fois arrêtés et moelleux, qui caractérisent la manière des derniers maîtres du seizième siècle. François Lheureux et Martin Lefaure, « tous deux excellents sculpteurs, » firent aussi en concurrence deux lions *fort estimés*, qui décoraient la porte monumentale de l'hôtel de Châteauvillain, que le surintendant des finances d'O avait acheté à Paris, dans la vieille rue du Temple.

C'est en 1599 que Jacquet, de Grenoble, qu'on mettait au-dessus de tous les sculpteurs contemporains, élabora minutieusement la *belle cheminée* de la grande salle du château de Fontainebleau. Cette cheminée, haute de 23 pieds sur 20 de large, toute en marbre, se composait de quatre colonnes corinthiennes, posées sur deux grands piédestaux et surmontées de la statue équestre du roi; au-dessous de cette statue, grande comme nature, deux bas-reliefs représentaient la bataille d'Ivry et la reddition de Mantes; entre les colonnes, à droite et à gauche, figuraient les statues allégoriques de *l'Obéissance* et de *la Paix*. Ce splendide monument fut considéré comme le chef-d'œuvre de la sculpture moderne jusqu'au règne de Lous XV, où l'on eut la barbarie de le détruire, à l'exception d'un bas-relief et des trois statues, pour agrandir la salle dont il faisait l'ornement.

Quelle que fût la valeur artistique de la *Belle Cheminée*, Pierre Biard (1559-1609), qui mourut à cinquante ans, dans toute la force de son talent, était sans comparaison le premier sculpteur du règne d'Henri IV. Il avait étudié en Italie les monuments de l'antiquité et les œuvres des artistes de la renaissance; il fut toujours inspiré par le désir d'égaler Michel-Ange. De retour à Paris, il travailla pour le Louvre, pour l'hôtel de ville, pour les églises, pour les particuliers. Sauval, qui l'appelle *le Praxitèle de son temps*, décrit avec enthousiasme deux figures de captifs, exécutées de la main de ce grand sculpteur, qui furent *ruinées*, au Louvre, sous la régence d'Anne d'Autriche. Il décrit ensuite la statue du roi à cheval, que le même artiste avait faite, en 1608, pour l'hôtel de ville : « La statue de Henri IV sculptée au-dessus du portail est en pierre de Troussi, ainsi que la meilleure partie de l'édifice; Biard le père l'a taillée dans la masse. L'ouvrage est si beau, que non seulement il passe pour un chef-d'œuvre, mais même pour la meilleure figure équestre de Paris et une des plus excellentes de l'Europe. Le cheval est si vivant et si actif, on remarque dans son action tant de vie et de force, qu'il semble marcher... Quant à la tête, outre que jamais cheval ne l'eut si fière, la beauté en est incomparable et presque inimitable... Henri IV, qui le monte, est si bien assis, son visage si ressemblant et si plein de vie, son action remplie de tant de douceur et de majesté, que c'est peut-être le seul excellent portrait qui nous reste de ce grand prince. »

Parmi les plus belles statues dues au ciseau de Pierre Biard, on devait donner la préférence à un Christ en croix, accompagné de plusieurs figures, qu'il avait placé, à la porte du chœur de Saint-Étienne du Mont, sur le magnifique jubé dont il était l'architecte. Ce *crucifix*, comme on l'appelait, était d'une si merveilleuse perfection, que les connaisseurs soutenaient qu'il ne pouvait être que de Jean Goujon. Tous les ouvrages de Biard ont péri, à l'exception de deux figures de femmes ailées, qui subsistent encore au jubé de la même église.

Beaucoup des sculptures de l'époque qui nous occupe sont dues au ciseau d'artistes demeurés inconnus; il suffit d'en indiquer quelques-unes pour montrer la fécondité et la variété de l'art à la fin de la renaissance. On trouve, parmi les tombeaux, ceux du duc

Henri de Guise et de sa femme, à Eu; du maréchal de Montigny, à Bourg; d'Albert et de Pierre de Gondi, au musée de Versailles, qui a recueilli, en outre, un grand nombre de bustes, modelés sur les originaux. Il y a au musée du Louvre plusieurs bas-reliefs remarquables, représentant des sujets profanes ou religieux.

Deux des meilleurs sculpteurs de l'époque avaient survécu à Henri IV : Pierre de Francheville, premier sculpteur du roi, et Simon Guillain, qui était devenu le chef de l'ancienne école de Paris, tandis que Francheville représentait avec un talent réel l'exagération de la sculpture italienne. Ce dernier eut l'insigne honneur d'assister officiellement, avec les magistrats de la ville, à l'inauguration de la statue d'Henri IV sur le môle du Pont-Neuf, le 23 août 1614. Le cheval de bronze qui portait la figure du feu roi avait été fait et fondu par Jean Bologne et terminé par son élève, Pietro Tacca. C'était un présent que le grand-duc de Toscane, Cosme II, envoyait à sa fille Marie de Médicis. Guillaume Dupré, né à Troyes, vers 1574 avait eu la tâche difficile d'ajuster ce cheval, d'une taille trop gigantesque et d'une allure trop lourde, à une figure du roi qui ne fût pas trop disparate avec sa monture (fig. 161). Dupré était un sculpteur fort ordinaire, qui réussit pourtant assez bien dans cette entreprise : c'était aussi un fondeur très habile et un excellent graveur de médailles; il s'adonna depuis exclusivement à l'art de la glyptique, et devint contrôleur général des poinçons et effigies des monnaies de France, charge dont il se démit, en 1639, au profit de son fils Abraham.

Les troubles de la minorité de Louis XIII paraissent avoir rapidement diminué le nombre des artistes et des sculpteurs en particulier. Il y eut même un moment où ceux-ci avaient presque disparu, du moins dans la capitale. Il n'y restait que

LA SCULPTURE.   237

Guillaume Berthelot (mort en 1648), qui avait étudié à Rome, où il laissa de beaux ouvrages, et qui devint sculpteur de la reine Anne d'Autriche (fig. 162); Toussaint Chenu, « si connu de la ville, »

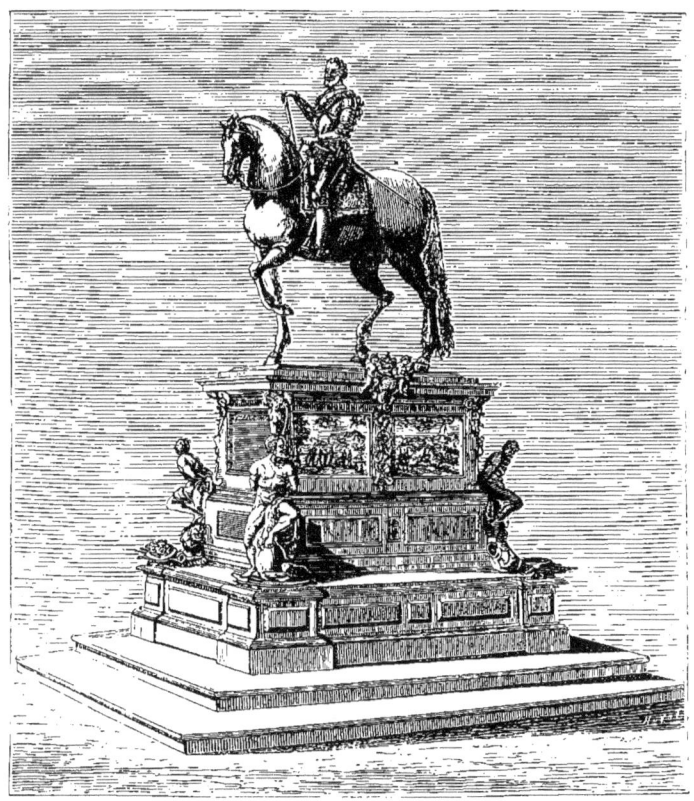

Fig. 161. — Statue équestre d'Henri IV, érigée sur le Pont-Neuf, à Paris (1614-1635).

dit l'abbé de Marolles dans son livre des *Peintres et graveurs*, et fort ignoré aujourd'hui; Guillain père, surnommé *Cambray*, à cause du lieu de sa naissance. Chenu avait fait, en 1624, les figures de la fontaine élevée sur la place de Grève; Nicolas Guillain sculpta un tombeau, qu'on voyait dans la chapelle du couvent des Minimes.

Parmi les élèves que Guillain-Cambray avait formés, il faut surtout remarquer son fils Simon (1582-1658) et Jacques Sarrazin, de Noyon (1590-1660).

Après avoir fait quelques travaux pour les églises et sans doute des sculptures en bois, ils partirent ensemble pour l'Italie, afin de suivre les leçons des maîtres modernes en étudiant les chefs-d'œuvre de l'antiquité et de la renaissance, et s'attachèrent surtout aux œuvres de Michel-Ange, suivant la disposition générale des esprits, qui ne reconnaissaient pas d'autre modèle en sculpture. Les ouvrages qu'ils firent à Rome se ressentaient de cette imitation presque servile. Jacques Sarrazin, cependant, se lia avec le Dominiquin, qui lui apprit la peinture, et il en garda dans ses travaux de statuaire un sentiment de vérité plus simple et plus touchant. Guillain resta plus ferme, plus large, plus grandiose (pour nous servir des expressions d'Émeric David); Sarrazin se rapprocha davantage de la grâce noble d'Annibal Carrache. Guillain revint le premier à Paris et y trouva sur-le-champ l'emploi de son talent agrandi et mûri aux inspirations de l'école romaine. Il avait ouvert son atelier à l'instar des sculpteurs italiens, et ses premiers élèves furent les deux frères Anguier, François et Michel, originaires du comté d'Eu. Guillain fut, à l'époque où il exécuta le monument du pont au Change (1648) en l'honneur de Louis XIII, nommé l'un des douze *anciens,* ou premiers professeurs de l'Académie de peinture et de sculpture, dont il fut élu recteur en 1657.

Jacques Sarrazin, qui avait eu à Rome des succès éclatants, surtout par les figures colossales qu'il exécuta pour le cardinal Aldobrandini à la villa Borghèse, ne se décida pas sans peine à rentrer en France. Il avait passé dix-huit ans en

Italie, quand il reparut à Paris, précédé d'une immense réputation. Pendant sa longue absence, la sculpture en bois et la

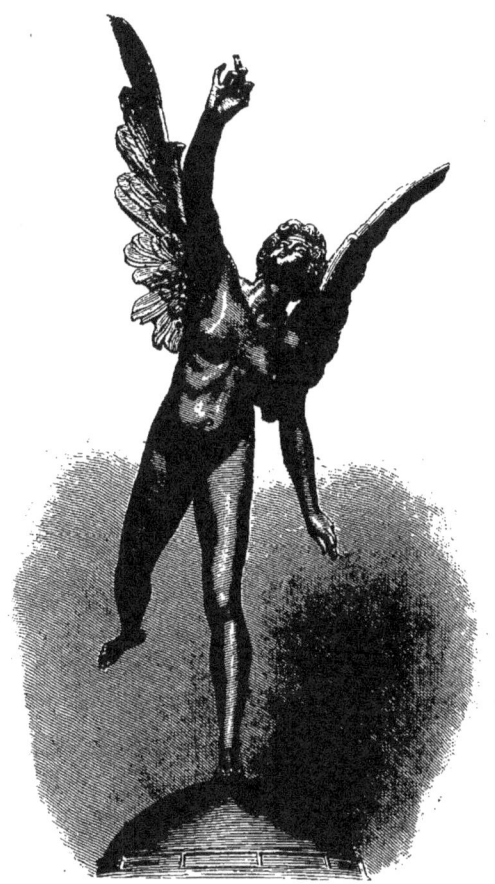

Fig. 162. — La Renommée, statue de Berthelot. xviie siècle. (Musée du Louvre.)

sculpture en terre cuite s'étaient beaucoup répandues; ce dernier genre de travail devait sa vogue momentanée aux ouvrages d'un nommé Biardeau, qui avait orné l'autel de l'église du couvent des Petits-Augustins avec quelques statues de saints et de saintes.

Ces figures en terre cuite n'étaient pas mal dessinées et avaient bien du caractère : « La figure de l'Agonisant, dans une grande niche au milieu de l'autel, est d'une excellente beauté, » dit Germain Brice dans sa *Description de la ville de Paris*, « et Varin en estimait la tête au poids de l'or, à cause de l'expression touchante qui s'y remarque. » Un des premiers ouvrages de Sarrazin à son retour, ce fut un grand *Crucifix de bois*, pour l'autel de l'église de la maison professe des jésuites; celui qu'il fit pour Saint-Jacques de la Boucherie n'était pas moins estimé. Enfin, les deux grandes cariatides qu'il exécuta en pierre pour le pavillon de l'Horloge (cour du Louvre) excitèrent une telle admiration, malgré leurs proportions exagérées, qu'il obtint aussitôt une pension du roi.

Sarrazin pouvait craindre d'avoir bientôt un rival redoutable dans la sculpture en bois, car on faisait déjà le plus grand cas des travaux de François Duquesnoy (1594-1646), dit François Flamand, de Bruxelles, qui avait acquis en Italie une prodigieuse réputation avec ses petits bas-reliefs en bronze, en marbre, en ivoire et en bois. Le cardinal de Richelieu avait vu plusieurs figures d'enfant exécutées en bois par François Flamand, et il en était tellement émerveillé, qu'il fit proposer à l'auteur de venir fonder à Paris une école de sculpture; mais celui-ci n'accepta pas la proposition ou du moins ne se pressa pas d'y répondre. Il mourut cinq ans après, en Italie, empoisonné, dit-on, par son propre frère.

Simon Guillain gagnait plus d'argent que Jacques Sarrazin, parce qu'il travaillait pour tous les grands hôtels que les divers membres de sa famille, architectes ou maîtres maçons, construisaient alors à Paris : il faisait exécuter ses compositions par ses élèves, et les praticiens qu'il avait formés taillaient pour lui le marbre, la pierre et le bois, d'après des modèles faits sur ses dessins et quelquefois retouchés par lui-même. Il exécuta en personne, néanmoins, quelques travaux importants, qui lui firent plus d'honneur : les statues du portail de Saint-Gervais, les figures du maître-autel des Minimes de la place Royale, entre autres une très belle statue de la Vierge, les statues du portail de l'église de la Sorbonne, et plus tard le monument élevé à la

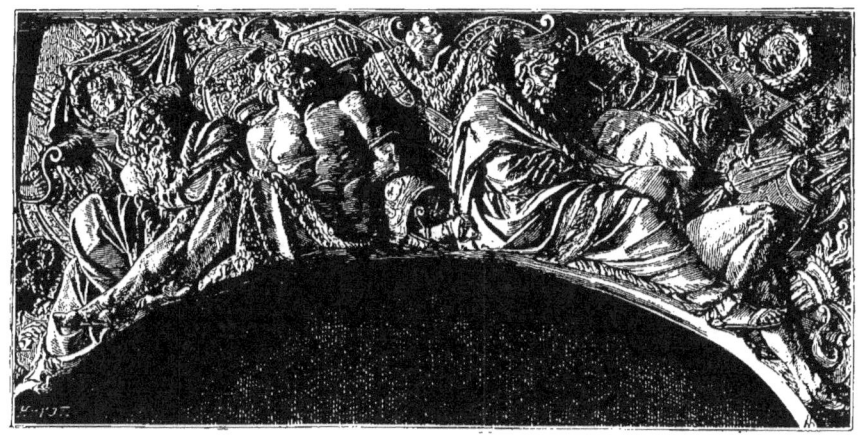

Fig. 163. — Bas-relief, sculpté par Simon Guillain, pour e monument du Pont au Change en l'honneur de Louis XIII, aujourd'hui détruit. xviie s.

mémoire de Louis XIII, à l'entrée du pont au Change (fig. 163), espèce d'arc de triomphe à colonnes, avec les statues en bronze d'Anne d'Autriche et de Louis XIV enfant. Ce monument a été détruit en 1787, mais du moins le Louvre a gardé les trois statues principales en bronze et un grand bas-relief en pierre, qui nous permettent de le reconstruire par la pensée.

Les travaux de Sarrazin eurent bien plus d'éclat que ceux de son ami Simon Guillain, quoique celui-ci, dans les dernières années de sa vie, se fût mis à faire des portraits au pastel, qu'on lui payait fort cher. Sarrazin faisait aussi de bonne peinture, dans le style du Dominiquin; mais il ne voulait être que sculpteur. La vogue était venue et les commandes lui arrivaient de toutes parts. On lui demandait surtout des *crucifix* pour les églises ; il en fit plusieurs fort beaux et tous différents. Son chef-d'œuvre était le tombeau du cardinal de Berulle, au couvent des Carmélites. On lui devait encore dans ce genre le mausolée de Louis et Henri de Bourbon, princes de Condé, à l'église Saint-Paul; celui de Jacques de Souvré, à Saint-Jean de Latran, et celui du prince Henri de Condé, dont les figures avaient été fondues par le fameux Perlan.

Il y avait, à la même époque, un autre fondeur très habile, nommé Duval, que Sarrazin employa sans doute lorsqu'il eut à faire *l'Enfant d'or,* que la reine Anne d'Autriche avait voué à Notre-Dame de Lorette, pendant sa première grossesse, et plus tard, en 1643, les deux anges, en argent, portant au ciel le cœur de Louis XIII, donné à l'église de Saint-Paul. *Ce savant homme,* ainsi que l'appelle Florent Lecomte, avait épousé la nièce de Simon Vouet; il en eut seize enfants, dont l'aîné fut peintre et le second sculpteur.

Sarrazin et Guillain furent les véritables créateurs de l'Académie royale de peinture et sculpture, dont il est parlé en détail dans le volume de cette collection, intitulé *Peintres et graveurs.*

IV.

LA SCULPTURE SOUS LE RÈGNE DE LOUIS XIV.

Cette admirable sculpture nationale, qui naissait et grandissait au moment même où la sculpture italienne accusait de plus en plus la funeste prépondérance des sectaires dégénérés de Michel-Ange, procédait directement des écoles de Simon Guillain et de Jacques Sarrazin. De l'atelier de l'un étaient sortis les deux frères Anguier; de l'atelier de l'autre, van Opstal, Gilles Guérin, Lerambert et Legros. François Anguier forma Girardon; Lerambert, Coysevox. Les principaux élèves de Girardon furent Slodtz et Robert le Lorrain, ceux de Coysevox, Nicolas Coustou et Jean-Louis le Moyne. Telle est l'histoire hiérarchique de la sculpture sous Louis XIV.

Presque tous les sculpteurs du dix-septième siècle se rattachèrent à l'une ou à l'autre de ces deux écoles fraternelles plutôt que rivales, excepté ceux qui s'étaient formés dans les écoles des Pays-Bas, comme Philippe de Buyster, de Bruxelles; l'Espagnandel, de Namur, et Martin Desjardins, de Breda. Quelques autres, Italiens de naissance, comme Philippe Caffieri (1634-1716) et J.-B. Tubi (1630-99), avaient apporté en France des études toutes faites, des habitudes prises, et faisaient de l'art italien sous l'influence de l'art français. Enfin, deux artistes, également remarquables dans des genres et des styles différents, Théodon et Puget, qui avaient vu l'Italie et qui s'étaient inspirés de ses chefs-d'œuvre anciens plutôt que des ouvrages de ses sculpteurs modernes, ne s'attachèrent à aucune école et restèrent originaux avec leurs qualités et leurs défauts.

Pierre Puget, de Marseille (1622-94), n'avait pas eu d'autres leçons que celles d'un certain Roman, qui construisait des galères et qui les ornait de sculptures grossières sans invention ni dessin. Le jeune homme, qui avait le goût inné et le vrai sentiment des arts, fut donc son propre maître. A dix-sept ans, il partit pour l'Italie, comme un simple ouvrier, et entra chez un sculpteur en bois, de Florence, qui fabriquait des meubles pour le grand-duc. Il dessina des ornements et des figures, il les tailla dans le bois avec une adresse qui fit l'admiration de son patron. L'argent qu'il gagnait à ce métier lui permit d'aller à Rome : il fut admis dans l'atelier de Pierre de Cortone, qui n'eut pas de peine à lui faire échanger le ciseau contre la palette, et qui l'associa bientôt aux vastes entreprises dont il était chargé. « Il faut observer, » dit Quatremère de Quincy, « que le goût de l'école de Pierre de Cortone put influer sur cette manière hardie, facile et incorrecte qu'il porta dans la sculpture. Sous ce rapport, on ne saurait dire s'il faut ou non regretter l'effet de cette influence, car qui oserait prétendre que les beautés des œuvres de Puget ne tiennent pas à ses défauts? »

L'amour de sa famille et de sa patrie ramena Puget, en 1643, dans sa ville natale.

Il s'essaya d'abord dans le grand art, en sculptant des poupes colossales de vaisseaux, avec des figures en ronde bosse et d'autres figures en bas-relief. Le vaisseau de 60 canons, *la Reine*, qu'il construisit tout entier, avait une poupe à double galerie, sur deux étages, chargée de figures allégoriques en l'honneur de la reine régente Anne d'Autriche. Ces sculptures gigantesques prouvaient qu'il était un des meilleurs élèves de Michel-Ange; mais, malgré sa prédilection pour l'art statuaire, il ne fit que de la peinture et de l'architecture pendant plus de treize ans.

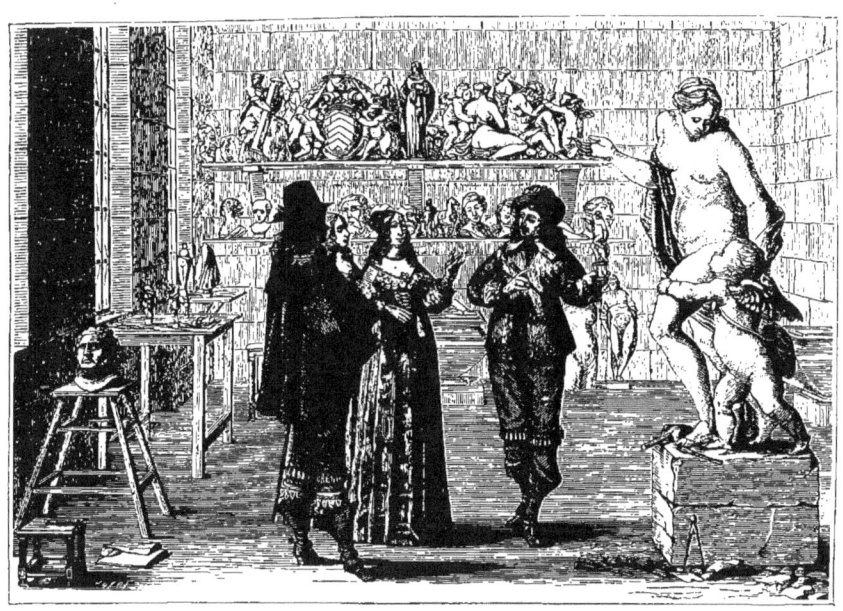

Fig. 164. — « Voicy la représentation d'un sculpteur dans son atelier ». Fait à l'eau-forte par Abraham Bosse, l'an 1642.

L'architecture, au moins, lui donnait l'occasion de montrer qu'il était surtout un grand sculpteur. Quatorze mois furent employés par lui à exécuter la porte de l'hôtel de ville de Toulon (1657), que recommandent surtout les deux admirables cariatides soutenant le balcon qui la surmonte. Ces deux figures, dont le bas du corps se termine en gaine, semblent faire des efforts inouïs pour ne pas se laisser écraser par le fardeau qui les accable.

Une tradition suspecte prétend que l'auteur, pour se venger de deux consuls dont il aurait eu à se plaindre, aurait donné leurs traits à ses cariatides; le caractère doux et plein de bonhomie de Puget semble exclure la pensée de semblables représailles. La façade du nouvel hôtel de ville de Marseille, qu'il eût faite encore plus riche et plus belle si l'administration municipale avait voulu accepter les dépenses de son premier plan, décida de sa vocation : il ne fut plus que sculpteur.

Appelé en Normandie par le marquis de Girardin, il exécuta, en fort peu de temps, deux groupes de 8 pieds et demi de haut, représentant *Hercule* et *Janus*, en pierre, pour la décoration du château de Vaudreuil. Il vint à Paris pour achever un bas-relief, dont il avait modelé l'esquisse, à la demande de l'architecte le Pautre, qui le destinait à un hôtel qu'il construisait. Le Pautre, émerveillé de ce bas-relief, en parla au surintendant des finances Fouquet, et celui-ci voulut confier toutes les sculptures de son château de Vaux à l'artiste marseillais et l'envoya choisir des marbres à Carrare.

Le cardinal Mazarin avait entendu vanter le talent de Puget; il eut la pensée de l'accaparer et chargea Colbert, alors son intendant, de cette négociation qui ne pouvait aboutir, l'artiste ayant des engagements écrits avec Fouquet et la ville de Marseille. Tout en préparant les modèles qu'il devait exécuter en marbre pour Fouquet, il fournit à la municipalité de Marseille les plans et les dessins de plusieurs maisons monumentales pour les nouvelles rues qu'on avait ouvertes autour de l'hôtel de ville : ces maisons, qui furent construites sur ses dessins, présentent un ensemble plein de grandeur et de majesté et sont ornées de sculptures en ronde bosse qui mériteraient d'être conservées dans un musée. La disgrâce de Fouquet changea les projets de l'artiste :

après avoir terminé la belle statue de l'*Hercule gaulois,* que lui avait commandée le secrétaire d'État Sublet de Noyers, il quitta la France pour se fixer à Gênes (1661). Dans cette ville, où il menait la plus brillante existence, il fit quelques-uns de ses plus

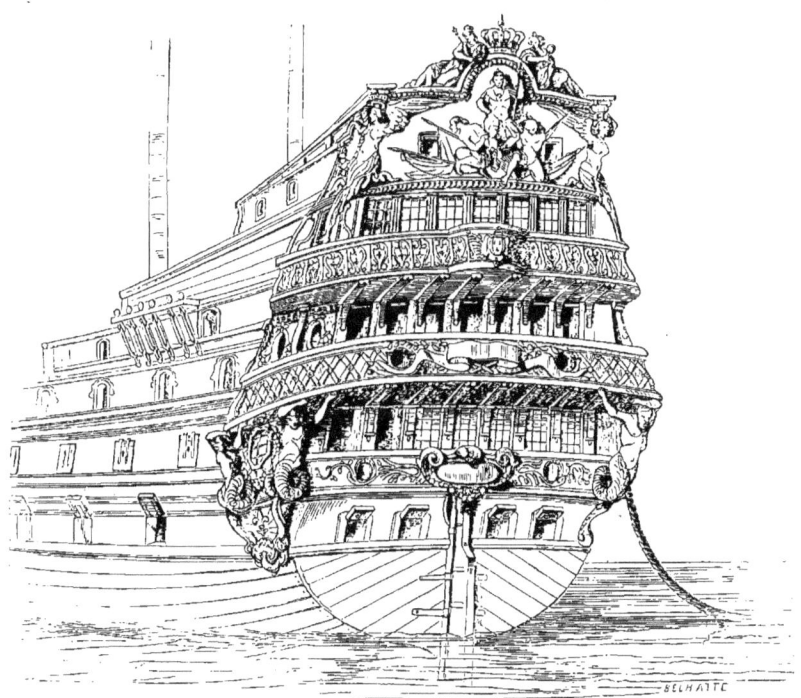

Fig. 165. — Poupe du vaisseau *le Louis XV*, que l'on croit être *le Royal-Louis*, construit à Brest en 1692, par Coulomb. (Musée du Louvre.)

beaux ouvrages, des statues colossales pour les églises, notamment une figure de *Saint Sébastien,* dans laquelle il sut réunir la résignation du martyr à l'expression de la douleur humaine, des statues mythologiques pour les palais et pour les jardins, et le groupe en marbre de *l'Enlèvement d'Hélène* pour le palais Spinola.

C'est en ce temps-là que le cavalier Bernin fut appelé à Paris, par Louis XIV : il avait vu, en passant, les sculptures de Puget, et il ne dissimulait pas l'admiration que de pareilles œuvres lui avaient inspirée; il pressa Colbert, dit-on, de l'employer aux travaux d'art que le roi faisait exécuter à Versailles. Le ministre gardait rancune à Puget, qui n'avait pas accepté les offres du cardinal Mazarin, alors qu'il s'était engagé au service de Fouquet : il enleva à la ville de Gênes l'artiste français qu'elle avait adopté, mais il le nomma directeur de la décoration des vaisseaux à Toulon, avec 3,000 livres d'émoluments (1668).

Puget n'hésita pas à se rendre à Toulon, parce qu'il espérait, en attendant, devenir premier sculpteur du roi; c'est à lui qu'on doit l'ornementation de ces poupes colossales à double rang de galeries saillantes et à figures en ronde bosse, qui ont marqué une des époques de la construction navale (fig. 165). Les figures de la poupe du *Magnifique,* vaisseau de 104 canons, que le duc de Beaufort montait dans l'expédition de Candie en 1669, n'avaient pas moins de 20 pieds de haut. D'autres figures de grande dimension, des renommées, des tritons et des sirènes, ont échappé à la destruction et se conservent encore dans l'arsenal de Toulon. Puget avait pourtant obtenu de Colbert trois blocs de marbre pour faire le groupe colossal de *Milon de Crotone déchiré par un lion* (fig. 166), et un grand bas-relief représentant *l'Entrevue d'Alexandre et de Diogène ;* mais il y travaillait avec découragement et les laissait inachevés.

Cependant, le fameux Bernin, dans son voyage en France (1664), n'avait exercé aucune influence sur la sculpture : il dédaignait tous les artistes français, en critiquant leurs ouvrages. Louis XIV fut le premier, dit Perrault dans ses *Mémoires,* « à s'apercevoir qu'il louait peu de chose, » pendant que le Bernin travaillait à son buste *sur le marbre,* sans avoir fait de modèle en terre, selon l'usage général. Perrault, qui vengea les artistes français en mettant au grand jour les fautes et les insuffisances

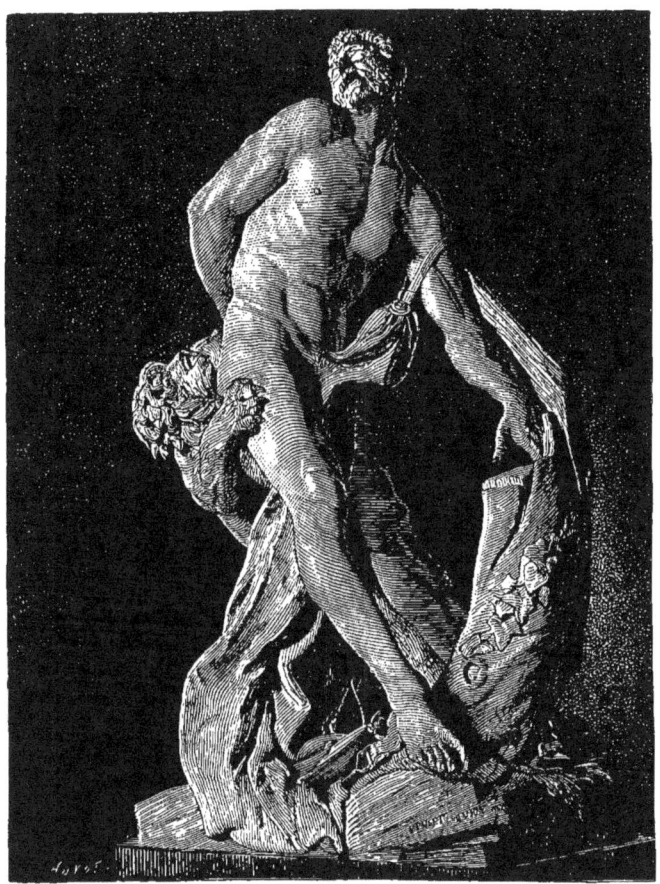

Fig. 166. — Milon de Crotone, statue de Pierre Puget. (Musée du Louvre.)

du grand artiste italien, lui rendit pourtant justice, en disant : « Il était fort bon sculpteur, quoiqu'il ait fait une statue équestre du roi fort misérable et si peu digne du prince qu'elle représentait, que le roi lui a fait mettre une tête antique. » Cette statue gigantesque, qui devait, au dire de son auteur, être la plus belle chose du monde, coûta des sommes immenses et ne fut amenée à Versailles qu'au moyen de machines extraordinaires. Ce fut Girardon qui eut ordre de substituer à la tête du roi une autre tête modelée sur l'antique. Louis XIV, que le Bernin avait représenté beaucoup plus grand que nature, gravissant à cheval le sommet de la Gloire, fut changé ainsi en Curtius se précipitant dans le gouffre.

Pendant le séjour du Bernin à Paris, tous les ateliers retentissaient du bruit des ciseaux et des marteaux taillant le marbre et la pierre. Les travaux seuls de Versailles occupaient les artistes de la maison du roi. En même temps, les sculpteurs de l'Académie de Saint-Luc ne pouvaient suffire aux commandes pour la décoration des églises.

Il faut citer d'abord les moins connus, ceux dont les noms ne sont pas même recueillis dans les biographies générales ou spéciales, mais qui n'ont pas été omis dans le *Livre des peintres et graveurs* de l'abbé de Marolles. Cet amateur passionné des arts mentionne trois sculpteurs lorrains, dont il n'est question nulle part, en dépit de ses éloges : Charles Cassel, Jean Trierst et Voitrin; deux autres *bons sculpteurs*, Thomas Duarin et Gorgon, qui sont restés ignorés; puis Michel Bourdon d'Orléans, Lasson de Caen, et Curin d'Abbeville. Chacun d'eux était probablement estimé dans sa ville natale.

Du moins, les suivants, que la communauté des peintres et sculpteurs s'honorait de posséder dans son sein, étaient connus par quelques-unes de leurs œuvres : Jean Legeret, cité pour ses ouvrages en bois; les frères Jaillot, natifs de la Franche-Comté, qui travaillaient l'ivoire, et Thibaut Poissant, originaire du Ponthieu, qui avait fait plusieurs sculptures religieuses pour la nouvelle église de Saint-Roch et qui mourut en 1668, à l'âge de soixante-dix ans.

Parmi les sculpteurs qui ne travaillaient pas pour la maison du roi, on ne peut oublier ceux qui avaient fait de bons ouvrages dans les églises de Paris. Claude Lestocart, d'Arras, « excellent sculpteur pour l'exécution, mais mauvais dessinateur, » avait exécuté, d'après Laurent de la Hire, la chaire de Saint-Étienne du Mont, avec des bas-reliefs d'une grande beauté (fig. 167). Germain Brice cite encore un sculpteur *renommé*, appelé Durand, auteur de deux beaux bustes, placés dans les salles de l'hôpital des Incurables; un bénédictin de Saint-Germain des Prés, Jean Thibaut, « très habile dans l'art de jeter le métail, » qui avait fait un superbe bas-relief en bronze pour le tombeau du roi de Pologne Casimir, mort en 1672, abbé

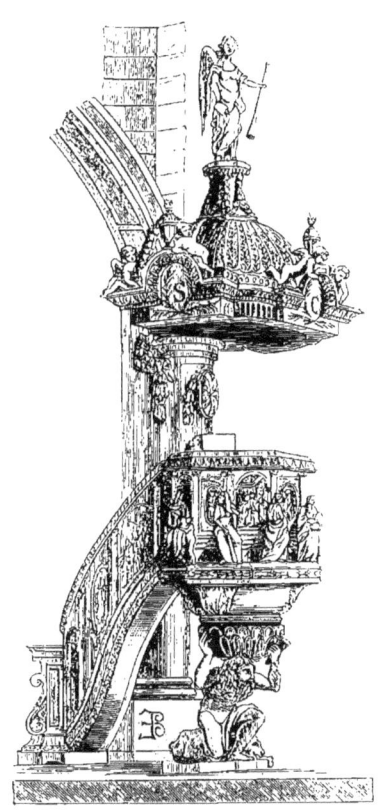

Fig. 167. — Chaire de Saint-Étienne du Mont, par Lestocart. XVIIe s.

de ce monastère, et Gilles Guérin (1609-78), de Paris, qui décora de statues de marbre le grand autel de l'église Saint-Laurent et les bains d'Apollon, à Versailles, où son groupe des chevaux et des tritons est d'un beau mouvement. La plupart des sculpteurs qui furent jugés dignes de travailler pour le roi passèrent par l'Académie de peinture et de sculpture, à l'exception de Philippe Caffieri, de Sébastien Slodtz et de Pierre Puget.

Gérard van Opstal, mort en 1668, avait sculpté la statue du roi qui figurait sur la porte Saint-Antoine; il « traitait les sujets de bas-relief avec un art tout à fait surprenant, » dit Florent le Comte, « et travaillait admirablement bien l'ivoire. » A l'hôtel Lambert, toute la sculpture décorative de la galerie était de sa main. Félibien signale « plusieurs pièces de sa façon dans le cabinet du roi, » et rappelle que ce fut pour lui que Lamoignon, avocat général, plaida dans la grand'chambre, le 1er décembre 1667, « une cause célèbre, où, avec une éloquence admirée de tout le monde, il releva avantageusement la peinture et la sculpture ». Van Opstal, quoique né à Bruxelles, avait été nommé à l'Académie, dont il était recteur au moment de sa mort.

Un autre académicien, Jean Varin (1604-72), moins célèbre comme sculpteur que comme graveur en médailles, avait pourtant produit de remarquables œuvres de sculpture, telles qu'un buste du cardinal de Richelieu, et, dans le temps même que le cavalier Bernin était à Paris, un beau buste de Louis XIV, qui lui commanda ensuite sa statue pour les appartements de Versailles.

Les deux Anguier, dont la réputation datait du règne de Louis XIII, avaient perfectionné leur talent, à Rome, dans la société de Poussin, de Mignard, de Stella et de quelques bons artistes italiens.

L'aîné, François (1604-1669), qui mourut le premier, avait été récompensé de ses superbes travaux par un logement au Louvre et par l'emploi de garde des antiques; mais il ne fut pas de l'Académie, bien qu'il eût fait, à Moulins, le mausolée du duc de Montmorency, et à Paris les tombeaux d'Henri Chabot, duc de Rohan, du cardinal de Berulle, et de Jacques de Souvré (fig. 168). Ce dernier groupe, maintenant au Louvre, avait été placé dans l'église de Saint-Jean de Latran, située en face du Collège royal. Plusieurs églises de Paris possédaient également

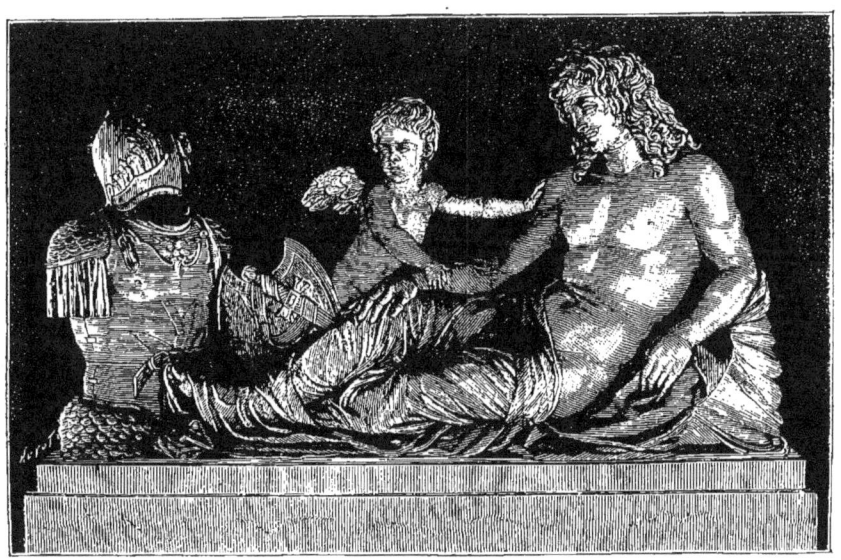

Fig. 168. — Jacques de Souvré, chevalier de l'ordre de Saint-Jean de Jérusalem, grand prieur de France, mort en 1670, par François Anguier. (Musée du Louvre.)

des ouvrages de cet artiste remarquable par sa fécondité autant que par son mérite, et l'on voit de lui à Versailles une belle statue de Gaspard de la Châtre.

Le cadet des Anguier, Michel (1612-86), dont le meilleur ouvrage était un groupe de *la Nativité*, au Val-de-Grâce, avait décoré les appartements d'Anne d'Autriche au Louvre. Son chef-d'œuvre et son dernier ouvrage fut le grand Crucifix de marbre, sur fond noir, qu'on admirait au-dessus de l'autel de la Sorbonne. Mais on ne trouve pas dans ses sculptures (fig. 169) le goût et la correction de celles de son frère : il fut pourtant reçu de l'Académie, un an avant la mort de celui-ci, que les véritables connaisseurs regardaient comme le régénérateur de la sculpture française.

Louis Lerambert (1620-1670), le cinquième des douze enfants d'un « tailleur en marbre, garde des meubles du roi », avait bien profité des leçons et des conseils de ses deux maîtres, Simon Vouet et Jacques Sarrazin; il mourut encore jeune, après avoir beaucoup travaillé, surtout pour le parc de Versailles, où l'on voyait plusieurs de ses ouvrages en marbre et en bronze, des satyres et des enfants qui dansent, composés et exécutés avec autant de science que d'élégance et de grâce. Il avait succédé à François Anguier, comme garde des antiques du roi. C'était à la fois un artiste habile et un homme du monde, beau, spirituel, musicien et poète; aussi fut-il admis à figurer dans toutes les fêtes des premières années du règne de Louis XIV.

Étienne le Hongre (1628-1690), de Paris, qui était élève de Jacques Sarrazin, comme Lerambert, avait « acquis, dit Florent le Comte, la réputation d'être fort curieux du bel effet de son ouvrage et de ne rien épargner pour y parvenir ». Il travailla beaucoup pour les maisons royales de Choisy et de Versailles, où le parc était rempli de ses statues et de ses bas-reliefs en marbre et en bronze, notamment la statue de *l'Air* et un groupe d'enfants « fort ingénieusement disposés », pour une des fontaines qu'il avait ornées de tritons et de naïades. Comme il était aussi habile fondeur que bon sculpteur (fig. 170), il fut chargé de fondre d'un seul jet une statue équestre de Louis XIV, qu'il avait faite pour la ville de Dijon.

Les deux frères de Marsy, Balthazar (1624-74) et Gaspard

(1628-81), nés tous deux à Cambrai, où ils avaient pris les premières leçons de leur art, travaillaient ensemble, excités par une noble émulation fraternelle. Ils s'étaient occupés d'architecture et d'art décoratif, avant de se consacrer exclusivement à la sculp-

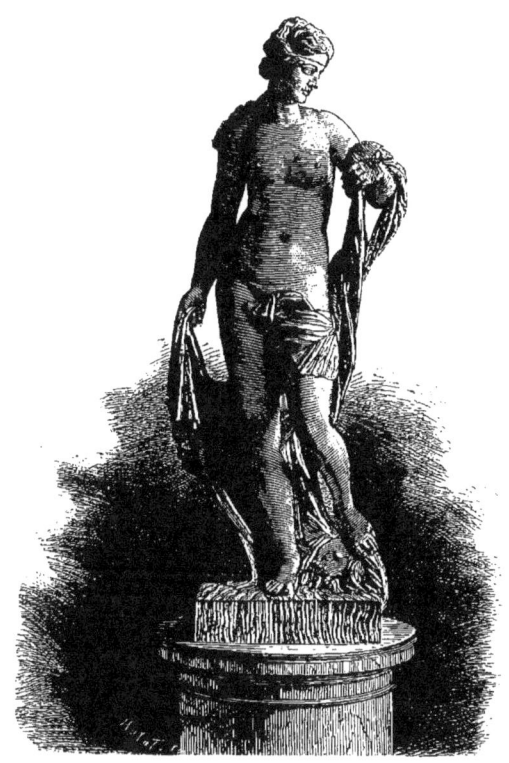

Fig. 169. — Amphitrite, statue par Michel Anguier. Musée du Louvre. xvii° s.

ture et de s'attacher aux travaux du Louvre et de Versailles. Outre de nombreux ouvrages pour le château, ils peuplèrent les jardins de figures aussi élégantes que variées, et dont quelques-unes sont de métal, c'est-à-dire d'un mélange de plomb et d'étain; ce qu'ils y firent de plus beau, c'est le groupe de *Latone et ses enfants*, en marbre, et celui des *Tritons abreuvant les chevaux du Soleil*, en bronze. Gaspard, qui survécut à son aîné, fit les statues du *Point du Jour*, de *l'Afrique*, de *Mars* et d'*Encelade*, pour Versailles, et celle de *Borée enlevant Orythie*, pour les Tuileries; mais ses œuvres personnelles sont moins finies que celles qu'il a données avec le concours de son frère.

Tous les genres, toutes les écoles devaient concourir à la merveilleuse décoration des jardins de Versailles. Deux sculpteurs de l'école de Guillain, Laurent Magnier (1618-1700) et Jacques Buirette (1631-1699), ne furent pas plus tôt admis à l'Académie de peinture et sculpture, que des commandes leur arrivèrent pour la maison du roi. Magnier, dit *Manière*, est l'auteur des statues du *Printemps*, de *Circé* et d'*Ulysse*, dans le parc de Versailles; il laissa de bons élèves, qui conservèrent les saines traditions de l'art français dans la communauté des maîtres peintres et sculpteurs, où Magnier avait joui d'un grand crédit. Quant au pauvre Buirette, « qui avait fait, dès l'âge de vingt-cinq ans, des morceaux de sculpture où revivait le grand goût des plus fameux statuaires, » suivant l'expression de Florent le Comte, et que l'Académie conservait précieusement comme un chef-d'œuvre incomparable, il eut à peine achevé, pour Versailles, quatre groupes d'enfants et une amazone, qu'il perdit la vue complètement. « Il s'était fait une manière si facile de modelé, et il s'était donné une idée si forte des modèles qui y devaient paraître, qu'il corrigeait, mais bien, tout aveugle qu'il était, de certains modèles, que l'on lui apportait, attendant sa décision dessus, comme d'un oracle. »

Les nombreux sculpteurs étrangers, que la munificence de Louis XIV pour les artistes avait attirés en France, s'y fixèrent et se firent naturaliser la plupart.

Philippe Buyster, d'Anvers (1595-1688), était arrivé le premier à Paris, sous le règne de Louis XIII, avec une réputa-

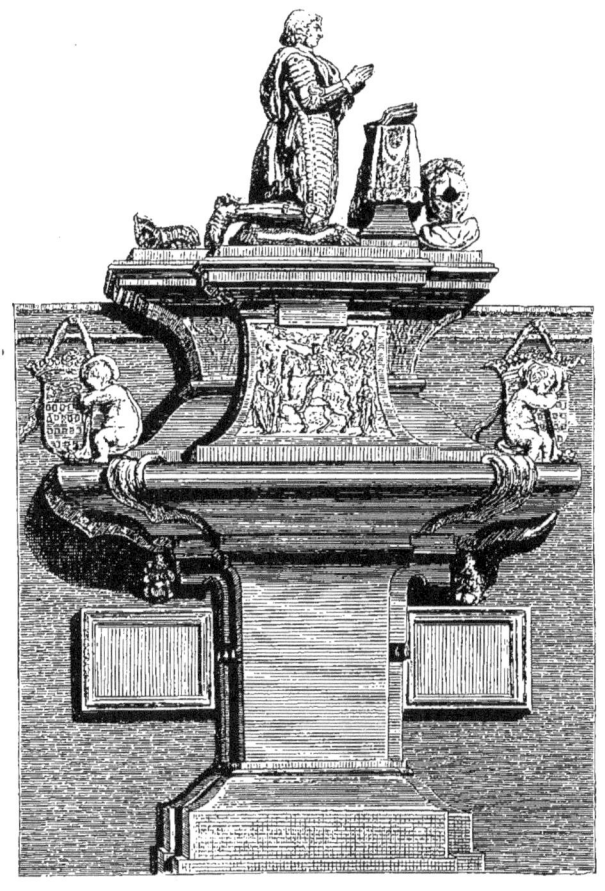

Fig. 170. — Tombeau de Louis Potier, marquis de Gêvres, par le Hongre; ancienne église des Célestins, à Paris. xviie s.

tion faite : aussi fut-il choisi, en 1645, pour exécuter le tombeau du cardinal de la Rochefoucauld, dans l'église de l'abbaye de Sainte-Geneviève (fig. 171); il fit aussi plusieurs grands ouvrages de sculpture pour les églises de Paris, avant d'être employé à la décoration des jardins de Versailles, où l'on voyait de lui une statue de faune et différents groupes de satyres, en marbre ; il taillait encore le marbre dans un âge très avancé. Matthieu l'Espagnandel, de Namur (1610-89), travailla également pour les églises de Paris, quoiqu'il fût de la religion réformée, avant d'être attaché aux travaux de Versailles ; on lui doit les statues en marbre de *Diogène*, de *Socrate*, et plusieurs autres.

Anselme Flamen (1647-1717), de Saint-Omer, ville qui n'appartenait pas alors à la France, s'était fait une telle renommée dans les Pays-Bas, qu'il fut mandé à Paris pour exécuter le tombeau du duc de Noailles, en 1678 ; trois ans plus tard, il était admis à l'Académie. Il excellait dans la sculpture religieuse et taillait le bois de main de maître. Il ne travailla pas aux statues mythologiques du parc de Versailles, mais il fit, pour le grand autel de l'église des Carmélites, à Paris, un excellent bas-relief représentant *l'Annonciation*. Enfin, Martin van den Bogaerts, de Breda (1640-94), francisa son nom et se fit appeler *Desjardins*. C'est sous ce nom qu'il fut reçu à l'Académie en 1671 (fig. 172) ; il avait fait les statues des Évangélistes et des Pères de l'Église, pour le collège Mazarin, et la belle statue du *Soir*, pour Versailles. Le duc de la Feuillade le prit alors sous sa protection et lui confia l'exécution de la statue du roi couronné par la Victoire, qu'il voulait élever à la gloire de Louis XIV, sur la place des Victoires. Desjardins, qui était, comme fondeur, le rival de Balthazar Keller, jeta en fonte lui-même toutes les figures de ce magnifique monument, aujourd'hui détruit.

Les sculpteurs, et même les bons sculpteurs, ont été trop nombreux, au dix-septième siècle, pour qu'il soit possible de les nommer, de les caractériser tous ici, avant de nous arrêter aux quatre plus célèbres, à Puget et à Girardon, à Coysevox et à Coustou.

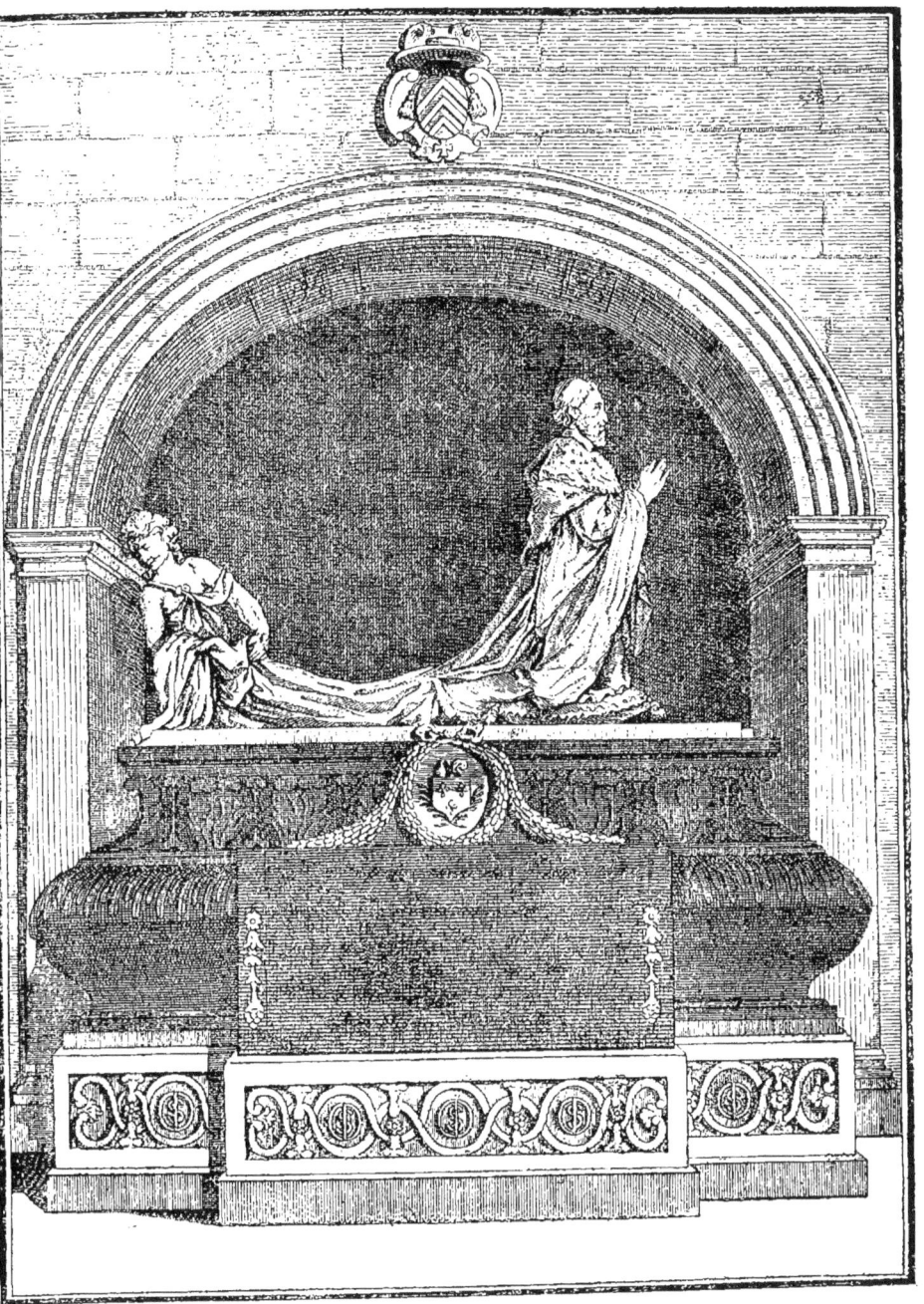

Fig. 171. — Tombeau du cardinal de la Rochefoucauld, par Philippe Buyster, dans l'église de Sainte-Geneviève.
(Bibl. nat., cabinet des estampes.)

Contentons-nous de citer parmi ceux qui travaillaient pour Versailles : Pierre Mazeline, de Rouen (1632-1708); Jacques Clérion (1640-1714), de Tretz, en Provence, élève de Puget; Thomas Regnauldin, de Moulins (1627-1706); Jean Raon, de Paris (1631-1707); Louis Leconte (1643-1694), né au village de Boulogne, près Paris : tous membres de l'Académie. Citons, entre ceux qui ne furent pas académiciens tout étant dignes de l'être, l'Italien Philippe Caffieri (1634-1716), qui travailla pour Mazarin et pour Colbert; J.-B. Tuby (1630-1700), né aussi à Rome, auteur du *Tombeau de Turenne,* aux Invalides; Jean Drouilly, de Vernon, mort en 1698, un des meilleurs sculpteurs de la communauté des maîtres, lequel exécuta quantité d'ouvrages en marbre et en bronze pour les églises et les couvents de Paris, avant d'être employé par le roi.

C'était souvent le roi qui jugeait lui-même du mérite des artistes qui travaillaient pour lui. Son admiration et ses préférences furent pour les œuvres de Puget; il disait de ce grand artiste que ce n'était pas seulement un habile sculpteur, mais encore qu'il était inimitable. Par malheur, Puget s'était fait des ennemis puissants qui le desservaient à la cour et qui l'empêchaient de profiter des bienveillantes dispositions de Louis XIV à son égard. On ne connaissait à Paris que sa statue de l'*Hercule gaulois*. Le groupe colossal de *Milon de Crotone* restait à l'état d'ébauche dans son atelier de Marseille, quand le Nôtre, qui avait vu ce chef-d'œuvre, en parla au roi avec un tel enthousiasme, que ce prince donna des ordres formels pour que le groupe fût envoyé à Versailles. La caisse qui le renfermait arriva au printemps de 1683 : Louis XIV voulut qu'elle fût ouverte devant lui, et la reine Marie-Thérèse, qui se trouvait présente, fut si vivement émue à l'aspect de cette figure sur laquelle l'artiste avait exprimé toutes les angoisses de la douleur physique et morale, qu'elle s'écria : « Ah ! le pauvre homme ! » Le peintre le Brun, qui était aussi présent, écrivit à Puget : « Lorsque Sa Majesté me fit l'honneur de

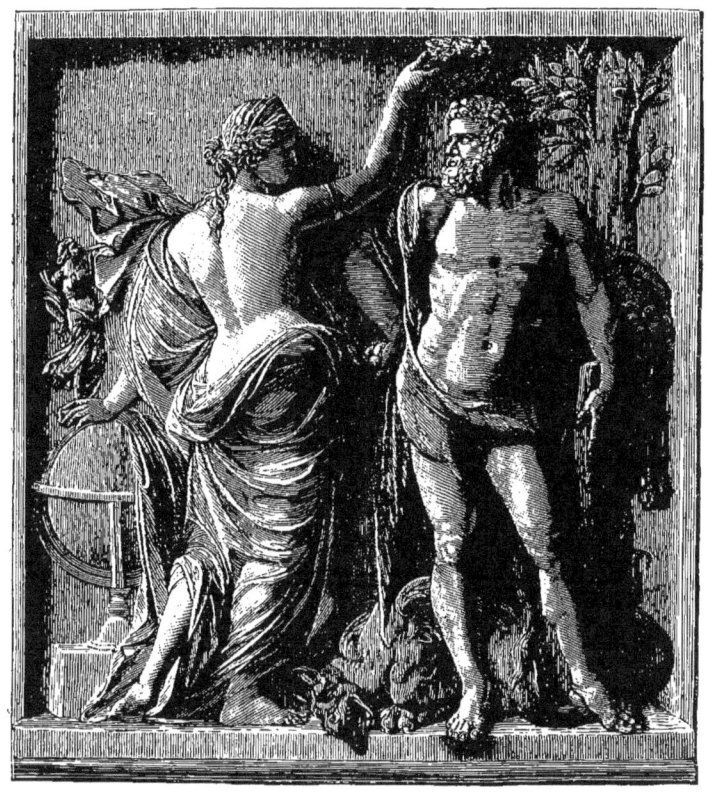

Fig. 172. — *Hercule couronné par la Gloire*, morceau de réception à l'Académie, par Martin Desjardins (van den Bogaerts). xviie siècle. Musée du Louvre.

me demander mon sentiment, je tâchai de lui faire remarquer toutes les beautés de votre ouvrage. Je n'ai fait en cela que vous rendre justice, car, en vérité, cette figure m'a semblé très belle dans toutes ses parties et travaillée avec un grand air. »

Louis XIV ne se lassait pas d'admirer et de faire admirer le groupe de *Milon de Crotone;* il chargea son ministre Louvois de demander à Puget un autre groupe colossal, qui pût faire pendant au premier, et de s'informer de l'âge de ce grand artiste, qu'on disait trop vieux pour entreprendre un pareil travail. Puget répondit à Louvois : « Je suis dans ma soixantième année, mais j'ai des forces et de la vigueur, Dieu merci! pour servir encore longtemps. Je suis nourri aux grands ouvrages; je nage quand j'y travaille, et le marbre tremble devant moi, pour grosse que soit la pièce. » Il annonçait que son groupe d'*Andromède* était en voie d'exécution, et que l'on jugerait mieux de sa *suffisance* quand l'œuvre serait en place sous les yeux du roi (fig. 173). Il mit deux ans à finir l'*Andromède,* et chargea son fils François de présenter ce groupe au roi, qui dit au jeune homme, devant toute la cour : « Votre père est grand et illustre; il n'y a personne, dans l'Europe, qui le puisse égaler. »

Cependant, Puget réclamait en vain le prix intégral de ses œuvres et n'obtenait rien. Il n'en travaillait pas moins à une statue équestre de Louis XIV, et il projetait une statue d'*Apollon,* laquelle devait avoir 38 pieds de haut et qui s'élèverait, sur des rochers, à l'extrémité du grand canal de Versailles. Il écrivait sans cesse au ministre Louvois, en se plaignant de n'être pas encore payé de son groupe de *Milon,* pour lequel il avait reçu seulement 15,000 livres, alors que le marbre seul et les frais de transport lui en avaient coûté plus de 9,000. Louvois lui ayant représenté que le roi ne donnait pas davantage à un général d'armée : « J'en conviens, » riposta Puget; « mais le roi n'ignore pas qu'il peut facilement trouver des généraux parmi le grand nombre d'excellents officiers qu'il a dans ses troupes, et qu'il n'y a pas en France plusieurs Puget. »

La ville de Marseille voulut alors ériger une statue équestre à Louis XIV, au milieu d'une place qu'on ouvrirait à cet effet. Puget

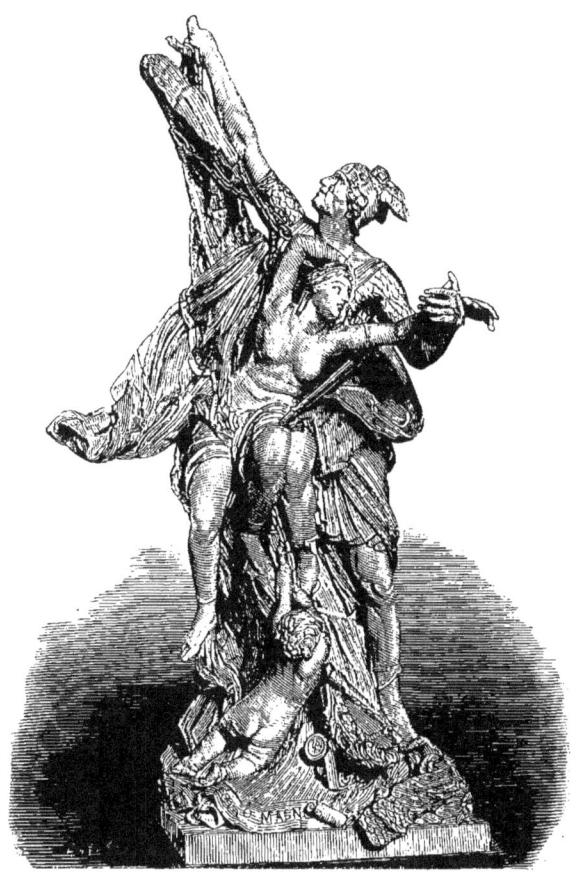

Fig. 173. — Persée délivrant Andromède, groupe en marbre, par Puget, 1684.
Musée du Louvre.

fut désigné naturellement pour cette œuvre immense, et le traité avait été passé avec lui, au prix de 150,000 livres; il employa deux années à préparer les plans et les modèles. Tout à coup il apprit que le projet avait été, sinon abandonné, du moins singulièrement réduit, et que son élève Clerion était chargé de l'exécuter. Indigné et furieux, il partit aussitôt pour Versailles, dans l'espoir que le roi interviendrait en sa faveur pour maintenir un contrat que le conseil de ville avait mis à néant. Louis XIV le reçut de la manière la plus flatteuse, lui donna de sa propre main une grande médaille d'or et lui promit de défendre sa cause contre la municipalité marseillaise. L'intervention du roi n'aboutit qu'à faire abandonner tout à fait le projet de sa statue équestre à Marseille.

De retour dans cette ville, Puget reprit ses travaux de sculpteur, de peintre et d'architecte, en accusant d'ingratitude Louis XIV et ses ministres, et, malade, il ne put achever le bas-relief de *la Peste de Milan*, qui eût été son chef-d'œuvre. Il mourut, le ciseau à la main, le 2 décembre 1694, à l'âge de soixante-douze ans. Il avait touché jusqu'à sa mort une pension de 3,000 livres sur la cassette du roi, mais il était entièrement oublié à Versailles, où l'on passait tous les jours devant ses chefs-d'œuvre sans les regarder.

Le goût avait changé en France comme en Italie : l'école de Michel-Ange était dédaignée, sinon méprisée. Trois grands sculpteurs français, Girardon, Coysevox et Coustou, avaient éclipsé tous les autres.

François Girardon, né à Troyes en Champagne (1628), fils d'un fondeur en métaux, était devenu le premier des sculpteurs contemporains, par un élan de son propre génie, car son père voulait faire de lui un menuisier, quoiqu'il eût déjà exécuté, d'inspiration, une statue de la Vierge, assez correcte de formes et habilement drapée. Girardon put entrer enfin dans l'atelier de Laurent Magnier. Le chancelier Seguier prit intérêt à ce jeune homme, qui annonçait un véritable talent : il le confia aux soins de François Anguier, qui, charmé de la facilité extraordinaire de son élève,

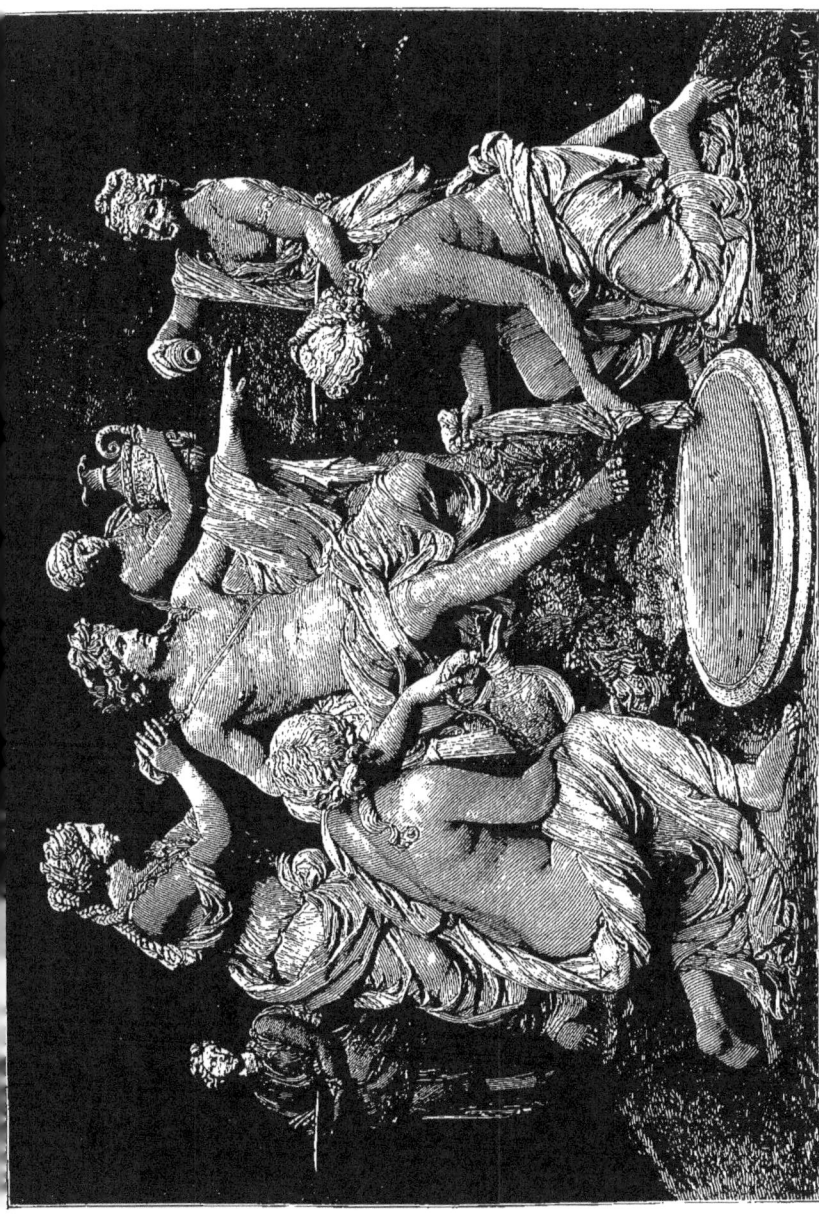

Fig. 171. — Apollon, servi par les Heures. Groupe central des Bains d'Apollon, par Girardon, dans le parc de Versailles, XVIIe siècle.

en fit, dans l'espace de trois ans, un sculpteur bien supérieur à lui-même. Les premiers ouvrages de Girardon témoignaient de ce qu'il serait capable de faire. Son protecteur le recommanda au cardinal Mazarin, qui l'envoya, par ordre du roi, passer trois ans à Rome, avec une pension de mille écus. Quand il revint, en 1652, il rapportait d'Italie une réputation qui ne fit que s'accroître; la faveur de Colbert lui fut acquise par le soin qu'il mettait à la décoration des vaisseaux. Il fut considéré de son vivant comme le Phidias du siècle de Louis XIV. C'est ainsi que la Fontaine l'avait surnommé : « Votre Phidias, » écrivait-il à Simon de Troyes, « et le mien, et celui de toute la terre, Girardon, notre ami, l'honneur du nom troyen. »

Reçu à l'Académie en 1657, Girardon y fut professeur, recteur et chancelier. Dans l'année de sa réception, il épousa une jolie et habile peintre de fleurs, Catherine Duchemin, admise aussi à l'Académie, et qui lui donna dix enfants. Pendant vingt ans, il exécuta, d'après ses modèles ou sur les dessins de le Brun, une foule de statues qui étaient le plus bel ornement des jardins de Versailles, de Trianon et des autres maisons royales. « Il a égalé, » dit Voltaire, « tout ce que l'antiquité a de plus beau, par *les Bains d'Apollon* (fig. 174) et par le *Tombeau du cardinal Richelieu*, à la Sorbonne (fig. 175). » On doit ajouter le groupe en marbre de *l'Enlèvement de Proserpine*, à Versailles, et la statue équestre de *Louis XIV*, qui ornait la place Vendôme avant la Révolution. Il modelait avec un grand talent les figures qu'il avait dessinées d'un crayon sûr et vigoureux; mais dans sa vieillesse il ne taillait plus lui-même le marbre, et il s'en reposait sur ses élèves Nourrisson et Robert le Lorrain, pour exécuter et terminer les compositions qu'il ne faisait qu'ébaucher en dessin ou en maquette. Après la mort de le Brun, il avait été nommé inspecteur général de tous les ouvrages de sculpture, et il se trouva en lutte ouverte avec Coysevox et

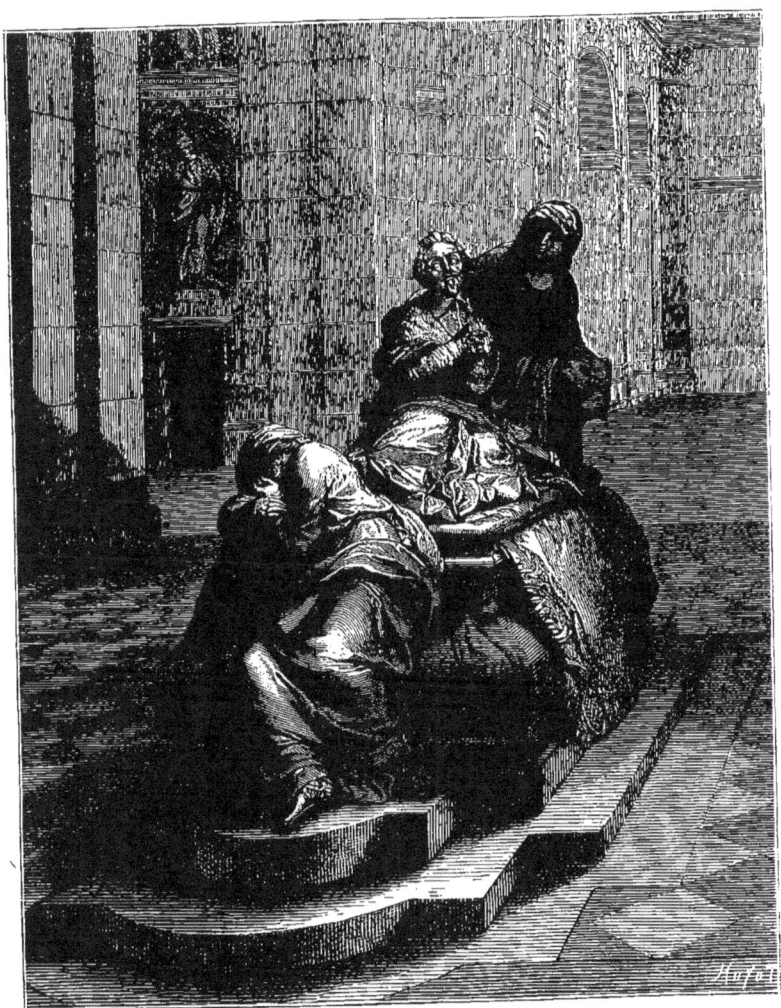

Fig. 175. — Tombeau de Richelieu dans l'église de la Sorbonne, par Girardon. XVIIe s.

Coustou, qui, se croyant ses égaux en talent, ne s'inclinèrent pas devant son autorité. Il personnifiait par son art la grandeur du règne qu'il avait illustré par ses œuvres : il devait mourir à Paris, le 1ᵉʳ septembre 1715, le même jour que le roi son maître à Versailles.

Coysevox, depuis 1671, et Coustou, depuis 1687, rivalisaient avec lui. Antoine Coysevox (prononcez Coisevau), fils d'un menuisier, et issu d'une famille espagnole qui habitait Lyon depuis longtemps, avait étudié la sculpture dans cette ville, où il était né en 1640. Il vint à Paris, à l'âge de dix-sept ans, pour être l'élève de Lerambert. Il eut bientôt surpassé son maître, et les beaux ouvrages qu'il avait faits dans les églises de Paris le signalèrent à l'attention du cardinal de Furstemberg, qui l'emmena en Alsace pour travailler à la décoration du château de Saverne. Il ne fut pas plus tôt de retour à Paris, que le roi l'attacha aux travaux de sa maison, avec une pension de 4,000 livres. En même temps, il avait été nommé professeur à l'Académie : c'est là que, parmi beaucoup de bons élèves, il en fit un, Nicolas Coustou, qui devait bientôt mériter de lui être comparé. Pendant plus de dix ans, il exécuta des ouvrages considérables en marbre, en stuc et en bronze, dans l'intérieur du château de Versailles et pour l'ornement des jardins; on y admire encore les groupes de *la Dordogne* et de *la Garonne*, fondus en bronze par les Keller, et les bas-reliefs en marbre de la colonnade. Outre une multitude d'excellents bustes dus à son ciseau, ce n'est que justice de rappeler les admirables tombeaux du cardinal Mazarin (fig. 176), de Colbert et de le Brun.

Coysevox acceptait tous les travaux qu'on lui offrait, et il les menait à bien dans le plus bref délai; il réussissait dans tous les genres : il abordait avec la même ardeur tous les procédés de la statuaire, en pierre, en marbre, en stuc, en bronze; il exécutait presque simultanément des statues (fig. 177), des groupes, des bustes, des bas-reliefs, des vases et des trophées. Cette rapidité dans l'exécution, qui cependant n'en souffrait pas, étonnait et charmait le roi : « Cet homme, » disait-il, « a dix mains plus habiles l'une que l'autre. » Coysevox, qui avait un talent si prompt et si hardi pour improviser, en quelque sorte, de grandes figures allégoriques et décoratives, n'était jamais plus heureux que quand il avait un

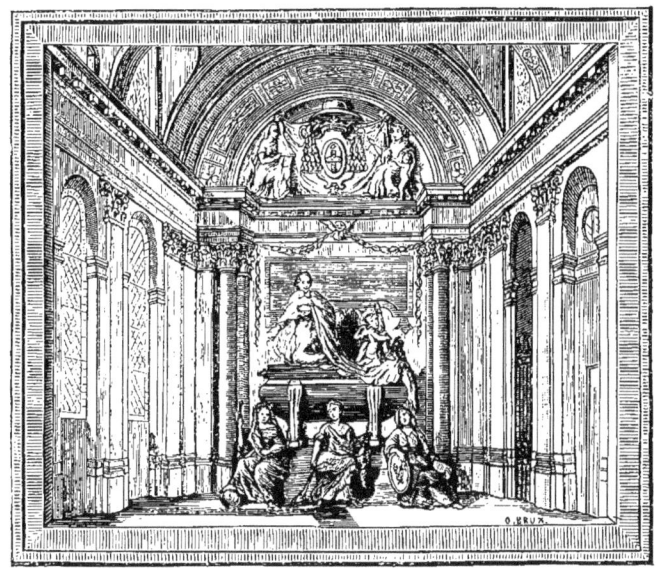

Fig. 176. — Tombeau de Mazarin, dans la chapelle du collège des Quatre-Nations par Nicolas Coustou. XVIIe s.

portrait à faire d'après nature, soit dans une statue, soit dans un buste.

Il excellait à reproduire la ressemblance avec son expression la plus vraie et la plus idéale en même temps. Louis XIV se prêta volontiers à mettre en évidence cette belle et rare qualité de son sculpteur favori, qu'il désigna plus d'une fois comme le plus digne d'exécuter les statues qu'on voulait lui élever. La statue pédestre du roi, en bronze, avait été commandée, pour l'hôtel de ville de Paris, par le corps municipal de la ville, et la statue équestre, par les états de Bretagne, pour la ville de Rennes. Coysevox ne commença pas cette dernière statue sans avoir fait une étude spéciale, anatomique et pittoresque du cheval, en choisissant ses modèles dans les écuries du roi. Cette étude du cheval lui servit plus tard à entreprendre deux groupes équestres, destinés au château de Marly, et qui furent transportés depuis à l'entrée du jardin des Tuileries, sur des piédestaux qui dominent la place de la Concorde. Ces deux admirables groupes, *la Renommée* et *Mercure*, étaient taillés dans deux énormes blocs de marbre, par l'artiste lui-même, qui en avait fait les modèles et qui inscrivit sur la plinthe du *Mercure* : « Ces deux groupes ont esté faits en deux ans. »

Coysevox fut encore chargé de quatre groupes en marbre, de proportion colossale, *la Seine*, *la Marne*, *Amphitrite* et *Neptune*, qui prirent place aux extrémités de la grande cascade de Marly. Ces travaux et beaucoup d'autres, commandés par le roi, ne représentent pas la moitié de ceux qu'il eut à exécuter pour les particuliers. Ce sont surtout des statues-portraits et des bustes, qu'il taillait dans le marbre avec une incroyable facilité, et la plupart des grands personnages de cette époque ont voulu revivre ainsi sous son ciseau. Sa réputation en ce genre était si bien acquise, qu'il dit à son médecin qui l'avait soigné dans une maladie grave : « Vous m'avez rendu la vie à votre manière, je veux vous faire vivre à la mienne : je ferai votre buste en marbre. » Coysevox, qui avait dix ou douze fois reproduit en marbre les traits de Louis XIV, fit aussi cinq ou six bustes et médaillons de Louis XV enfant et adolescent. Il devait atteindre l'âge de quatre-vingts ans (1720), malgré les cruelles souffrances qui n'interrompirent jamais son travail, et survivre à plusieurs de ses douze enfants.

« Vers le milieu du dix-septième siècle, » dit Jal dans son précieux *Dictionnaire critique de biographie*, « vivait à Lyon,

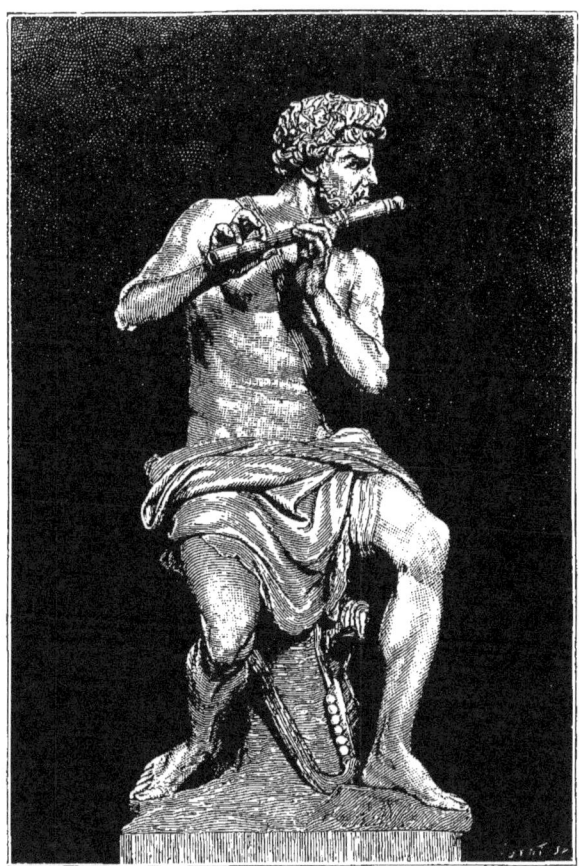

Fig. 177. — Un berger, par Coysevox. xviie s. Musée du Louvre.

où les arts étaient cultivés avec goût dans quelques familles, dont les noms sont restés célèbres, un menuisier qui prit femme dans la maison d'un artisan du même métier que lui. Ce menuisier, qui donnait au bois toutes sortes de façons élégantes, gracieuses ou nobles, selon le besoin, se nommait Coustou; il épousa Claudine Coysevox, sœur d'Antoine. » Notre statuaire, Nicolas (1658-1733), fut un des fruits de cette union. A l'âge de vingt-trois ans, il obtint le prix de sculpture, et fut envoyé, comme pensionnaire du roi, à l'Académie de France à Rome. Le mauvais goût de l'école italienne n'eut aucune action sur son talent facile et abondant; il étudia l'antique et les maîtres du seizième siècle, sans subir la servitude de l'imitation. Il resta lui-même, en profitant des beaux exemples qu'il avait sous les yeux.

Coustou serait certainement devenu célèbre à Rome, s'il eût voulu s'y fixer, comme Pierre Legros (1656-1719), qui refusa toujours de rentrer en France, où il envoyait quelques-uns de ses ouvrages; car les meilleurs, tels que le mausolée du pape Grégoire XV et une *Sainte Thérèse,* conçus toutefois dans le style maniéré du Bernin, sont restés en Italie. Rappelé par les ordres du roi, Coustou fut d'abord employé, comme son oncle Coysevox, aux travaux de sculpture de Versailles et des maisons royales; il dut se faire aider par ses élèves pour contenter Louis XIV, qui n'appréciait rien tant que la rapidité de l'exécution dans les œuvres d'art. En 1692, il fit faire, dans ses ateliers, quantité de figures de pierre et de plomb, destinées à compléter la décoration extérieure de l'église des Invalides.

L'année suivante (1693), Coustou devint membre de l'Académie, et le bas-relief de marbre qu'il avait offert pour sa réception fut accueilli avec un applaudissement universel : c'était un sujet allégorique sur la convalescence de Louis XIV. En 1695, il entreprit, avec un sculpteur nommé Joly, le tombeau du maréchal de Créquy dans l'église des Jacobins de la rue Saint-Honoré, et, en 1696, il acheva deux belles statues de *Saint Joseph* et de *Saint Augustin*, pour des religieuses de Moulins. A partir de cette époque, le nombre de ses ouvrages alla toujours se multipliant, à mesure que s'augmentait sa renommée. L'ouvrage le

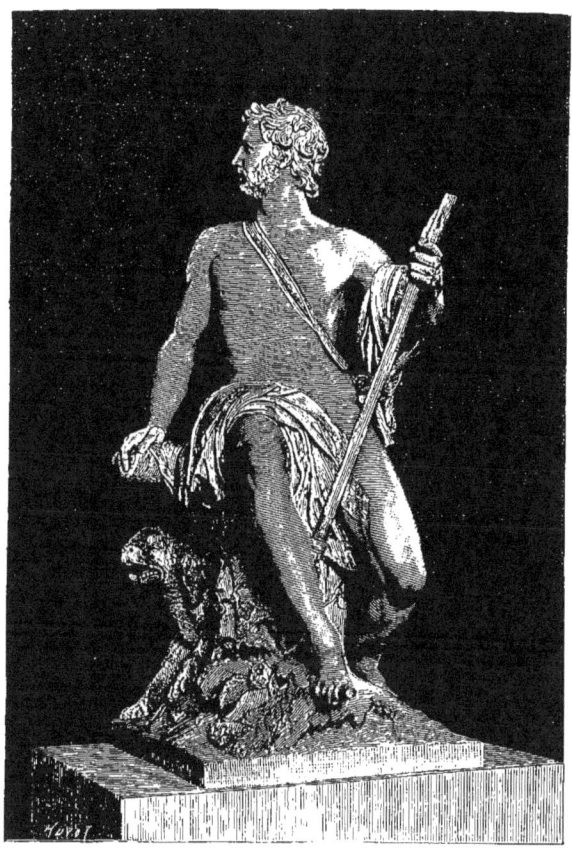

Fig. 178. — Un chasseur, statue de N. Coustou. xviie s. Musée du Louvre.

plus important de Coustou est le groupe de *la Seine et la Marne*, entourées d'enfants qui tiennent les attributs de ces rivières. On l'a placé dans le jardin des Tuileries, où il y a aussi de lui deux retours de chasse figurés par des nymphes, un *Jules César* et le

Berger chasseur (fig. 178). Son goût était délicat, son dessin pur; mais on peut lui reprocher d'avoir eu plus d'agrément que de véritable grandeur.

Vers la fin du siècle eut lieu la première exposition des peintures, sculptures et estampes, faites et présentées au public par les membres de l'Académie; elle se fit dans la grande galerie du Louvre, au mois de septembre 1699. L'art statuaire y occupa une grande et belle place; Girardon et Coysevox eurent les honneurs de cette exposition, où l'on voyait aussi de bons ouvrages de Flamen, de Hurtrel, de Regnauldin et de Vignier. Mais ce qui attira surtout la curiosité des visiteurs, ce fut un nouveau genre de sculpture, inventé par Antoine Benoist, peintre de portraits (1627-1717), qui avait fait, d'après nature, un médaillon du roi, en cire colorée, avec des cheveux véritables sur la tête, une cravate en dentelles, et un costume en étoffe de soie. Ce portrait, d'une ressemblance frappante, avait un caractère de vie si effrayant, que Louis XIV donna ordre de le faire disparaître, au bout de quelques jours. Girardon et Coysevox s'indignaient de voir leurs plus beaux marbres négligés par les curieux qui se pressaient autour de cette figure de cire, en perruque noire, avec des yeux d'émail et la peau trouée par la petite vérole.

V.

LA SCULPTURE AU DIX-HUITIÈME SIÈCLE.

« La sculpture a été poussée à sa perfection sous Louis XIV, » dit Voltaire, « et s'est soutenue dans sa force sous Louis XV. »
Les plus grands sculpteurs que la France ait produits sont, en effet, contemporains du grand roi, qui regardait avec raison la statuaire comme l'expression la plus réelle, la plus importante de l'art monumental. La sculpture fut sans doute, de tout temps, essentiellement appropriée au génie français. Mais on peut dire que la monarchie de Louis XIV, le caractère absolu de la royauté à cette époque, les préférences de l'esprit pour tout ce qui était noble et grand dans les arts comme dans les lettres, dans les discours comme dans les actions, n'avaient pas peu contribué à faire naître et à inspirer des sculpteurs, plus admirables encore que les peintres; ceux-ci furent plus admirés cependant, et à moins de titres, sous ce règne où tout ce qui accusait de la grandeur, vraie ou factice, plaisait aux yeux comme à la pensée.

Il faut remarquer que, dans les dernières années de Louis XIV, presque tous les grands travaux de sculpture, projetés et commandés par le roi, étaient terminés ou suspendus (fig. 179); on pouvait considérer comme achevée la décoration des palais et des jardins royaux; les parcs de Versailles, de Marly, de Saint-Germain, de Fontainebleau étaient tellement remplis de groupes et de statues, que la place manquait pour y faire entrer de nouveaux dieux et de nouveaux héros en marbre ou en bronze. Les sculpteurs, même les mieux en cour, n'obtenaient qu'à grand'peine de la surintendance des bâtiments du roi quelques maigres commandes, qui ne suffisaient plus pour couvrir les frais de l'atelier; car, à l'exemple des artistes italiens, tout sculpteur qui avait un atelier nourrissait, entretenait plusieurs élèves, auxquels il confiait la main-d'œuvre de ses travaux. Ces élèves aidaient le maître à monter, à préparer ses modèles et à en façonner les accessoires; puis ils exécutaient le marbre, que le maître ne prenait même pas la peine de finir lui-même. Par bonheur, la mode, qui s'applique à tout et qui dirige tout, avait offert aux pauvres sculpteurs une heureuse compensation, en leur donnant à faire une quantité de tombeaux d'apparat, pour les églises paroissiales, pour les chapelles des monastères et pour celles des châteaux de l'aristocratie seigneuriale. Il n'y avait pas alors, non seulement à Paris, mais dans les principales villes, et quelquefois dans les villages, une seule église qui ne fût ornée d'un ou de plusieurs tombeaux, en pierre, en marbre ou en bronze.

Cependant, l'opinion générale ne mettait pas les sculpteurs au même niveau que les peintres, et, quels que fussent leurs talents d'invention et d'exécution, ils étaient considérés comme des ouvriers plutôt que comme des artistes. Le préjugé, à cet égard, qui n'existait pas en Italie, fut général en France sous Louis XIV. On ne voit pas que ce prince soit allé visiter les ateliers de sculpteurs, excepté celui de Bernin, et ses relations avec ces artistes, ou plutôt, comme on les appelait, ces *artisans,* qu'il tenait à distance, furent à peu près nulles. Il laissait à la surintendance de ses bâtiments le soin de commander et de diriger les travaux de sculp-

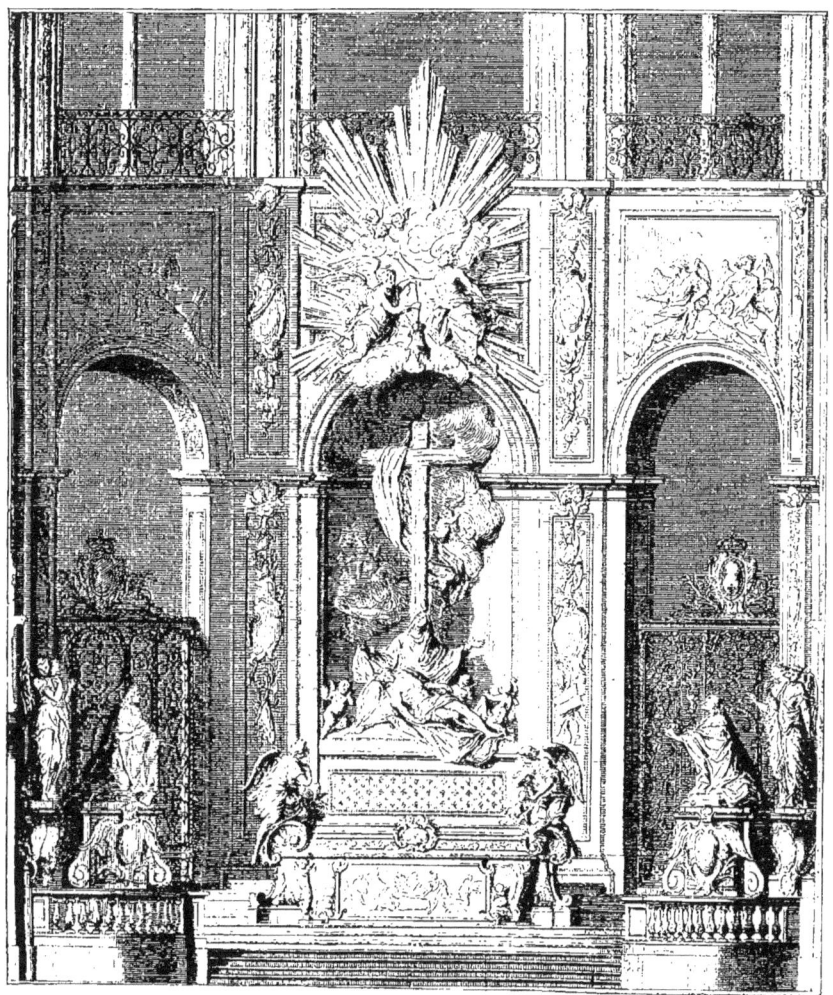

Fig. 179. — Le maître-autel de Notre-Dame de Paris (1699-1714). Sculptures d'Antoine Coysevox, Nicolas et Guillaume Coustou.

ture, qu'elle faisait faire pour la décoration des palais et des jardins royaux; quant à lui, il ne les voyait, ne les jugeait qu'en place, et quoiqu'il y attachât une grande importance, il ne daigna pas se mettre en rapport direct avec leurs auteurs. C'est par exception qu'il avait admis à travailler devant lui, en 1706, Antoine Benoist, sculpteur en cire, dont nous avons parlé.

Les bonnes traditions de la statuaire se perpétuèrent dans les ateliers des maîtres; mais il y eut en France différentes écoles, qu'on pourrait caractériser en recherchant les artistes qui en sont sortis et en examinant les ouvrages qui en proviennent. L'école la plus ancienne était celle de l'Académie de Saint-Luc, mais on la voit successivement s'affaiblir et s'éteindre, à l'époque où cette académie allait disparaître elle-même; l'école de l'Académie royale tenait par de puissantes attaches à l'école italienne, puisqu'elle envoyait ses lauréats étudier la sculpture en Italie, et que ces élèves de l'Académie de France à Rome revenaient, de leur séjour dans la vieille capitale des beaux-arts, plus ou moins transformés par l'influence du milieu artistique dans lequel ils avaient vécu et travaillé. Ainsi, François Dumont, Théodon, Pierre Legros, Pierre le Pautre, étaient réellement des sculpteurs de l'école de Rome. Quant aux écoles provinciales, elles avaient perdu la plus grande partie de leur action, car les artistes dont elles étaient le berceau venaient à Paris continuer et perfectionner leurs études chez des maîtres qui ne leur laissaient presque rien de leur première éducation d'atelier; on reconnaissait néanmoins l'école de Flandre chez les Slodtz, l'école de Toulouse chez les Lucas, l'école de Nancy chez les Adam, l'école de Lyon chez les Perrache, l'école de Marseille ou de Puget chez Christophe Veyrier, Clerion, Antoine Vassé et les Caffieri.

L'art français avait atteint son apogée avec Girardon, Coysevox et Puget.

Coysevox, qui fut peut-être, sinon le plus grand, du moins le plus complet de ces trois artistes, devait se survivre dans ses neveux, Nicolas et Guillaume Coustou, dont il avait fait deux excellents sculpteurs, en leur donnant quelques-unes de ses qualités et en développant celles qui leur étaient propres. Il les recommanda à Colbert et même au roi, et leur fit obtenir des commandes considérables. Nicolas, dont nous avons parlé plus haut, quand Coysevox ne fut plus là pour le maintenir dans la bonne voie de l'art classique, sacrifia au goût du jour quelque chose de la sagesse, de la grandeur et de la correction qui avaient fait le succès de ses ouvrages; il chercha davantage le charme et l'agrément, l'élégance et la grâce, au point de tomber parfois dans le faux et le maniéré. Toutefois, il était reconnu comme le premier sculpteur français, quand il mourut, en 1733, à l'âge de soixante-quinze ans.

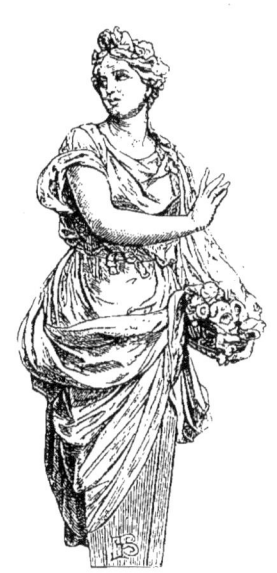

Fig. 180. — L'Été; d'après Guillaume Coustou. XVIIe s. (Jardin des Tuileries.)

Guillaume Coustou, qui mourut après lui en 1746, avait un genre de talent absolument différent : son dessin était moins gracieux, moins élégant, que celui de son frère, mais, en revanche, plus correct, plus sévère, plus consciencieux; son travail d'exécution était plus énergique, plus audacieux et pourtant plus soigné. Il différait aussi de caractère et de tempérament, il avait l'humeur sauvage et retirée : il s'était éloigné brusquement de son oncle Coysevox, pour aller se mettre au service de le Brun, qui, flatté de la préférence que ce jeune artiste semblait accorder à ses conseils, le prit en amitié et lui donna des dessins de sculpture à exécuter pour les jardins royaux (fig. 180). Guillaume Coustou dut se faire violence pour soumettre à cette servitude la fougue et la chaleur de son exécution.

La mort de le Brun le rapprocha de son oncle et de son frère, en le pliant autant que possible aux avis de l'un et à l'exemple de l'autre. C'est alors qu'il entreprit les groupes en marbre de *l'Océan* et de *la Méditerranée,* destinés à décorer le tapis vert du jardin de Marly; la figure colossale du *Rhône,* en bronze, placée aujourd'hui à l'hôtel de ville de Lyon ; des statues en pierre pour l'hôtel des Invalides, et la délicieuse statue d'*Hippomène,* qui devait compléter le chef-d'œuvre de son frère, en faisant le pendant de l'*Apollon* des *Courses.* Guillaume Coustou avait surtout le génie du bas-relief, et il eut souvent l'occasion de montrer sa supériorité en ce genre, notamment dans le bas-relief monumental qui surmonte la grande porte de l'hôtel des Invalides (fig. 181). Son dernier ouvrage fut le plus parfait de tous : nous voulons parler des fameux *Chevaux de Marly,* qui décoraient la terrasse de ce château et qui sont maintenant à l'entrée des Champs-Élysées, à Paris; ces chevaux pétulants et pleins de feu, qui se cabrent et que domptent leurs écuyers, ont encore plus de vérité que les chevaux ailés de Coysevox, qui figurent à l'entrée du jardin des Tuileries. Il avait été reçu à l'Académie en 1704, sur la présentation de *la Mort d'Hercule,* morceau qui est au Louvre avec quelques autres de sa main.

Guillaume Coustou n'eut pas d'autre élève que son fils, mais Nicolas Coustou avait formé, dans son atelier, beaucoup de sculpteurs distingués, entre autres Jacques Rousseau, Pierre Julien, Bouchardon et Dejoux.

L'école de Coustou resta en faveur pendant tout le règne de

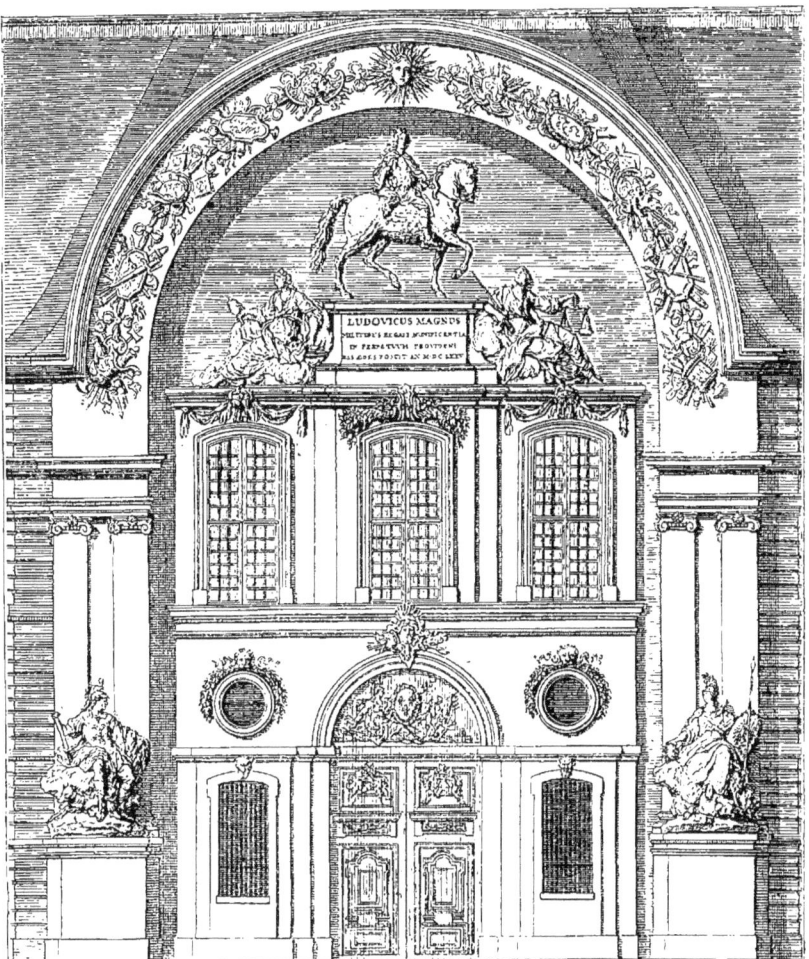

Fig. 181. — Grande porte d'entrée des Invalides, avec la statue équestre de Louis XIV.

Louis XV, et on lui attribua tous les ouvrages de sculpture gracieuse qu'elle semblait avoir inspirés à des artistes qui n'en avaient jamais fait partie. Ainsi Gabriel Allegrain (1710-1795), à qui sa jolie statue de *Narcisse* ouvrit les portes de l'Académie, n'était pas un élève de Coustou; mais on pouvait reconnaître l'influence de ce maître dans les charmantes statues de *Diane* et de *Vénus au bain*, qu'il avait faites, pour le jardin du pavillon de Luciennes, sur la commande de Mme du Barry. Son talent gracieux et facile, que Diderot honorait d'une admiration un peu

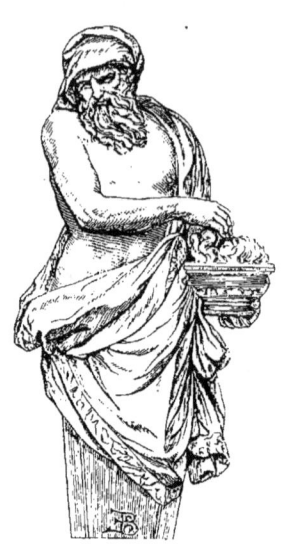

Fig. 182. — L'Hiver, d'après Slodtz. (Jardin des Tuileries.)

déclamatoire, et l'assistance de Pigalle, son beau-frère, l'avaient fait admettre bientôt dans les dignités de l'Académie, assez pauvre du reste en sculpteurs, à cette époque.

En face de cette école de Coustou, il y avait celle de François Anguier, représentée par Corneille van Clève (1645-1732), qui termina, en 1707, le groupe de *la Loire*, placé dans le jardin des Tuileries, et dont l'ensemble est d'un agréable effet. A l'école de Rome appartenaient Théodon et Pierre Legros, qui étaient allés se fixer en Italie; l'école de Girardon était représentée par Robert le Lorrain (1666-1743), Sébastien Slodtz (1655-1726), Nourrisson, Charpentier et quelques bons artistes (fig. 182). Ces différentes écoles se partageaient ou plutôt se disputaient les travaux de sculpture religieuse et funéraire que l'on exécutait de temps à autre dans les églises de Paris.

Parmi ces artistes distingués qui employaient leur talent à la décoration de nos églises, il faut signaler François Dumont (1688-1726), qui s'était fait connaître, au sortir de l'Académie de

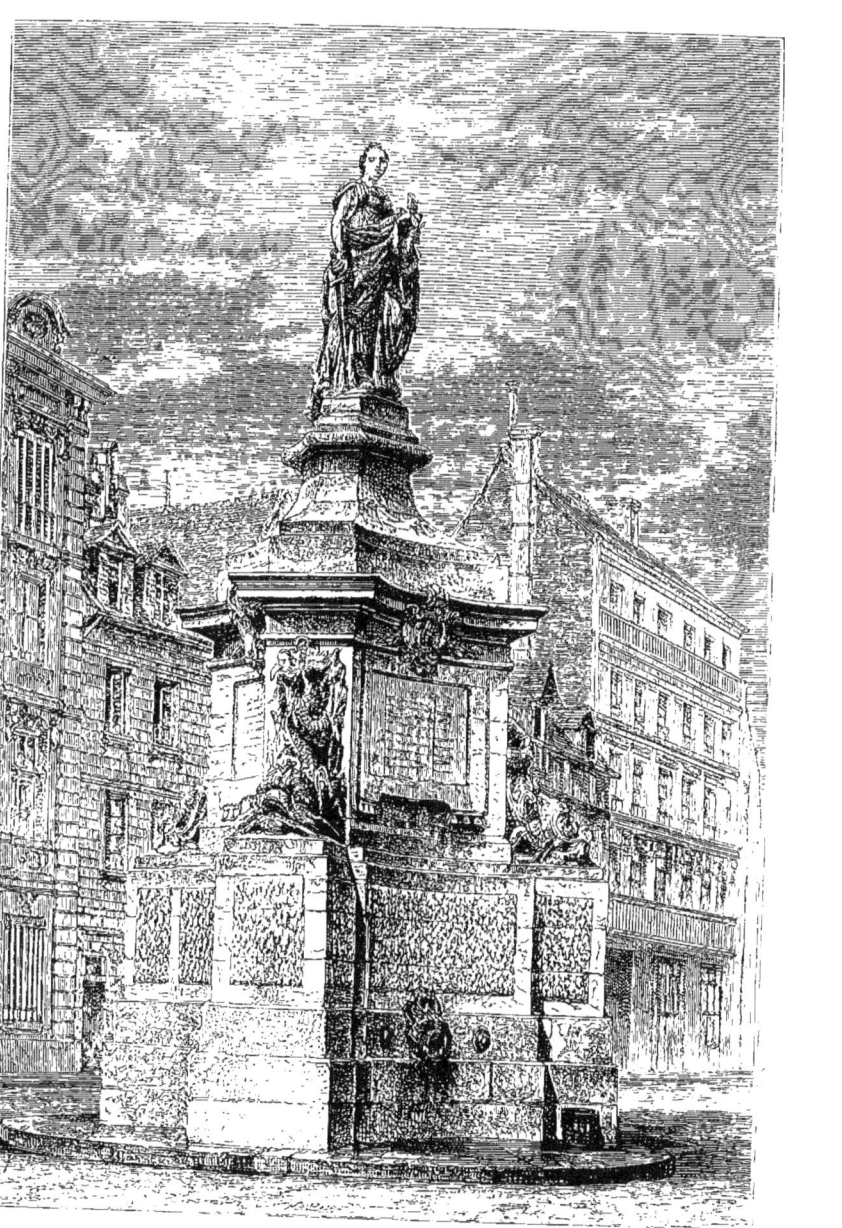

Fig. 183. — Jeanne d'Arc en Bellone, statue de Paul-Ambroise Slodtz, pour le monument élevé à Rouen en 1756. (État actuel.)

France à Rome, par quatre belles statues de saints, placées dans l'église de Saint-Sulpice, à Paris, et par un *Titan foudroyé*, qui est au Louvre. Il avait l'espoir d'être chargé de travaux plus importants, dans cette même église, qu'on devait reconstruire en l'agrandissant; mais il se tua en tombant d'un échafaud, dans la chapelle des dominicains de Lille, où il mettait la dernière main au mausolée du duc de Melun. A Saint-Eustache, il y a des boiseries finement sculptées, qui sont l'œuvre d'un modeste artiste, Pierre le Pautre (1660-1744), qui était le neveu de l'architecte du même nom. Il avait remporté le grand prix, et s'attarda pendant quinze ans à Rome. Ses principaux ouvrages décorent le jardin des Tuileries, tels que le groupe de *Lucrèce* et celui d'*Énée et Anchise*. Tout en regrettant de ne pas trouver dans ces deux sujets plus de simplicité, l'on y reconnaît de grandes qualités et la connaissance de l'antique.

Toutes les sculptures que François Dumont aurait faites dans la nouvelle église de Saint-Sulpice échurent à Paul-Ambroise Slodtz (1702-58), qui se surpassa dans la décoration de la chapelle de la Vierge. C'était l'un des cinq fils d'un artiste flamand, Sébastien, qui vint s'établir à Paris et fut élève de Girardon; sa statue d'*Annibal* (jardin des Tuileries) ne laisserait rien à désirer si l'expression en était moins commune. Tous les Slodtz s'adonnèrent à la sculpture (fig. 183). Ambroise, que nous avons cité, habile dessinateur, fut reçu à l'Académie avec un sujet représentant *la Chute d'Icare*. Le plus célèbre, Michel-Ange (1705-64), devint pensionnaire du roi à Rome, et y obtint au concours l'exécution d'une figure colossale de *Saint Bruno,* pour l'église de Saint-Pierre. De retour à Paris en 1747, il se vit froidement accueilli, et l'Académie ne lui accorda point d'autre titre que celui d'agréé. L'ouvrage capital de cet artiste est le *Tombeau du curé Languet,* à Saint-Sulpice, où il employa, à l'exemple de Bernin, le bronze et le marbre de diverses couleurs ; cette composition bizarre, d'un effet théâtral, et manquant de correction, valut à l'auteur un concert d'unanimes louanges.

Vers la même époque, travaillaient les deux frères Adam, de Nancy. L'aîné, Lambert-Sigisbert (1700-59), dut sa réputation aux deux figures colossales, de 18 pieds de proportion, *la Seine* et *la Marne,* qu'il exécuta pour la cascade de Saint-Cloud, ainsi qu'à ses deux beaux groupes, *la Chasse* et *la Pêche,* pour les jardins de Choisy. On admirait surtout la merveilleuse finesse de son ciseau, qui s'attachait à reproduire les objets dans leurs détails les plus minutieux. Le duc d'Antin et le prince de Soubise l'employèrent, l'un à l'ornement du parc de son château de Grosbois, l'autre à la décoration du magnifique hôtel qu'il faisait bâtir à Paris. Adam, le cadet (Nicolas-Sébastien), mort en 1778, fut membre de l'Académie comme son frère et présenta un groupe en marbre de *Prométhée,* d'une composition assez hardie. Jean-Louis le Moyne, le douzième enfant d'un dessinateur de mérite et l'un des meilleurs élèves de Coysevox, avait fait aussi plusieurs beaux ouvrages pour la chapelle de Versailles et pour l'église des Invalides ; mais, ce qui lui donna la vogue et ce qui lui procura de brillants revenus, ce fut le prodigieux talent qu'il avait pour modeler un buste d'après nature et pour l'exécuter en marbre. Il mourut, en 1755, à l'âge de quatre-vingt-dix ans, son ébauchoir à la main. De tous ses ouvrages, celui dont il pouvait être le plus fier, c'était son élève, c'était son fils Jean-Baptiste (1704-1778), qui fut considéré comme le premier sculpteur de son temps.

Après avoir remporté le premier prix de sculpture à l'Académie royale, il hésita entre la sculpture et la peinture, et crut pouvoir se dispenser du voyage de Rome, en fréquentant les ateliers de Largillière et de de Troy. C'est ainsi qu'il devint, avant tout, un sculpteur de portraits. Il était plein de feu, il avait le génie créateur; il possédait l'adresse de la main, la variété de l'exécution, mais il recherchait trop, dit un de ses biographes, « ces agréments séducteurs qu'on peut appeler le bel-esprit de l'art ». Il n'avait peut-être pas le sentiment du vrai beau, et pourtant son coup d'essai, à l'âge de vingt-cinq ans, la figure principale dans la composition du *Baptême de Jésus,* composition qu'un de ses oncles, également nommé Jean-Baptiste, avait laissée inachevée, révéla chez lui un talent de premier ordre. Cet ouvrage lui fit grand honneur et lui valut d'être chargé de la statue équestre de Louis XV, destinée à la ville de Bordeaux (1743). Dans cette œuvre colossale, le cheval donnait prise à la critique, le mouvement du cavalier manquait d'exactitude, mais l'expression de sa physionomie était parfaite. Le roi était représenté vêtu à la romaine, et dans l'attitude du commandement. Quand il alla voir la statue, il en fut enchanté : « C'est ainsi que je commande! » dit-il au prince de Rohan, qui critiquait le geste. Les états de Bretagne voulant consacrer par un monument la convalescence du roi, le Moyne fut chargé de l'exécution (fig. 184). Ce groupe, assez mal composé, a été détruit, ainsi que le précédent.

Longtemps après, le Moyne fit encore une statue du roi, en pied, pour l'École militaire : cette statue, d'un assez bel aspect, offrait beaucoup de défauts; mais le jour où le roi vint poser la première pierre de la chapelle, le modèle en plâtre de la statue était placé sur un piédestal au milieu de la cour. Au retour de la cérémonie, Louis XV s'arrêta devant ce modèle, le regarda attentivement, ainsi que Diderot le raconte, « et salua avec affabilité l'artiste, qui était appuyé comme un singe contre un des angles du piédestal et qui faisait groupe avec le reste du monument ». La faveur que le roi ne cessa d'accorder à son sculpteur ordinaire fut une des causes du succès de le Moyne, qui était dans

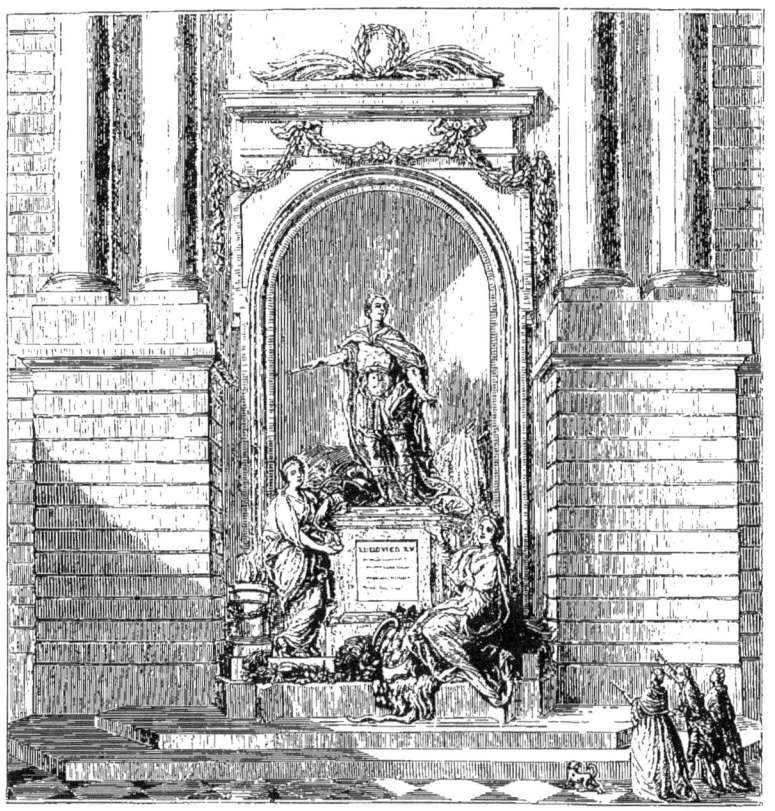

Fig. 184. — Statue de Louis XV, exécutée en bronze pour la ville de Rennes, par J.-B. Lemoyne. xviiie siècle.

son art le rival des meilleurs peintres contemporains; on peut dire qu'il avait appris la sculpture dans les tableaux de ces peintres ingénieux, spirituels, agréables, mais incorrects et maniérés. Diderot, si indulgent pour son ami Falconet, l'était beaucoup moins pour le Moyne, qu'il accusait avec raison de faire dégénérer l'art de la sculpture : « Une condition, sans laquelle on ne daigne pas s'arrêter devant une statue, » disait-il, « c'est la pureté des proportions et du dessin. » Le Moyne, faible ou insuffisant dans ses grands ouvrages, était incomparable lorsqu'il faisait un buste d'après nature, et il en fit un grand nombre, que Diderot, dans tous ses *Salons*, proclamait excellents. Citons encore de lui le *Tombeau de Mignard*, qu'on voyait autrefois chez les Jacobins de la rue Saint-Honoré, et celui de *Crébillon*, que l'on refusa d'admettre à Saint-Gervais, à cause de la figure de Melpomène, qui le décore.

Un grand service que le Moyne rendit aux arts fut de démêler ce qu'il y avait d'heureux dans l'organisation du jeune Falconet; comme il était doué d'un cœur bon et généreux, il l'admit dans son atelier et l'aida ensuite de sa bourse, afin de le mettre en état de suivre ses études.

Pauvre enfant du peuple, sachant à peine lire et écrire, Étienne-Maurice Falconet (1716-1791) fit des progrès rapides, et au bout de six ans, quoiqu'il fût obligé d'employer une grande partie de son temps à des travaux de compagnon pour suffire à ses besoins, il composa sa figure de *Milon de Crotone terrassé par un lion* (1745); plus tard, il la corrigea et l'exécuta en marbre pour sa réception à l'Académie. Quoique chargé de famille, s'étant marié de bonne heure, il sentit que l'habileté de la main ne suffit pas à faire un artiste, et employa une partie de son temps à l'étude du latin, de l'histoire, de la philosophie et même du grec. Il s'était surtout pénétré du génie de l'antiquité, par la lecture d'Homère et de Pline, mais il n'avait pas une admiration fanatique pour les sculpteurs anciens. Selon lui, il fallait qu'un sculpteur joignît aux études nécessaires un talent supérieur encore :

« Ce talent si essentiel et si rare, quoiqu'il paraisse à la portée de tous les artistes, c'est le *sentiment,* » dit-il, dans ses *Réflexions sur la sculpture.* « Il doit être inséparable de toutes leurs productions. C'est lui qui les vivifie; si les autres études en sont la base, le sentiment seul en est l'âme. »

Possédant à un haut degré ce talent supérieur, Falconet réussissait toujours dans les figures de petite dimension, telles que *Pygmalion, la Baigneuse, l'Amour menaçant,* où il cherchait à combiner le sentiment et l'expression avec les formes de l'antique. Il venait de terminer un *Saint Ambroise* pour l'église des Invalides, lorsqu'il fut appelé en Russie par l'impératrice Catherine II (1766). Il y consacra douze années à l'exécution de son chef-d'œuvre, ou plutôt de celui de ses ouvrages qui fit le plus de bruit en Europe, à savoir la statue équestre de Pierre le Grand, qu'il a représenté sur un cheval fougueux qui se cabre au bord d'une roche escarpée. Cette statue colossale, dont le bronze ne pèse pas moins de 18,000 kilogrammes, est érigée sur un immense bloc de granit, au milieu d'une grande place de Saint-Pétersbourg.

Falconet avait les défauts du cavalier Bernin et les qualités de Puget; malgré ses théories académiques, il se sentait porté pour la sculpture théâtrale : ainsi la grande *Assomption,* qu'il avait sculptée en marbre pour l'église de Saint-Roch, était éclairée par un transparent ! Le goût, la grâce et le charme l'abandonnaient, dès qu'il essayait de faire une figure de grande proportion. Il écrivit beaucoup sur la sculpture et sur les arts du dessin, mais il ne savait pas même bien dessiner. Une cruelle paralysie le cloua sur son lit, durant les huit dernières années de sa vie. Diderot nous a laissé de cet artiste original un portrait peu flatteur : « Voici un homme qui a du génie, et toutes sortes de qualités compatibles et incompatibles avec le génie. C'est qu'il a de la finesse, du goût, de l'esprit, de la délicatesse, de la gentillesse et de la grâce tout plein; c'est qu'il est rustre et poli, affable et brusque, tendre et dur; c'est qu'il pétrit la terre et le marbre, et qu'il lit et médite; c'est qu'il est doux et caustique, sérieux et plaisant. »

Edme Bouchardon (1698-1762), au contraire, dessinait mieux qu'il ne sculptait; il avait fait ses premières études dans la petite école de Chaumont en Bassigny, sa ville natale, qui conservait depuis le seizième siècle les principes de l'art des maîtres de Fontainebleau (fig. 185). Il ne se borna pas à ces études; son goût dominant pour le dessin se manifesta dès son jeune âge, et après avoir longtemps dessiné d'après le modèle, il se fit sculpteur, pour obtenir le grand prix, qui devait l'envoyer à Rome. Les bustes qui sortirent de son ciseau, ceux de Clément XII et des cardinaux de Polignac et de Rohan notamment, lui acquirent une réputation qui le fit rappeler, en 1732, par ordre du roi, après avoir travaillé dix ans en Italie. Les travaux s'offrirent en foule à son choix, et il en exécuta un grand nombre, dans le genre sévère et religieux, qui témoignèrent de la correction et de la noblesse de son talent; mais il travaillait lentement, quand il avait du marbre à tailler, et il s'en remettait volontiers à l'habileté de ses praticiens. Son dessin fini, il regardait le travail comme presque fait.

Depuis son retour, Bouchardon avait adopté une manière plus léchée et plus finie, dans l'intention de se conformer au goût du siècle. « Jamais homme ne paya moins de sa personne, » dit un de ses biographes; « il avait un air pesant, rêveur, il était sans nulle contenance; en conversation, il paraissait n'avoir point d'esprit. Ses envieux le blâmaient de donner chez lui peu

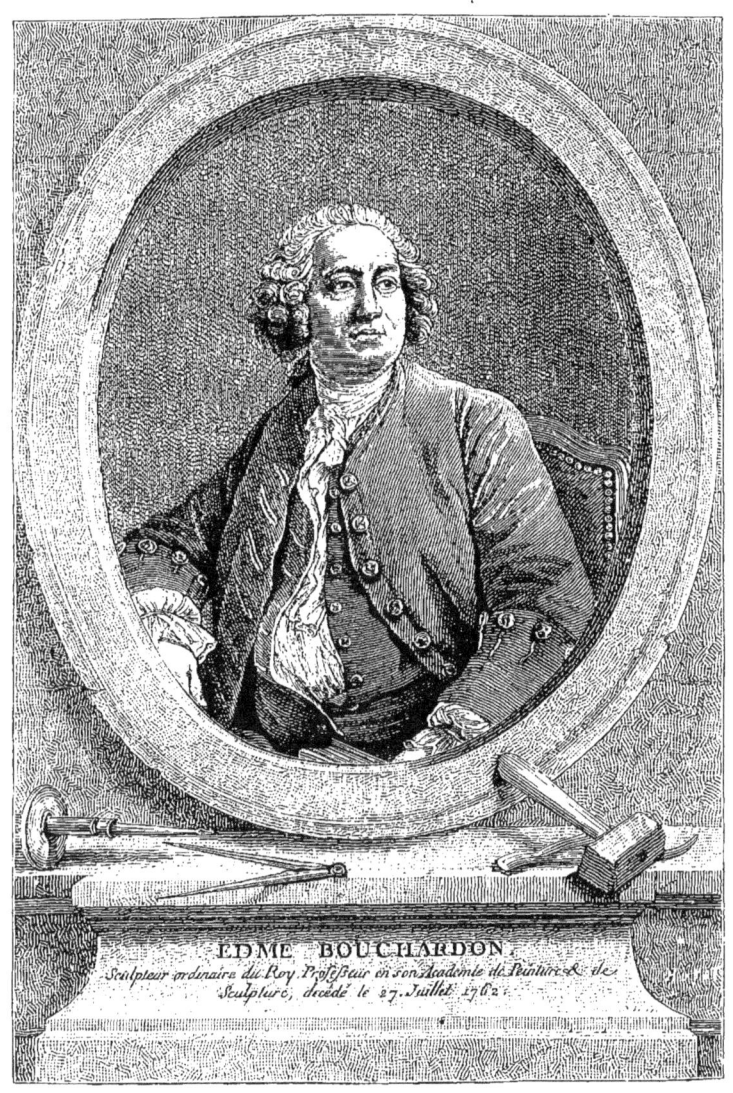

Fig. 185. — Bouchardon; d'après le portrait de Drouais, gravé par Beauvarlet. xviiie s.

d'accès aux curieux, et de s'enfermer quand il composait. Un de ses amis, M. de Caylus, le trouva un jour fort agité, se promenant avec une espèce de fureur, un vieux livre à la main. « Ah! Monsieur, s'écria-t-il, depuis que j'ai lu ce livre, les hommes ont quinze pieds et toute la nature s'est accrue pour moi! » C'était une ancienne traduction d'Homère.

Son chef-d'œuvre fut la fontaine de la rue de Grenelle (1739), un des plus élégants monuments de Paris, dont il composa l'architecture et les sculptures. Il avait été chargé de faire une statue équestre de Louis XV, pour la place qui devait porter le nom de ce roi; il voulait que cette statue fût entièrement modelée par lui, ainsi que les figures allégoriques qu'il avait disposées aux angles du piédestal, mais la statue n'était pas encore achevée au moment de son décès; il écrivit, de son lit de mort, au prévôt de Paris, qu'il léguait à Pigalle le soin de la finir. Pigalle, que Bouchardon ne connaissait pas même personnellement, accepta une mission si honorable pour son talent, et termina l'œuvre de l'illustre défunt en se faisant un devoir de suivre religieusement le plan et les idées de l'auteur du modèle (fig. 186).

Louis XV, qui n'avait pas, en fait d'art, un goût éclairé, témoigna toutefois une sorte de prédilection pour la sculpture.

L'année même de sa mort, en 1774, il établit un fonds spécial destiné à des travaux de sculpture et de peinture, dont les sujets seraient empruntés à l'histoire de France. Cette fondation ne manqua pas de produire de bons résultats. Le salon de 1777 vit paraître quatre belles statues historiques en marbre : *Sully*, par Mouchy; *chancelier de l'Hôpital*, par Gois; *Fénelon*, par Lecomte, et *Descartes*, par Pajou, qui exposa encore, au salon suivant, une très bonne statue de *Bossuet*. C'étaient quatre nouveaux artistes, qui annonçaient une école nouvelle, par des travaux plus fermes, plus simples et plus corrects. Louis-Philippe Mouchy (1734-1801) fut élève de Pigalle, qui lui donna sa fille en mariage :

on a encore de cet artiste *le Berger*, jolie statuette qui est au Louvre, et la statue du maréchal de Luxembourg, qui est à

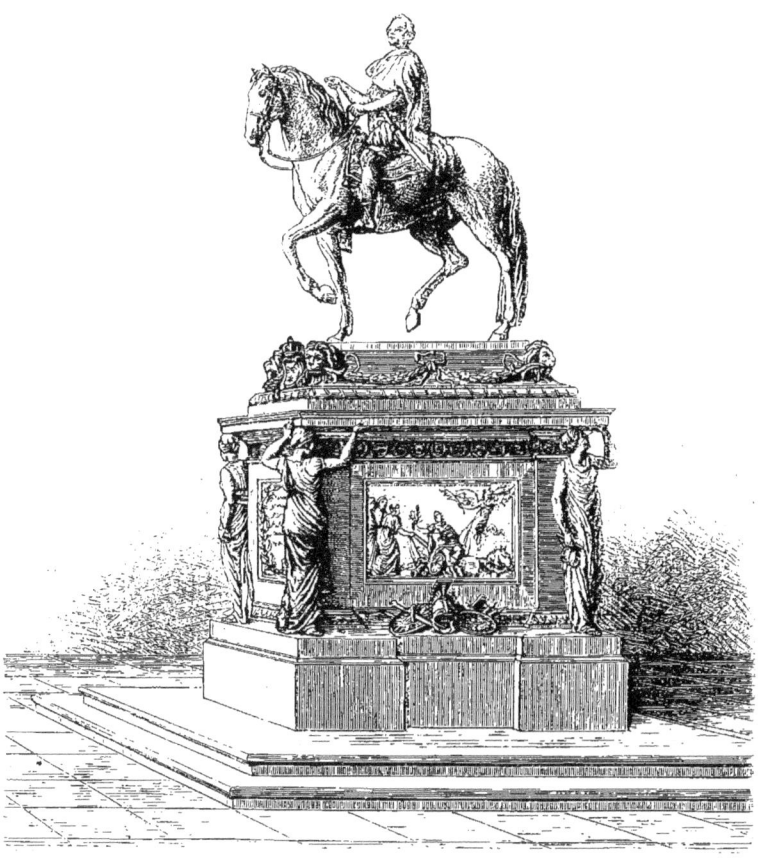

Fig. 186. — Statue de Louis XV, élevée sur la place de ce nom, par Bouchardon. xviiie s.

Versailles. Augustin Pajou (1730-1809), habile artiste que Diderot louait et injuriait tour à tour, était fort goûté du public, et les amateurs recherchaient ses ouvrages; il avait étudié chez le Moyne.

Louis XV, pendant son règne, avait accordé des encouragements, des récompenses, aux sculpteurs qu'il faisait travailler pour lui ou dont il achetait les ouvrages : il donnait aux uns des gratifications, aux autres des pensions. Plusieurs furent logés au Louvre, par son ordre exprès. Les Adam, les Slodtz, Bouchardon, Vassé, et quelques artistes moins connus, tels que Levasseur, Claude Francin, Vinache, avaient au Louvre des logements ou des ateliers. Le roi témoigna même une bienveillance particulière à certains statuaires. Falconet demanda un atelier au Louvre, en 1747, et offrit d'exécuter en marbre un groupe représentant *la France qui embrasse le buste de Louis XV*. Ce sujet bizarre fut accepté; l'exécution en marbre devait être payée 9,000 livres. Falconet obtint, en outre, l'atelier qu'il demandait. L'esquisse du groupe, exposée au salon de 1747, eut peu de succès; le modèle en plâtre fut vivement critiqué au salon de 1748, et Falconet, qui avait commencé l'exécution en marbre, l'abandonna, après en avoir touché le prix.

M. Courajod a découvert, aux Archives nationales, une série de documents, qui nous font connaître les prix des travaux de sculpture, sous le règne de Louis XV. Les deux fameux groupes, en marbre, d'Adam l'aîné, représentant *la Chasse* et *la Pêche*, que le roi avait commandés pour orner les jardins de Choisy, et qu'il donna plus tard au roi de Prusse, ne coûtèrent pas moins de 52,000 livres, en 1750, ce qui équivaudrait aujourd'hui à la somme de 160,000 francs. Une figure de *l'Abondance*, exécutée aussi par le même artiste pour le château de Choisy, lui fut payée 10,000 livres, en 1758. La célèbre statue de *l'Amour brisant la massue d'Hercule pour en faire des flèches*, par Bouchardon, excita une telle admiration autour du roi, que l'artiste reçut la somme énorme de 21,000 livres. On lui acheta moins cher une statue de *l'Amitié.* Un bas-relief, en bronze, que Vassé

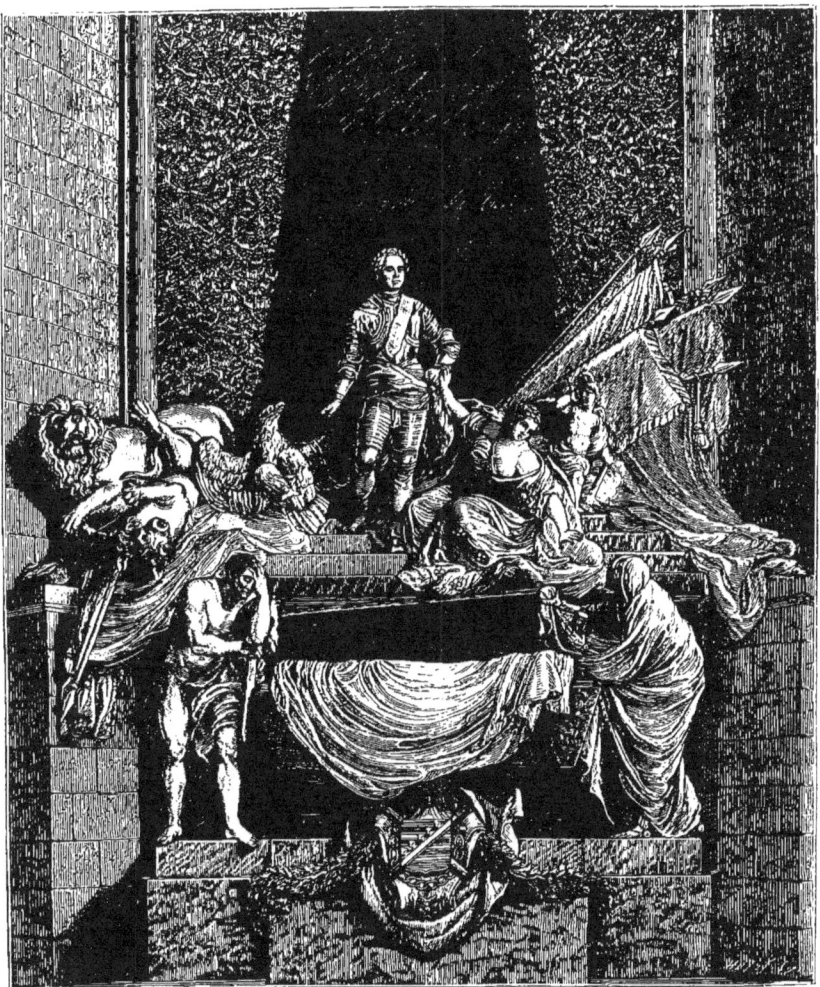

Fig. 187. — Tombeau du maréchal de Saxe, dans l'église de Saint-Thomas, à Strasbourg, par Pigalle. xviiie siècle.

avait fait pour le grand autel de Notre-Dame de Paris, ne fut payé que 8,421 livres.

La générosité de Louis XV n'était en défaut que là où s'accusait son caprice : ainsi Bouchardon avait été chargé de fournir les modèles en terre pour le tombeau du cardinal de Fleury, tombeau dont le projet ne fut pas réalisé; il attendit quinze ou seize ans avant de pouvoir recevoir le prix convenu de ses modèles, laissés sans emploi. Les vases de marbre avec bas-reliefs, destinés à la décoration des jardins, étaient estimés à très haut prix : un de ces vases, avec attributs de *l'Automne* (1745), rapportait 4,000 livres à Adam le jeune; deux autres, représentant *le Printemps*, étaient achetés 8,000 livres, en 1753, à Jacques Verbreck, d'Anvers. La même année, Pigalle, qui s'était fait payer, trois ans auparavant, une statue de *l'Amour* 24,000 livres, fit marché avec le marquis de Marigny, directeur général des bâtiments, pour l'exécution du *Tombeau du maréchal de Saxe,* cette admirable composition qui représente le maréchal descendant avec calme et majesté dans le sépulcre que la Mort ouvre à ses pieds (fig. 187). Le prix convenu était de 85,000 livres, qui feraient de nos jours environ 300,000 francs. L'ouvrage devait être fait de 1753 à 1756. Pigalle toucha la somme en quatre payements, sans avoir achevé le monument, qui ne fut terminé, à Strasbourg, que vingt ans plus tard.

Deux grands sculpteurs, Pigalle et Houdon, se partagèrent, sans haine et sans rivalité, la suprématie de l'art, sous les règnes de Louis XV et de Louis XVI, et le relevèrent de la décadence où il menaçait de tomber par la fâcheuse influence du mauvais goût des peintres d'histoire.

Jean-Baptiste Pigalle, né à Paris en 1714, fils d'un menuisier, avait appris la sculpture dans l'atelier de le Lorrain, puis dans celui de le Moyne, sans pouvoir remporter le prix dans les concours de Rome, à l'Académie royale (fig. 188). On ne voulait voir en lui qu'un ouvrier malhabile, qui ne pouvait rien finir sans un travail opiniâtre et très pénible. Il se donna pourtant la joie

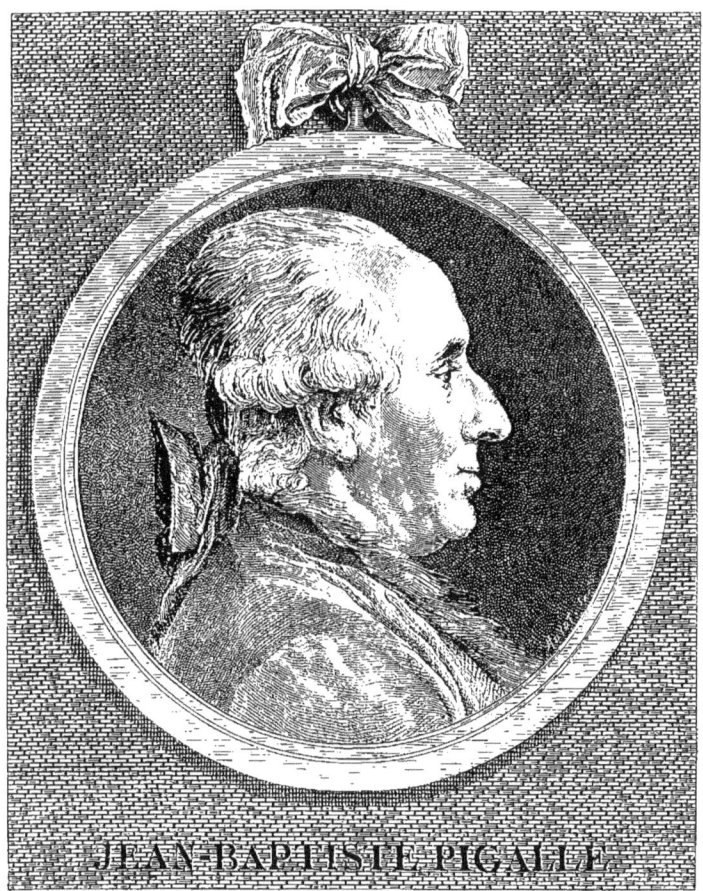

Fig. 188. — Jean-Baptiste Pigalle; d'après le portrait dessiné par N. Cochin, gravé par Saint-Aubin. xviiie siècle.

d'aller en Italie, à ses frais, mais il y serait mort de faim, si son camarade Guillaume Coustou le jeune ne lui fût venu en aide. C'est à Rome que Pigalle mérita ce sobriquet, que ses amis d'atelier lui avaient donné et qui caractérisait son invincible persévérance : *mulet de la sculpture*. Travaillant jour et nuit à faire des copies ou des imitations de l'antique, qui servaient à ses études, il les vendait ensuite à tout prix. Une petite copie en marbre de *la Joueuse d'osselets*, achetée par l'ambassadeur de France, lui procura des ressources suffisantes pour retourner dans sa patrie. Le manque d'argent et la maladie l'arrêtèrent un certain temps à Lyon, où, pendant sa convalescence, il fit le modèle de son *Mercure*, qui fut l'origine de sa réputation et de sa fortune.

Cette belle statue, qu'il exécuta en grand par ordre du roi, attira la foule des curieux dans son atelier. « Non, jamais les anciens n'ont rien fait d'aussi beau ! » s'écriait un étranger. « Monsieur, » dit Pigalle indigné, « pour parler ainsi, avez-vous bien étudié les anciens? — Et vous, monsieur, » répliqua l'étranger, qui ne le connaissait pas, « avez-vous bien étudié cette figure-là? » A la demande du roi, Pigalle fit une *Vénus*, pour servir de pendant à cette statue de *Mercure*, et Louis XV les offrit l'une et l'autre en présent au roi de Prusse, après la paix d'Aix-la-Chapelle. On raconte qu'en 1777 Pigalle, alors à l'apogée de sa renommée, désirant revoir ces œuvres de sa jeunesse, se rendit à Berlin et se fit annoncer comme l'auteur du *Mercure*. Frédéric II crut avoir affaire au rédacteur du journal, dont il avait peu à se louer, et refusa de le recevoir. L'artiste quitta aussitôt Berlin, sans avoir rien fait pour tirer le prince de son erreur.

Le *Tombeau du maréchal de Saxe*, dans l'église luthérienne de Saint-Thomas, à Strasbourg, fut le chef-d'œuvre de Pigalle et peut-être aussi le chef-d'œuvre de la sculpture française. Mais ses compositions de moyenne grandeur eurent encore plus de succès que ses œuvres les plus imposantes : les statuettes de *l'Amour* et de *l'Amitié*, faites pour le roi et données à la marquise de Pompadour; *l'Enfant à la cage,* acheté par le financier Pâris de Montmartel; la statue de *la Vierge* placée dans l'église de Saint-Sulpice; le bas-relief du fronton de la porte des Enfants trouvés et plusieurs beaux bustes, établirent sa réputation de sculpteur ingénieux et habile. Il voulut prou-

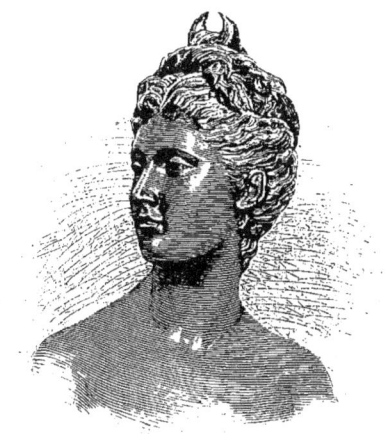

Fig. 189. — Tête de *la Diane,* de Houdon. xviii° s. Musée du Louvre.

ver qu'il avait poussé plus loin que ses concurrents l'étude du nu académique, et il produisit la statue de *Voltaire,* œuvre pleine de vie et de vérité dans la physionomie et l'attitude, mais que son entière nudité devait rendre choquante à cause de la vieillesse et de l'extrême maigreur de l'illustre écrivain. On ne s'explique pas cette incroyable fantaisie d'artiste, surtout en remarquant que cette statue anatomique, que Voltaire appela malicieusement un *chef-d'œuvre de squelette,* était faite aux frais d'une souscription des gens de lettres français, qui avaient prétendu rendre de la sorte un hommage public au patriarche de Ferney.

La même erreur de goût entraîna Pigalle lorsqu'il fut chargé d'élever, à Notre-Dame de Paris, le *Tombeau du duc d'Harcourt* : la figure principale, où se manifestent à l'œil les symptômes les plus effrayants de la mort, est d'un réalisme plein d'horreur. Ainsi doué, ses ouvrages durent paraître une protestation contre l'art léger et facile de son temps; mais il n'avait aucune des qualités d'un chef d'école, et s'attachait par système à imiter servilement la nature. Cet artiste, qui eut pour élèves Moitte et Mouchy, mourut en 1785.

Jean-Antoine Houdon, né à Versailles (1741-1828), eut des commencements difficiles. Élève de Michel-Ange Slodtz, il obtint le prix de Rome à dix-huit ans et marqua son passage dans la ville éternelle par une statue de *Saint Bruno*, placé à Sainte-Marie des Anges; c'est de cette belle figure, idéal de l'humilité, que le pape Clément XIV dit un jour : « Si la règle de son ordre ne lui prescrivait pas le silence, je suis sûr qu'elle parlerait. » Après avoir présenté un *Morphée* à l'Académie comme morceau de réception, il sembla vouloir rivaliser avec Pigalle, en exécutant son effrayante et superbe statue de *l'Écorché*, qui ne pouvait servir qu'à l'étude de l'anatomie. Il prouva, par cet ouvrage, que, sous le rapport du dessin et de la science, il n'était pas inférieur à Pigalle, dont il avait reçu les leçons ou du moins les conseils. Il exécuta aussi deux ou trois figures nues, entre autres une *Diane*, commandée par l'impératrice de Russie, pour montrer qu'il était capable de produire des œuvres gracieuses. Cette statue de *Diane*, dans laquelle on voulut voir un oubli des convenances mythologiques, la déesse n'ayant jamais été représentée nue, fut exclue du salon de 1781, comme faisant outrage à l'archéologie (fig. 189). C'est à ce salon qu'on vit paraître la belle et spirituelle statue assise de *Voltaire*, qui est encore la représentation la plus vraie et la plus vivante de ce roi de l'esprit français.

Houdon fit quelques autres statues d'un grand style et d'une excellente exécution, entre autres celle de *Washington* ; mais les ouvrages qui caractérisèrent le mieux son talent, ce sont les admirables

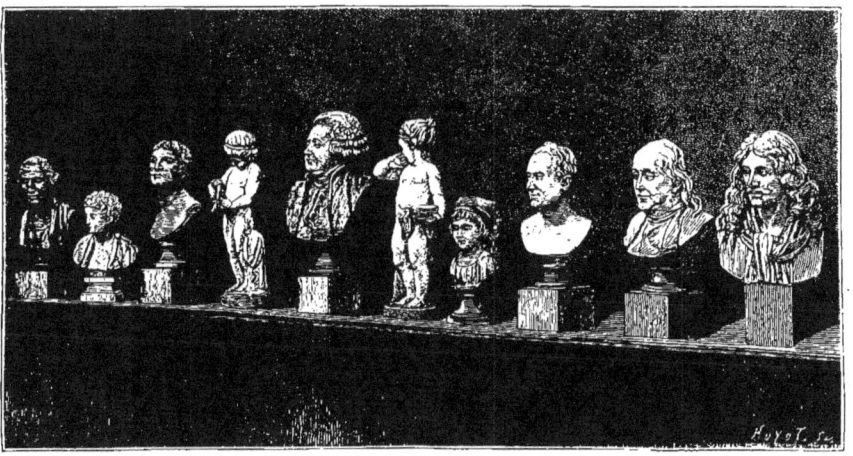

Fig. 190. — Bustes et figures, d'après Houdon, Pajou, etc.

Cette réunion de figures, très intéressantes pour l'étude de la sculpture au XVIIIe siècle, a été présentée en 1885 à l'Exposition de l'Union centrale des Beaux-Arts par M. Walferdin. On y remarque les terres cuites des bustes de Molière, de Franklin, de Diderot, de Mirabeau, de Lafayette, de Washington, par Houdon.

bustes en terre cuite ou en marbre (fig. 190), qu'il consacra aux gloires littéraires et historiques de la France, *Molière, Montesquieu, Diderot, d'Alembert, J.-J. Rousseau, Buffon*, etc. Jamais la sculpture française, même sous le ciseau de Coysevox, n'avait mieux rendu la physionomie et la personnalité intime des hommes de génie. Pendant la Révolution, Houdon demeura forcément inactif, et les rares travaux que lui confia l'Empire n'ajoutèrent rien à sa gloire.

Houdon et Falconet avaient mis en faveur la sculpture en terre cuite, dans laquelle on retrouvait, mieux que dans le plâtre et le marbre, le travail direct du maître et l'empreinte originale de ses inspirations. La couleur même de la terre cuite avait plus de douceur et d'harmonie dans l'expression de la figure humaine; elle convenait aussi davantage au caractère des sujets gracieux, que les faiseurs de groupes d'ornement ne songeaient pas à exécuter en marbre ou à faire fondre en bronze. Il y avait même une sorte d'analogie entre la peinture de Watteau, de Vanloo ou de Lancret et la sculpture en terre cuite, pour la décoration des appartements. On employait également cette matière dans les statues et les vases destinés aux bosquets des jardins.

La terre cuite était donc très appréciée par le monde des connaisseurs, qui payaient fort cher les œuvres des petits maîtres, Boizot (1743-1809), Larue, Marin, Lévêque et Sigisber. Il y eut même un nommé Renaud, qui modelait en terre cuite, avec une finesse extraordinaire, des bas-reliefs pour orner les tabatières et les boîtes de poche. Boizot (Louis-Simon) ne manquait pas de talent : il fit partie de l'Académie, et l'on cite honorablement sa statue de *l'Amour* et son buste de *Racine,* qui figure au foyer de la Comédie-Française. De tous les modeleurs de terre cuite, le plus habile, le plus fécond était Claude Michel, dit *Clodion,* de Nancy (1738-1814), qui s'était fait connaître par ses grandes compositions du *Fleuve Scamandre,* du *Déluge,* etc., avant de modeler ses délicieux groupes anacréontiques, reproduits en biscuit par la manufacture de Sèvres et par quelques fabriques particulières de porcelaine. Son imagination le portait moins à imiter l'antique qu'à renchérir sur les grâces et les élégances des peintres galants du dix-huitième siècle (fig. 191 et 192).

La France eut alors le monopole de la terre cuite en ronde bosse et en relief, comme l'Allemagne restait sans rivale pour ses petits objets d'ivoire sculptés, qu'elle pouvait fournir à des prix relativement minimes (fig. 193). Les ivoiriers allemands avaient conservé l'habileté de leurs ancêtres pour exécuter des reliefs, du travail le plus délicat, non seulement sur l'ivoire, mais encore sur des bois

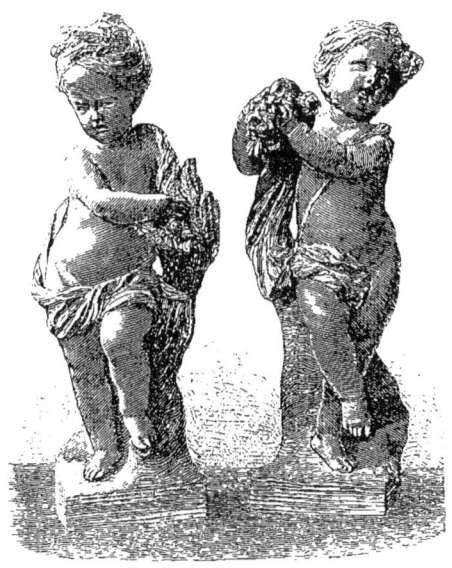

Fig. 191 et 192. — Figurines de Clodion. XVIIIe siècle. (Musée de Cassel.)

durs et sur des pierres précieuses. On sculptait ainsi, à Nuremberg, à Francfort, à Cologne, des tabatières, des boîtes à mouches, des coffrets de mariage, des éventails, etc., qui surpassaient de beaucoup ceux qu'on faisait venir de Chine et du Japon, à des prix bien inférieurs. La sculpture, en France, ne travaillait que de menus objets en ivoire, dans lesquels on reconnaissait encore les procédés des élèves de Van Obstal, et la supériorité de ces ivoires, ciselés et fouillés comme des pièces d'orfèvrerie, attestait les derniers efforts d'un art prêt à disparaître. On citait encore en ce genre les noms de Jaillot, de Lucas, de Faidherbe. Du temps de Louis XVI, un sculpteur ivoirier, nommé Rousset, parvint à vaincre l'indifférence du public, en lui offrant de charmants petits bustes d'hommes célèbres, entre autres ceux de Voltaire et de Rousseau.

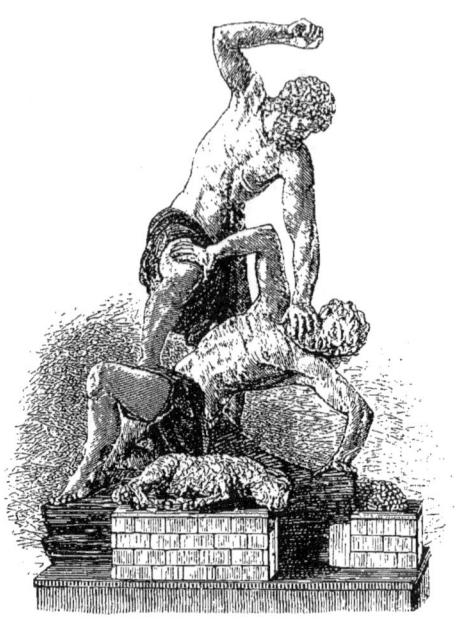

Fig. 193. — La mort d'Abel, sculpture en ivoire et bois, par Simon Troger, mort en 1769. (Musée de Munich.)

Quant à la sculpture en bois, elle n'avait pu prendre pied en France, ainsi que dans les Pays-Bas, malgré les chefs-d'œuvre de François Flamand. Les artistes de cette école avaient presque tous disparu sous Louis XV; on eut quelque peine à en trouver un, nommé Lointier, pour réparer, en 1751, la vieille statue équestre de Philippe le Bel, à Notre-Dame. Les autres se bornaient à être sculpteurs de meubles, et principalement de cadres de tableaux (fig. 194) et de glaces (1); or ces cadres étaient parfois de véritables bas-reliefs, composés d'attributs, d'animaux et de figures. Mais il y avait un grand nombre de sculpteurs de vases en marbre, en jaspe, en porphyre, en granit; ils taillaient aussi des colonnes, des piédouches, des garnitures de cheminée, etc., avec des ornements et des figurines en relief. La main-d'œuvre se prêtait à tout, avec une variété inépuisable.

Fig. 194. — Couronnement d'un cadre ovale, en bois sculpté, dans la salle dite du Grand cabinet (château de Bercy). XVIII⁰ siècle.

Une révolution s'accusait alors dans la sculpture, où se faisait sentir l'influence de l'école de Vien et de David, qui cherchaient à retremper l'art aux sources de l'antiquité. La société aristocratique ne demandait aux statuaires que des compositions gracieuses, comme les groupes de Clodion (fig. 195); des bustes-portraits pleins de charme, comme le buste de Mme du Barry, par Pajou; des statues élégantes, comme *la Frileuse* de Houdon; mais chaque

(1) Voyez *l'Industrie et l'art décoratif aux deux derniers siècles*, dans notre collection de L'ANCIENNE FRANCE.

salon offrait aux yeux de la foule sympathique des ouvrages d'un caractère plus grave et d'une exécution plus solide.

Dejoux (1731-1816), Pierre Julien (1731-1804), l'un et l'autre élèves de Coustou, Moitte (1747-1810), revinrent les premiers au vrai style de l'antique, et n'eurent pas de peine à changer en ce sens le goût du public, qui faisait déjà bon accueil à l'art grec et romain dans la peinture. La correction du dessin et la vérité des formes allaient devenir des qualités indispensables dans une nouvelle école de statuaires, qui, en se passionnant exclusivement pour les ouvrages des anciens, qu'ils imitaient d'une manière servile et monotone, eurent l'injustice de dédaigner et de proscrire en masse l'excellente et gracieuse sculpture française du dix-huitième siècle.

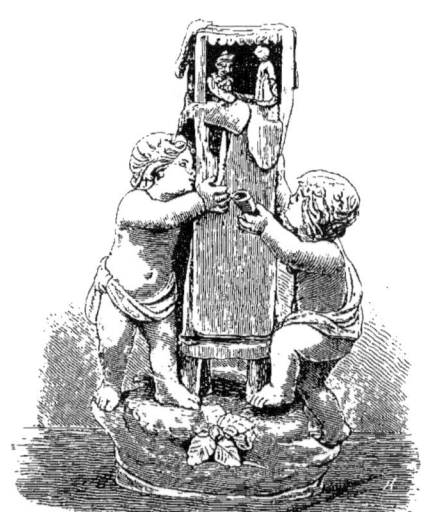

Fig. 195. — Groupe en porcelaine. xviiiᵉ siècle.

L'ACADÉMIE D'ARCHITECTURE.

Il est permis de voir, sinon l'origine, du moins l'idée première de l'Académie d'architecture dans le conseil des bâtiments, qui fut établi vers 1665, pour juger des projets de restauration et d'agrandissement du Louvre. Outre celui du cavalier Bernin, il y en avait deux autres fort différents, présentés par le Vau, architecte du roi, et par Claude Perrault, qui était médecin.

« Quelque connaissance qu'eût M. Colbert de la capacité de mon frère, » dit Charles Perrault dans ses *Mémoires,* « je m'aperçus qu'il hésitait à faire exécuter son dessein, et qu'il lui semblait étrange de préférer les pensées d'un médecin, en fait d'architecture, aux desseins du plus célèbre des architectes. Pour lever toutes les difficultés, je proposai de former un conseil des bâtiments composé de M. le Vau, premier architecte, de M. le Brun, qui possédait tous les beaux-arts, et de mon frère. » Ce conseil, dont l'auteur fut le secrétaire, se tenait deux fois la semaine, sous la présidence de Colbert. C'est bien là, en effet, le noyau et comme la miniature d'une académie; celle des inscriptions n'eut pas une origine très différente. Une Académie d'architecture s'imposait, d'ailleurs; c'était une espèce de couronnement à toutes ces institutions par lesquelles Louis XIV avait donné aux lettres et aux arts droits de cité dans l'État.

La pensée même de Colbert en cette circonstance nous est révélée par Blondel dans la préface de son *Cours d'architecture*, publié en 1675. « Le roi, » dit-il, « a établi sur la fin de l'année 1671 l'Académie d'architecture, composée de bon nombre de sujets qui ont été choisis comme les plus capables dans cet art, tant parmi ceux qui faisaient profession qu'ailleurs, afin de travailler au rétablissement de la belle architecture et pour en faire des leçons publiques. » Les membres de la nouvelle compagnie devaient se réunir une fois par semaine, et tenir « registre de ce qui aurait été arrêté dans chacune des conférences, où les principales difficultés qui se rencontrent dans les bâtiments doivent être discutées et résolues ». En outre, un cours public aurait lieu régulièrement, et l'on y enseignerait non seulement les préceptes de l'architecture, mais les sciences accessoires, telles que les mathématiques, la mécanique, l'hydraulique, la perspective, la fortification, la coupe des pierres, etc., « afin qu'il se pût former un séminaire, pour ainsi dire, de jeunes architectes ». De temps en temps, l'Académie, ajoute Blondel, proposera « des prix pour ceux qui réussiront le mieux, dont elle choisira un bon nombre qu'elle enverra ensuite à ses dépens à Rome ».

On voit, par ces extraits, que l'Académie était une école autant qu'un cénacle, et que son organisation ne différait pas beaucoup de celle qui fut appliquée à l'école des Beaux-Arts; c'était, au demeurant, la vraie raison d'être d'une société savante, qui, sans cela, eût trouvé sa place dans une section de l'Académie de peinture.

La nouvelle institution fut inaugurée, le 31 décembre 1671, dans un des appartements du Palais-Royal, en présence de Colbert et de plusieurs personnes de qualité. Le discours d'ouverture fut prononcé par Blondel, professeur et l'un des sept membres;

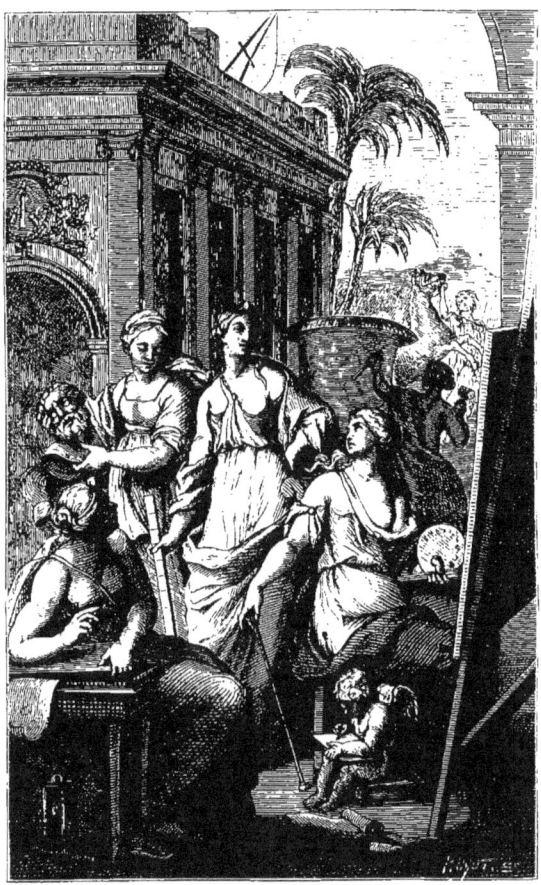

Fig. 196. — Frontispice des *Principes de l'Architecture, de la Sculpture et de la Peinture*, etc., par Félibien. xviie siècle.

les six autres étaient le Vau, Bruand, Gittard, le Pautre, d'Orbay et Mignard, neveu du fameux peintre, et à qui la Provence doit la restauration de l'abbaye de Montmajour. André Félibien, auteur de nombreux ouvrages sur les arts, écrits avec autant de jugement que d'érudition (fig. 196), remplissait les fonctions de secrétaire. Successivement vinrent s'ajouter à ces premiers noms ceux de Claude Perrault, d'Hardouin-Mansart, de le Nôtre, de Bullet. L'Académie, toutefois, ne se recrutait point par élection; le roi nommait ceux qu'il jugeait dignes et leur accordait des brevets, en vertu desquels ils avaient seuls le droit de prendre le titre d'*architectes du roi;* un arrêt du conseil (1676) confirma expressément ce privilège, à peine de 1,000 livres d'amende pour les contrevenants. Ce n'était pas un vain honneur que de faire partie de l'Académie, et l'assiduité, le travail que le roi exigeait de ses membres n'allaient pas sans compensation.

L'arrêt mentionné plus haut était principalement dirigé contre les entrepreneurs et maîtres maçons, qui se mêlaient « de donner des dessins, de bâtir toutes sortes d'édifices, tant publics que particuliers, lesquels, pour la plupart, se trouvent fort défectueux ». Déjà, en 1631, un précédent arrêt avait ordonné « que les marchés concernant la construction des maisons et édifices se feront par les maîtres de chaque métier, et défense aux dits maîtres maçons et charpentiers de ne plus entreprendre de rendre les bâtiments faits et parfaits ». Il fallait donc le concours de divers maîtres pour l'entier achèvement d'une bâtisse; et chaque métier étant fort jaloux de ses privilèges, aucun n'arriva jamais qu'à une prépondérance momentanée.

L'architecte, officiellement reconnu comme tel, remplit un rôle nouveau : seul il a le droit de donner les plans et d'en surveiller l'exécution dans toutes les parties; celui qui fait bâtir, entrepreneur ou propriétaire, n'a plus affaire qu'à l'architecte, sous la direction duquel manœuvrent les différentes corporations du bâtiment. Il n'est malheureusement pas prouvé que l'art ait profité de ce changement d'attributions; car, s'il existait encore au dix-septième siècle quelques traditions originales d'architecture, on les aurait plutôt trouvées chez les maîtres qui avaient étudié directement sur les œuvres de leurs devanciers, que chez les archi-

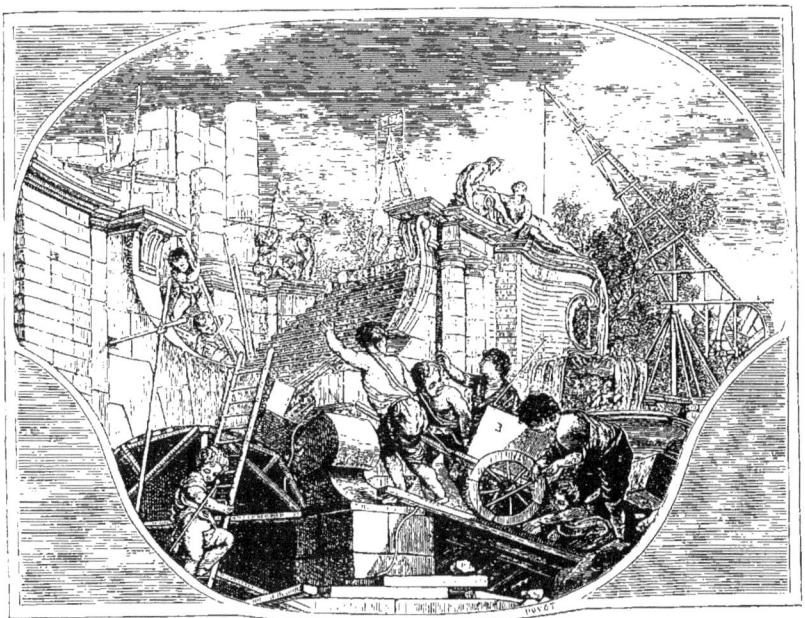

Fig. 197. — L'Architecture : allégorie gravée, d'après Lajoue, par N. Cochin, xviiie s.

tectes, trop empressés à feuilleter les traités italiens et rêvant de faire de Paris une nouvelle Rome (fig. 197).

Un des travaux les plus importants dont on chargea l'Académie fut l'enquête, entreprise à la demande de Colbert, sur l'état, la provenance et la qualité des pierres employées dans les anciens édifices de Paris et des environs. Commencée le 13 juillet 1678, c'est-à-dire au lendemain de la communication du ministre, cette enquête ne fut pas close avant 1680. Les architectes du roi avaient visité 28 carrières et 97 églises, châteaux et bâtiments divers; ils s'étaient transportés jusqu'à Dreux, Chartres et Rouen. Leurs observations, fort minutieuses et conçues avant tout dans un esprit pratique, ne paraissent pas avoir reçu d'application quelconque; Colbert fut absorbé par d'autres soucis, et l'Académie, sa tâche terminée, se remit à des travaux plus sédentaires.

Mainte fois, la compagnie fut consultée par l'autorité, et à plus forte raison par les particuliers. En 1685, Louvois lui fait demander son avis sur la construction de l'aqueduc qui doit conduire les eaux de l'Eure à Versailles, et en 1688 il lui « donne l'ordre de faire des dessins pour le piédestal de la figure équestre du roi qu'on doit poser dans la place de Vendôme ». Divers chapitres de province la consultent au sujet d'édifices faits ou à faire. Souvent aussi, quelqu'un des académiciens chargé d'une œuvre importante expose ses plans à ses collègues, en réclamant leurs conseils.

« Ce qu'il ne faut pas oublier, » lit-on dans le *Dictionnaire de l'Académie des beaux-arts,* d'où nous avons tiré les détails de ce chapitre, « c'est le côté érudit et critique de cette compagnie d'architectes, qui rappelle un peu la race studieuse des littérateurs des quinzième et seizième siècles. Les conférences de l'Académie peignent à merveille cette docte activité. A peine est-elle installée qu'elle se livre à l'étude des maîtres qui ont écrit sur l'architecture. » La doctrine de Vitruve est jugée admirable; il doit avoir la principale autorité comme le premier et le plus savant de tous les architectes. Il en est de même, pour la France, de Philibert Delorme, dont la lecture est fort recommandée.

Il arrive à l'Académie, après avoir ainsi décidé des rangs et mérites de ceux qui l'ont précédée, d'aborder les hautes régions de l'esthétique, par exemple de vouloir définir « ce que c'est que le bon goût ». Au bout de quatre séances, on décida que « les différentes raisons seraient examinées pour en faire un arrêt », et ce n'est qu'en 1681, neuf ans plus tard, que la discussion fut reprise. L'Académie, qui avait, à vrai dire, pris le temps de la réflexion, prononça l'arrêt suivant : « Quoiqu'il y ait dans l'architecture quantité de choses arbitraires, il s'y trouve un certain arrangement, nombre, disposition, grandeur et proportion des parties qui produisent cette union d'harmonie qu'on appelle beauté, et qui fait qu'elle nous plaît. »

On aime à voir l'Académie s'occuper de sujets moins chimériques et, de fait, tout ce qui touche à l'architecture fut discuté successivement au cours de ses séances; la substance des 11 volumes in-folio de ses procès-verbaux formerait sans doute un curieux enseignement, et le plus précieux, car il serait professé par plusieurs générations d'artistes qui, sans compter, y ont déposé les trésors de leur expérience. Comme école, l'Académie eut beaucoup d'influence sur l'art français, et si l'on considère la question au point de vue esthétique, en négligeant la partie technique et ses progrès, on arrive à convenir que, par suite de l'abandon des traditions de la renaissance et d'une aveugle soumission aux règles de l'antiquité, cette influence a été loin de produire d'heureux fruits. Ceci ne doit pas empêcher de rendre hommage aux quinze professeurs qui, durant plus d'un siècle, furent chargés de l'enseignement académique, entre autres Blondel, la Hire, Desgodets, Courtonne, Camus, David Leroy.

Toutefois, un long temps s'était écoulé, et l'institution de Colbert n'avait pas encore reçu de lettres patentes; elle était établie, mais non autorisée; en un mot, elle ne s'appartenait point. En 1717, le duc d'Antin, surintendant des bâtiments en exercice, s'avisa enfin de réparer cet oubli regrettable. D'après les statuts qui furent octroyés, le nombre des académiciens fut porté de 8 à 24, divisés en deux classes. En 1728, on augmenta la seconde classe de 8 membres, et en 1776, « pour exciter l'émulation et l'assiduité un peu affaiblie, » on admit des membres honoraires, des associés libres ainsi que des correspondants français et étrangers. Les fonctions de directeur étaient toujours dévolues au premier architecte du roi; celles du secrétaire perpétuel relevaient du surintendant, et furent remplies par André Félibien, l'abbé Prévost, le géomètre Camus, et Sedaine, qui était maçon avant de s'illustrer dans la carrière des lettres. La compagnie, suivant le règlement, que Louis XV seul essaya, d'ailleurs en vain, de violer une fois, se recrutait par libre élection; c'était un système à deux degrés : le nouvel élu prenait place dans la seconde classe, et, lors d'une vacance, passait au choix dans la première.

Lors de cette nomination directe (celle de Wailly), le marquis de Marigny (fig. 198), frère de Mme de Pompadour, était directeur général des bâtiments, et il refusa, cinq années durant, d'envoyer à Rome les lauréats du concours d'architecture. Des douze personnages qui exercèrent cette haute charge, équivalente à une surintendance des beaux-arts, Marigny fut celui dont l'intervention se manifesta le plus utilement au point de vue des artistes et de l'intérêt public. Il se retira en 1773.

Un neveu du célèbre François Blondel, qui avait, le premier, professé son art avec des talents si variés, Jacques-Auguste Blondel, ouvrit, en 1739, une école libre qu'il fit approuver par l'Académie d'architecture. Dans cette école professionnelle, qui devint plus tard l'École de dessin de la ville de Paris, Blondel avait créé des cours de toute espèce, où l'on professait les mathématiques, la fortification, l'anatomie, la perspective, et surtout l'architecture pratique. « Je n'ai rien épargné », disait-il dans un programme de son établissement, « pour faire une collection

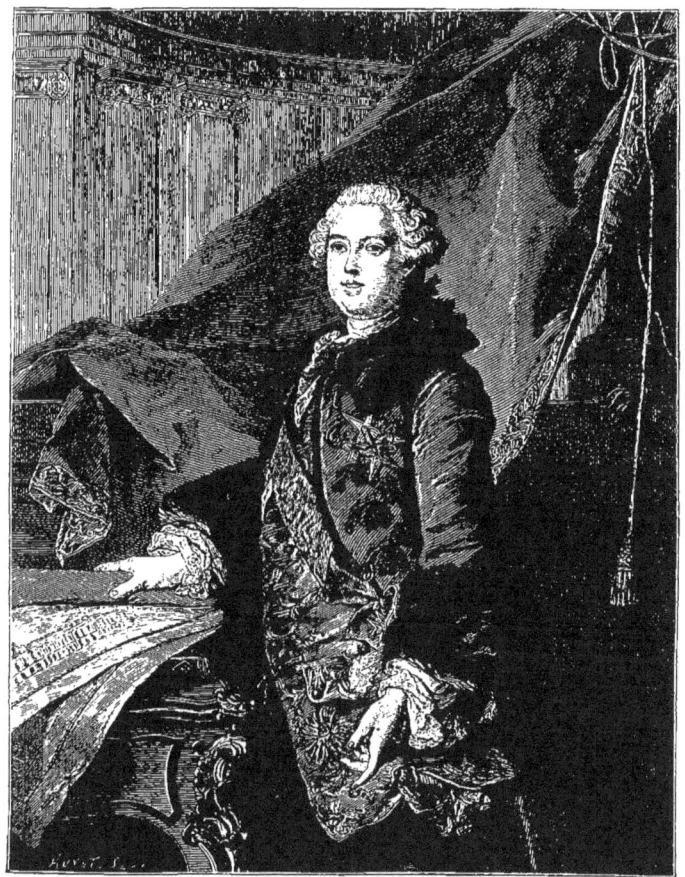

Fig. 198. — Le marquis de Marigny, directeur général des bâtiments du roi, d'après le portrait de Tocqué, par J.-G. Wille pour sa réception à l'Académie en 1761.

nombreuse de dessins originaux dans tous les genres, que j'ai pris soin de composer des morceaux d'architecture et des observations manuscrites et intéressantes sur la plupart des bâtiments que nos plus célèbres architectes ont édifiés, sans en avoir rien laissé par écrit; j'ai encore eu l'attention de rassembler les plus excellents livres qui ont traité de l'architecture. » Non seulement Blondel enseignait lui-même, mais encore, tous les étés, il allait visiter les plus remarquables édifices de Paris et des environs, avec ses élèves, pour leur apprendre les rapports qui existent entre l'architecture et tous les arts. L'utilité de ces leçons et la célébrité qu'obtinrent plusieurs de ses élèves le firent recevoir en 1755 à l'Académie. Nommé ensuite professeur, il témoigna d'un zèle infatigable jusqu'à sa mort, arrivée en 1774. Son élève privilégié, Pierre Patte (1723-1814), se chargea de la publication des écrits et des dessins qu'il avait laissés.

L'Académie d'architecture n'avait jamais vu de mauvais œil ce cours libre, mais elle ne pouvait le faire entrer dans le cadre restreint de son enseignement, parce que Blondel s'éloignait souvent des principes classiques; il ne voulait pas, par exemple, que ses auditeurs, dont il entendait faire, avant tout, des architectes pratiques et modernes, perdissent leur temps à dessiner les monuments grecs et romains. L'Académie était condamnée, par le fait même de son institution, à prendre toujours pour modèle l'antiquité monumentale, que ses élèves allaient étudier à Rome.

Ainsi se gouverna l'Académie d'architecture jusqu'à l'époque de sa suppression (août 1793).

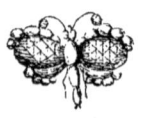

TABLE DES MATIÈRES.

	Pages
L'Architecture.	
I. — Les Gaulois et l'époque gallo-romaine	1
II. — Le moyen âge	22
III. — La renaissance	75
IV. — Le dix-septième siècle	88
V. — Le dix-huitième siècle	138
La Sculpture.	
I. — Moyen âge	177
II. — Renaissance	216
III. — Depuis Henri IV jusqu'à Louis XIV	230
IV. — Règne de Louis XIV	243
V. — Dix-huitième siècle	276
L'Académie d'architecture	307

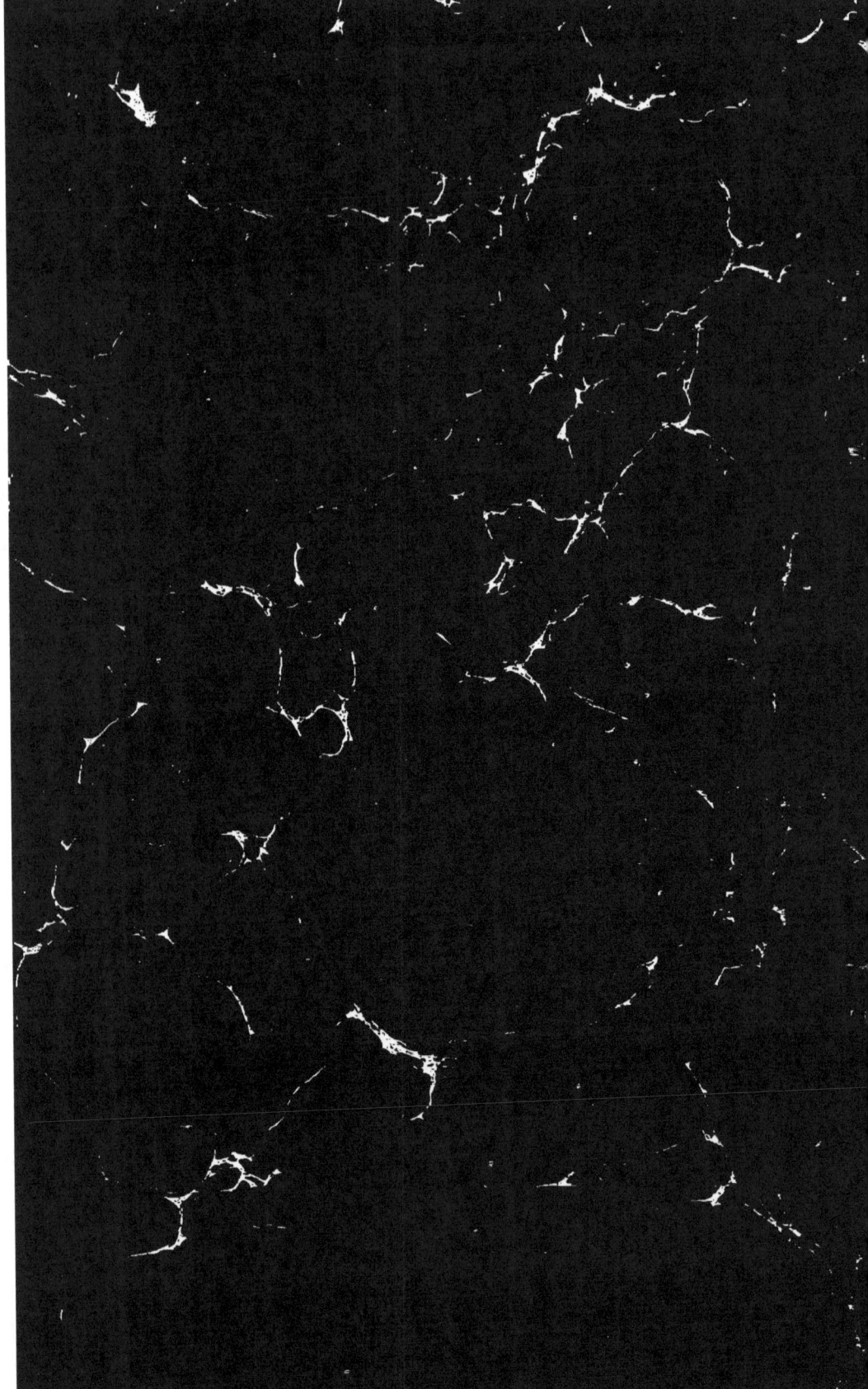

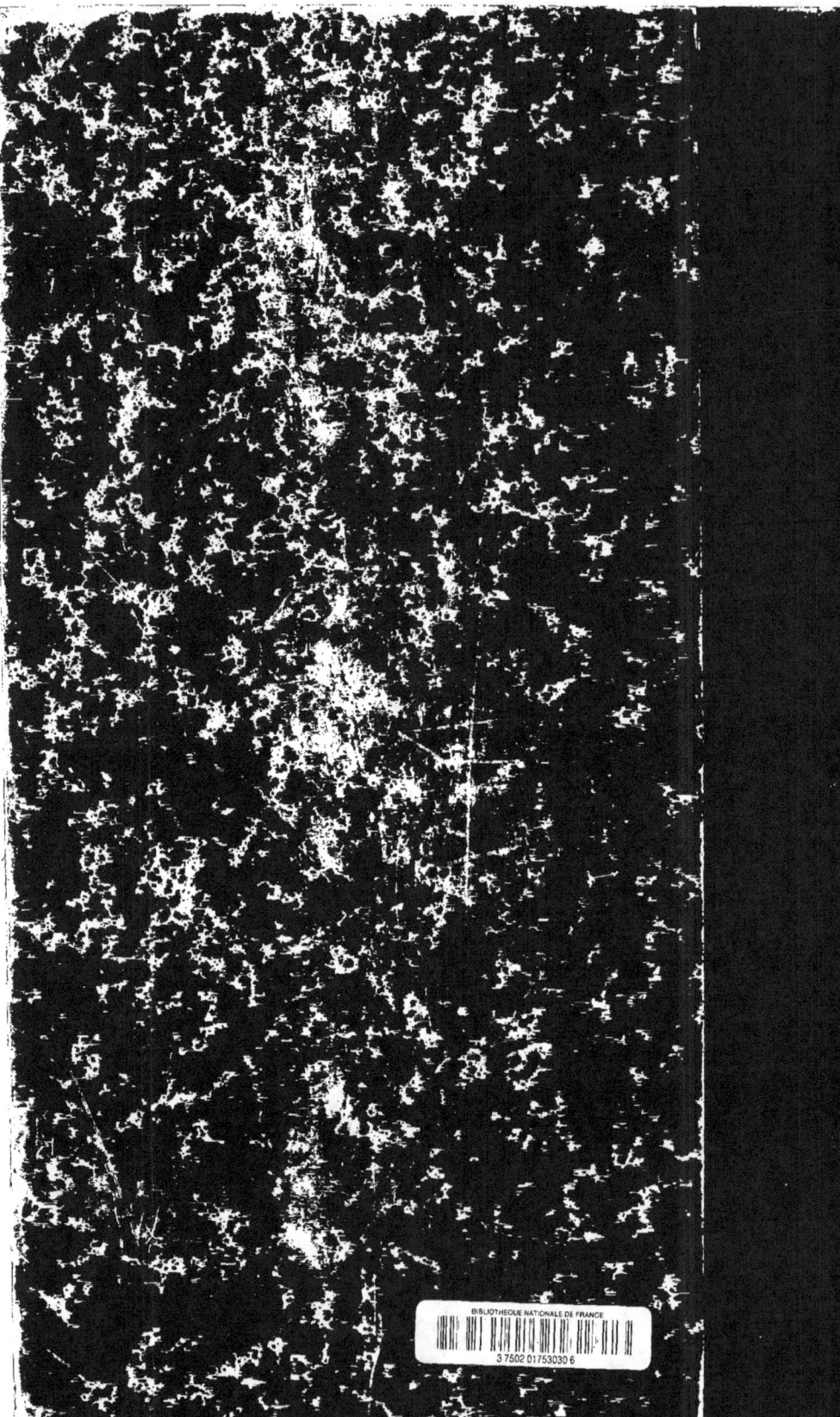

www.ingramcontent.com/pod-product-compliance
Lightning Source LLC
Chambersburg PA
CBHW071156240526
45470CB00016BA/106